Leslie Thomas
Das Kreuz mit Pfarrer Properjohn

Leslie Thomas

Das Kreuz mit Pfarrer Properjohn

Eine Reisegeschichte

Aus dem Englischen von
Regina Rawlinson

Piper
München Zürich

Die Originalausgabe erschien 1973 unter dem Titel
»The Man with the Power« bei Eyre Methuen Ltd., London.

ISBN 3-492-03712-7

Gesetzt aus der Garamond-Antiqua
Gesamtherstellung: Clausen & Bosse, Leck
Printed in Germany

1

In erster Linie flog ich nach Amerika, um meine Frau zu suchen, die mir dort abhanden gekommen war. Sie war ein schmales, sanftes Mädchen, eine zweiundzwanzig Jahre alte Tänzerin, die bei uns zu Hause in England gern nackt mit unserem selig schlummernden Kater Levicticus auf dem Schoß vor dem offenen Kamin saß. Sie zu verlieren, war höchst fahrlässig von mir gewesen. Mädchen wie sie sind nicht leicht zu finden.

Natürlich hatte ich nicht vorgehabt, als Jesus verkleidet mit einem großen Holzkreuz auf dem Buckel von New York nach Las Vegas zu ziehen, aber so etwas kann vorkommen. Mißgeschicke haben mich mein Leben lang verfolgt (ja, mein Vater hat mich einst ungerührt wissen lassen, daß ich meine Existenz überhaupt nur einem Mißgeschick zu verdanken habe), so daß die Ereignisse und Merkwürdigkeiten meiner Amerikareise dem Ganzen eigentlich nur die Krone aufsetzten. Trotzdem gingen sie mir sowohl an die Substanz als auch an die Nieren. Die sexuellen Malheure, die Gewalt, die Drohungen, das Blut, der Suff, die Tumulte, die Polizei, die Verhaftungen, die Schwindeleien und regelrechten Betrügereien ließen mich zum Schluß zu der Einsicht kommen, für einen religiösen Kreuzzug vielleicht doch nicht ganz der richtige Mann zu sein.

Und dann ist dieses Amerika ja auch so groß. Wie soll man da jemanden suchen, selbst einen so einzigartigen Menschen wie Silvie? Es hört und hört nicht auf. Immer neue Dörfer und Städte und dann diese Entfernungen. So viele Reisesongs, *By the time I get to Phoenix*, *You've come a long way from Saint Louis*, *Twenty-four hours from Tulsa*, so viele verschiedene Orte und Leute, so viele lange Meilen, Straßen, die sich immer weiter vortasten. Mir kam es vor wie das reichste und zugleich ärmste Land, das ich je gesehen hatte. Ein Fremder kann es kaum begreifen; es ist kein Land, es ist eine Erfindung.

Wir reisten in zwei Wohnmobilen umher, auf denen in großen Lettern die Aufschriften »Jesus lebt« und »Jesus liebt« prangten. Wir brachen triumphal im Batterypark in New York auf und endeten im gräßlichsten Chaos auf dem Lake Mead Highway in den Bergen oberhalb von Las Vegas, wo Properjohn verhaftet wurde. Unsere Abenteuer liefen nicht so harmlos ab wie die der mittelalterlichen Pilger auf dem Weg nach Canterbury, aber wir leben ja auch nicht in einer harmlosen Zeit. Manchmal kam ich mir eher vor wie ein Pionier aus dem Wilden Westen, wenn wir mit unseren Wagen dem nächsten vielversprechenden Sonnenuntergang entgegenrollten, immer möglichen Angriffen aus dem Hinterhalt gewärtig, immer in Eile. Zu den alten Trails, die die Trecks gezogen waren, dem Cherokee Trail, dem Santa Fé Trail, dem Chisholm Trail, dem Goodnight and Loving Trail kam nun der Properjohn Trail hinzu. Wir kamen nach Bethlehem, Pennsylvania, wo das Osterlied mit Posaunen vom Kirchturm geschmettert wird, nach Baltimore, ins Shenandoah Tal und in die Blue Mountains, wir kamen durch die Cumberland Gap und fuhren hinunter auf die Tabakfelder und die fahlen Baumwollplantagen, nach Nashville und Memphis (*Oh, wikked woman of Memphis!*), in den Westen, nach Amarillo und Albuquerque und durch die bunten Wüsten in der Stille und Kühle des Herbstes.

Vor jeder Stadt schnallten wir das Kreuz von »Jesus lebt« los und trugen es an der Spitze einer Prozession von Einheimischen in den Ort. Es waren Gefolgsleute jener kirchlicher Gemeinden, die von der Helen-J.-Jaye-Stiftung für christliche Nächstenliebe unterstützt wurden. Mit dem amerikanischen Hauptquartier dieser frommen Stiftung, das über einem Schlangentanzsalon in der Chicagoer Rush Street untergebracht ist, beschäftigen sich seit kurzem Betrugsspezialisten vom FBI.

Meine Gefährten auf dieser seltsamen und verstörenden Reise waren Reverend John Properjohn, Pastor der Kirche des wütigen Gottes, Südwales, ein wortgewaltiger Fürst der Eitelkeiten von beunruhigender Ausstrahlungskraft, der das Datum des Weltuntergangs aus der Westentasche ziehen konnte, seine brav hinter ihm hertrapsende Frau, die arme Clare, und seine Tochter Ambrosia, ein Mädchen wie Palmin, mollig, lieb und gewitzt. Noch dabei waren Herbie, verkrachter Star aus *Monsterliebe* und anderen Fleischbeschauerstreifen, Winston, ein Farbiger (der seinen Namen von dem berühmten Winston Churchill hatte, dem Polizeichef von Indianapolis), der einzige Mensch aus meinem Bekanntenkreis, der je von Marihuana auf Zigaretten umgestiegen ist, und Reverend Robert C. Hatt, ein verlorener, verlassener Pastor, Vikar im Nirgendwo, eine einsame Stimme in der Wildnis.

So zockelten wir nach Westen, in Zank, Streit und Liebe, durch dick und dünn, die besten und schlechtesten aller Reisegesellen, so brachten wir unsere Parade, unsere Scharade denen, die von ihrem allzu schweigsamen Gott ein spektakuläres Zeichen verlangten. Dabei spielte es keine Rolle, daß wir eine Bande von Gaunern waren, von religiösen Quacksalbern, denn manche Menschen brauchten uns viel mehr als vage Versprechungen. Jeder von uns glaubte an etwas, auch wenn es nicht das Christentum war, und jeder von uns war auf der Suche nach mehr.

Natürlich brachte der Transport eines mannshohen Kreuzes mit einem Geheimfach für Regencape und Coca-Cola-Flasche manche Probleme mit sich, vor allem, weil ich einen blonden Bart und lange Haare habe und ein schmutzigweißes Gewand trug. Nicht einmal durch meine schlichten braunen Halbschuhe ließen sich die Glaubenshungrigen beirren, die mich oft ängstlich ansprachen. Die Amerikaner sind im großen und ganzen ein unkompliziertes, freundliches Volk, und ich wurde immer wieder von Kindern und einfachen Leuten gefragt: »Sir, sind Sie der echte Jesus?« Mein englischer Akzent schien sie in ihrem Glauben noch zu bestärken. Sie stießen mich mit dem Finger an, als ob ich unter meiner Robe unsichtbar gewesen wäre, sie berührten den Saum des Gewandes, sie schnupperten am Holz des Kreuzes.

Aber trotz der ganzen kirchlichen Aktivitäten vergaß ich nie, daß ich eigentlich nach Silvie, meiner Frau, suchte. Mit den Abenden, die wir nackt vor dem Kamin verbracht hatten (»Nur die Sonne ist schöner«, sagte sie immer), hatte es abrupt ein Ende, als sie herausfand, daß ich mich auch noch an anderen Flammen wärmte. Sie verließ mich und nahm unsere Kinder, Kathy und James, mit. Ich blieb auf dem Kater und dem Abwasch sitzen.

Wir hatten oft davon gesprochen, nach Amerika zu gehen und nach Südkalifornien zu pilgern, wo es einem Schlager zufolge angeblich niemals regnet. Einmal fuhren wir im Spiel auf der Landkarte die alten Pionier-Trails ab, den Santa Fé, den Cherokee, den Chisholm, den Goodnight and Loving Trail, der nach zwei Männern benannt war, die einen Weg von Texas nach Colorado gesucht hatten. »Den Trail nehmen wir«, sagte sie, weil sie den Namen so romantisch fand.

Als sie eine Weile fort war, trudelten bei mir die ersten Ansichtskarten von Orten auf der Route von Ost nach West ein, Spuren ihrer Schatzsuche. Auf einer Karte aus Texas stand nichts weiter als »Bin auf dem Goodnight and Loving Trail«. Danach hörte ich nichts mehr von ihr, so daß ich annehmen mußte, daß sie ihr Ziel erreicht hatte. Levicticus war zu den Patons gezogen, dem dumpfen Strickpullover-Paar von nebenan, das ihn, wie vorherzusehen war, auf Pussy umtaufte. Ich sagte, sie könnten ihn behalten, und gab ihnen auch unseren Hausschlüssel für den Fall, daß ein Feuer ausbrach oder daß es eine Überschwemmung gab. Ich fälschte ein paar Liebesbriefe von Silvie an mich und legte sie in den Sekretär, damit sie sie fanden, wenn sie herumschnüffelten. Dann schloß ich unser Haus ab und fuhr zum Flughafen. Ich wollte nach Amerika. Nur der Kater, der nebenan am Fenster hockte, sah mich gehen. Er hatte mich nie gemocht. Ich kann mir nicht vorstellen, daß er je auf Jean Patons nackten Beinen gesessen hat. Ich hätte schwören können, daß er zum Abschied in Siegerpose hinter mir herwinkte. Aber vielleicht hat er sich ja auch nur geputzt.

Properjohn kam in die Kabine wie ein Theaterdämon aus der Kulisse, von Kopf bis Fuß in Schwarz gekleidet, Hände und Beine so weit wie möglich ausgebreitet. Die Augen glühten wie Kohlen, die große Nase bewegte sich selbständig in seinem Gesicht, die drahtigen grauen Haare standen stachelig nach oben, was sie, wie ich später erfuhr, einer großzügigen Brillantinebehandlung verdankten. Weder die Passagiere noch die Crew konnten ihn übersehen. Er trat nicht einfach ein, er inszenierte sich.

Über seinem Anzug, den weiten Hosen und dem Gehrock, trug er einen steifen Priesterkragen, der so dick war wie die Wand eines Schuhkartons. Während er seinen Blick über die Economy-Kabine des Jumbos schweifen ließ, prustete er ausgiebig und geräuschvoll durch die dicken Lippen. Wer ihn bis dahin noch nicht angestarrt hatte, schaute nun hoch und sah Reverend John Properjohn, Pastor der Kirche des wütigen Gottes, Südwales, in der Blüte seines siebenundfünfzigsten Lebensjahres vor sich stehen.

Er war einer von den Männern, die einem sofort ins Auge springen, so auffallend und aufdringlich war seine Erscheinung. Seine Frau, die arme Clare, und seine Tochter Ambrosia waren nichts weiter als Flügel, die hinter seinem schwarzen Rücken flatterten. Sie setzten sich in die mittlere Sitzreihe, auf die andere Seite des Gangs. Ich schaute entschlossen aus dem Fenster zum Bodenpersonal hinaus, das mit verschlungenen Schläuchen und irgendwelchen Wägelchen beschäftigt war. Trotzdem sah ich aus dem Augenwinkel eine Stewardeß mit Pandaringen um die Augen mit dem für ihre Gattung typischen Diensteifer herbeieilen. Sie war mir schon vorher aufgefallen, und ich hatte mich gefragt, ob der Pilot wohl am Abend zuvor auf derselben Party gewesen war. Mittlerweile bewegte sie sich durchaus flott, aber ihr Erscheinen trug nicht dazu bei, das Chaos in der Mittelreihe zu verringern.

»Lassen Sie mich Ihnen helfen«, hörte ich sie sagen. »Wollen Sie während des Flugs in Ihrem Buch lesen?«

»Buch? Buch?«, empörte er sich mit einem walisischen Heulton. »Das ist die Bibel, die Bibel!«

»Ach ja, das sehe ich«, sagte sie spröde, aber munter. »Deshalb ist es so ein großes, dickes Buch. Ein Wunder, daß Sie für das Gewicht keinen Extrazuschlag bezahlen mußten.«

»Von Extras halte ich nichts«, knurrte er. Dann: »Haben Sie sie gelesen? Nun? Heraus damit, Mädchen.«

»Nicht ganz«, antwortete sie, ohne sich aus der Ruhe bringen zu lassen. »Wir haben sehr viel Arbeit...«

»Hören Sie! Hören Sie sich das an!« unterbrach er sie. »Einfach so herausgegriffen, einfach so! Hier... ›Ich gleiche dem Pelikan in der Wüste, bin geworden wie im Gemäuer die Eule. Ich finde keinen Schlaf, und ich klage, wie auf dem Dach der verlassene Vogel.‹«

»Herrlich«, sagte sie mit fester Stimme und ließ ihn nicht mehr zu Wort kommen. »Ich liebe Pelikane, und Eulen auch. Schnallen Sie sich jetzt bitte an. Wir starten gleich.«

Daraufhin änderte sich sein Ton. Gackernd fragte er: »Dann meinen Sie also, Sie kriegen die Mühle hoch?« Er klang wie ein Haudegen aus einem alten Kriegsfilm.

»Wir wollen es versuchen«, sagte sie. Ich hörte die arme Clare beschwörend sagen: »John, o John.« Ambrosia schwieg. Als ich sie erst besser kannte, wußte ich, daß sie sich zu dem Zeitpunkt längst in sich selbst verkrochen hatte, um sich so weit wie möglich von ihrem Vater zu distanzieren.

Zögernd rollte das Flugzeug los. Hinter mir hörte ich Properjohn laut rufen: »Es bewegt sich!« Dann fragte er: »Ambrosia, was liest du da?«

»Eine Illustrierte«, antwortete das Mädchen.

»Hoffentlich keinen billigen Schund.«

Es raschelte, als sie zur Titelseite zurückblätterte. »Fünfzig Pence«, sagte sie.

»Du weißt ganz genau, was ich meine. Ich hoffe nur, daß du deinen Vater in New York noch genauso respektvoll behandeln wirst wie zu Hause in Wales.«

»Wales, Wales«, psalmodierte Mrs. Properjohn. Das erste Wort klang wie ein leises Rufen, sehnend und heimwehkrank, das zweite wie ein klägliches, ergebenes Wimmern.

»Arme Clare«, sagte Properjohn. Es war eine kalte, gedankenlose Antwort, in der kein Mitgefühl lag. Er wurde genauso still wie die übrigen Passagiere, als das Flugzeug sich wie eine dicke Ballerina schüchtern zwischen den Lichterreihen hindurchschob und am Anfang der Startbahn um die eigene Achse drehte. Es war wie immer ein beklemmender Augenblick. Ich war noch nie in einer so großen Maschine geflogen. Ich drehte mich vom Fenster weg und stemmte vorsichtshalber die Füße gegen die gebogenen Stahlbeine des Vordersitzes. Ich sah nicht zu den Properjohns hinüber. Ich überprüfte die Schnalle am Gurt und zupfte einmal kurz an meinem Bart, eine nervöse Angewohnheit von mir. Da begann Properjohn.

»Lasset uns beten!« brüllte er.

»O Gott, nein«, dachte ich.

»O Gott«, beharrte er. »Wir flehen zu Dir in Deiner unendlichen Gnade, hilf dem Piloten dieser Maschine, geleite und führe ihn, Du, der Du weißt, daß er nur ein schwacher Mensch ist, gib ihm die Kraft und die Stärke, seine Schwächen zu überwinden und dieses Flugzeug – auch das eine Erfindung schwacher Menschen – vom Boden in die Lüfte zu bringen und durch ein Wunder wieder zur Erde zurück. Wir beten zu Dir in Deiner Gnade und legen unsere Seelen in Deine Hand, wir bitten Dich, laß uns durch Deinen Willen sicher in der Neuen Welt landen. Doch wenn dies nicht Dein Wille ist, so werfen wir diese sterblichen Hüllen ab und gehen in das ewige Leben ein, durch Jesus Christus, unseren Herrn. A...men.«

Auf den hinteren Sitzen plapperte ein Kind, wohl in dem Glauben, das Gebet sei im Service inbegriffen, das Amen nach. Eine Frau fing an zu weinen, ein Mann lachte nervös auf und sagte: »Um Himmels willen...« Ich sah zur Mittelreihe. Ambrosia, die mir am nächsten saß, hatte die Augen fest zusammengekniffen, ihr Gesicht war verzerrt vor Verlegenheit und Wut. Hoch über dem mittleren der drei Sitze schwebte das Gesicht ihres Vaters ernst und lächelnd über dem Priesterkragen, er hatte die Augen selig geschlossen wie jemand, der einen zutiefst befriedigenden Tod gestorben ist. Auf der anderen Seite neben ihm saß die arme Clare weit nach vorne gebeugt; mit ihren blutleeren Händen fummelte sie rasend schnell an einer unsichtbaren Häkelarbeit herum. Die Triebwerke bekamen mehr Schub, und ich konnte durch den Sitz hindurch fühlen, wie die Maschine dem Start entgegenfieberte. Dann hörte ich zu meiner Überraschung, wie plötzlich weiter hinten mehrere andere Leute laut zu beten anfingen. Weiter vorn wollte sich die Stewardeß mit den Pandaaugen mit heftig zuckenden Lippen und bleichem Gesicht wütend wieder aus dem Sitzgurt kämpfen. Mittlerweile lärmten alle durcheinander, die einen beteten, die anderen protestierten, und das Kind schrie: »Stürzen wir ab, Opi? Stürzen wir ab?« Das Flugzeug raste die Startbahn entlang, und mir kam plötzlich ein Gebet aus Kindertagen in den Sinn. Diese Art von Wirkung hatte Properjohn auf andere Menschen.

Alle waren panisch vor Angst, als die Maschine endlich sicher vom Boden abhob. London sauste unter mir hinweg. Da fing er wieder an.

»Großer Gott, wir lo-ho-ben Dich...«

Sofort stürzte sich Pandaäuglein auf ihn. Wie eine glühende Inquisitorin stürmte sie durch den Gang und baute sich vor ihm auf. Er tat zunächst, als hätte er sie nicht bemerkt, und vielleicht sah er sie wirklich nicht, da er voller Inbrunst die Augen zusammengekniffen hatte. Ambrosia zupfte ihn am schwarzen Ärmel. »Da will dich jemand sprechen«, sagte sie brüsk.

Mittlerweile wollte sich keiner mehr das Schauspiel entgehen lassen, alle waren aufgestanden und lugten über Rückenlehnen und um gepolsterte Kanten. Pandaäuglein funkelte Properjohn drohend an, aber er lächelte so breit und mildtätig, wie es seine Art war, aus dem schwer gezeichneten Gesicht zurück, daß ihr die Schimpfkanonade im Halse stecken blieb und statt dessen ihr einstudierter Zauberspruch herauskam. »Darf ich Ihnen vielleicht einen Drink bringen, Sir?«

»Nein!« wütete Properjohn. »Alkohol! Nie und nimmer.« Dann brach das schreckliche Lächeln wieder aus. »Zigaretten gibt es wohl nicht zufälligerweise auch gratis?«

Eine halbe Stunde blieb er ruhig. Dann ging Pandaäuglein mit Kopfhörern im Plastikbeutel herum. Properjohn griff begeistert zu und nahm sich drei, aber als er erfuhr, daß sie ein Pfund das Stück kosten sollten, gab er zwei wieder zurück und behielt nur einen für sich selbst. Ohne eine Bemerkung zu machen, klappte Ambrosia mißmutig ihr Portemonnaie auf und bezahlte für ihren eigenen Kopfhörer. Die arme Clare mußte ohne auskommen; hilflos versuchte sie den Verwicklungen des Films zu folgen, ohne auch nur ein einziges Wort zu verstehen. Ab und zu sah ich, daß die arme, verwirrte Frau herausfinden wollte, worum es ging. Sie beugte sich zu ihrem Mann hinüber, faßte ihn am Ärmel, wurde abgeschüttelt und fragte die ganze Zeit: »Was haben sie gesagt, John? Was haben sie gesagt?«

Ich hatte den Film schon vor einem Monat gesehen. Jetzt waren wir über dem Meer und jagten hinter dem Tageslicht her nach Westen, konnten es aber nicht einholen. Bald döste ich ein.

Dann stand er plötzlich neben mir im Gang wie ein großer schwarzer Vorhang, Properjohn mit dem ramponierten Gesicht, dem Abgrund eines Lächelns, den hochgezogenen Augenbrauen, der zuckenden Nase und den Augen, die wie Triebwerke aussahen. Die schwarzen Arme hatte er ausgefahren, eine große weiße Pranke lag auf der Rückenlehne des Sitzes vor mir, eine auf dem Sitz hinter mir.

»Junger Mann«, sagte er. »Wußten Sie, daß Sie eine bemerkenswerte Ähnlichkeit mit unserem Herrn Jesus Christus haben?«

»Sie müssen sich irren«, sagte ich eilig.

»Ganz und gar nicht. Ganz und gar nicht. Das Profil, der Haaransatz, der Bart und dazu Ihre schwermütige Haltung.«

»Ich war nur gespannt, wie der Film weitergeht.«

Er tat die Bemerkung mit einem Schnauben ab, das ein kleines feuchtes Pendel unter seinem Nasenloch zurückließ. Er wischte es schwungvoll mit dem Ärmel weg. »Ich habe Sie beobachtet.« Er ließ nicht locker. »Ich habe Sie mir genau angesehen.« Mit einem Mal saß er beängstigend dicht neben mir, flüsterte und besprengte mich mit feinem Speichel: »Ihr Profil vor dem ovalen Fenster im hereinfallenden Abendlicht, das durch Ihre Koteletten leuchtet... Sie haben einen hellen Schein um den Kopf.« Er senkte die Stimme mit dem dick aufgetragenen walisischen Akzent, und die brennenden Blicke aus seinen stechenden Augen verglommen wie abgeblendete Bühnenscheinwerfer über einer Nachtszene.

Er legte den Kopf in den Nacken, um mich von oben bis unten mustern zu können. »Sehen Sie nach vorne«, befahl er etwas ungeduldig. Ich sah nach vorn, ohne recht zu wissen, warum ich gehorchte. »Ja, kein Zweifel«, seufzte er, fast zerfließend vor Wonne. »Jesus Christus wie aus dem Gesicht geschnitten. Ein Wunder, daß es Ihnen selbst noch nicht aufgefallen ist.«

»Sehen Sie...« begann ich und drehte mich zu ihm um.

»Ja, sehen«, hauchte er. Dabei schien sein Gesicht in die Breite zu gehen. »Sehen und staunen.« Angriffslustig reckte er das kantige Kinn vor. »Wie heißen Sie?« wollte er wissen.

»Willy«, antwortete ich kläglich. »Willy...«

»Ich bin Reverend John Properjohn, Pastor der Kirche des wütigen Gottes«, verkündete er. »Wütig, nicht gütig, Sie haben schon richtig verstanden. Denn Gott ist wütend. Und wer will es ihm verdenken. Ich wäre an seiner Stelle auch wütend, Sie nicht?«

»Ich weiß nicht«, sagte ich ratlos.

»Wütend auf die Welt«, sagte er. »Auf die verdammte Welt. Wie alt sind Sie?«

»Fünfundzwanzig«, murmelte ich.

»Ich bin sechsundfünfzig«, sagte er munter. Er streckte mir die Hand hin, als hätten wir damit etwas besiegelt. Hilflos schlug ich ein. Er deutete auf die Mittelreihe. »Sie ist siebzehn.« Er meinte Ambrosia. »Und sie achtundvierzig«, sagte er, unhöflich mit dem Finger auf die arme Clare zeigend. »Sie sieht älter aus, weil sie am Kiefer operiert worden ist. Sehen Sie, sie haben ihr glatt ein Stück Knochen weggeschnitten. Sieht fast so aus, als hätte sie überhaupt kein Kinn, was? Sehr selten bei einer Frau, sowas.«

Die junge Frau betrachtete ihn mit verborgenem Haß. Sie beugte sich herüber. »Ich bin seine Tochter«, erklärte sie leise und hielt mir die Hand hin.

Ich beugte mich nach vorn und schüttelte ihr die teigige, weiche Hand. Wir lächelten uns an. »Ich heiße Willy Turpin«, stellte ich mich höflich vor.

»Turpin?« rasselte mir Properjohn ins Ohr. »Von Turpin haben Sie nichts gesagt.«

»Du hast ihn ja auch nicht zu Wort kommen lassen«, sagte das Mädchen scharf. »Ich heiße Ambrosia«, fuhr sie, an mich gewandt, fort.

»Das bedeutet ›Speise der Götter‹«, sagte ihr Vater schmollend.

»Das ist meine Mutter, Clare«, sagte Ambrosia. Ich nickte der Dame zu und bemühte mich, nicht auf ihr Kinn zu starren, das in einer geraden Linie von der Unterlippe zum Hals lief.

Properjohn drehte sich halb im Sitz herum, wodurch er mir den Blick zu den Frauen und ihnen den Blick zu mir versperrte. »Wir fliegen nach New York«, verkündete er pompös.

»Wir haben keine große Wahl«, sagte ich. »Da fliegt die Maschine schließlich hin.«

»Und von da aus...« Er legte eine Kunstpause ein, und seine Augen flammten auf. »Von da aus – geht es nach Westen. Ein Kreuzzug gen Westen, Willy. Ein Kreuzzug, der Amerika erschüttern wird und die ganze Welt.« Sein Dröhnen sackte auf einen atemberaubend tiefen Pegel ab. »Wissen Sie, was ich hier in der Westentasche habe?«

Er funkelte mich herausfordernd an, als erwartete er im Ernst eine Antwort von mir. Ich schüttelte den Kopf.

»Habe ich's mir doch gedacht, daß Sie es nicht erraten«, sagte er, sichtlich erfreut. Er steckte Zeigefinger und Daumen in einen Schlitz seiner schwarzen Weste, dann zog er sie, als hätte er es sich plötzlich anders überlegt, wieder heraus. »Da drin«, flüsterte er und lehnte sich wieder vertraulich an mich, »da drin habe ich einen Zettel, und auf dem Zettel – hören Sie gut zu – auf dem Zettel steht das Datum des Weltuntergangs.«

Er lehnte sich zurück, offenbar gespannt auf meine Reaktion.

»Ist es bald soweit?« fragte ich.

»Das verrate ich nicht«, antwortete er mit rasch aufflammender Verärgerung im Blick. »Nicht einmal Ihnen, Willy, und ich mag Sie. Noch darf es niemand wissen. Ich habe es als *vertrauliche Nachricht* von Gott bekommen. Was sagen Sie dazu?«

Ich zögerte. Dann murmelte ich. »Muß sehr... sehr praktisch sein, Bescheid zu wissen.«

»Äußerst praktisch, ja«, stimmte er mir zu. »Aber bald schon wird es jeder wissen. Wenn die Zeit gekommen ist, werde ich es verkünden!« Er schaltete sein Augenblitzen und seinen Ton auf ein normales Maß herunter. »Liegt New York am Meer?« fragte er. Seine Ahnungslosigkeit schien echt.

Ich starrte ihn an. Er wußte es wirklich nicht. »Am Meer?« antwortete ich. »Na ja, ein Seebad ist es nicht gerade, wenn Sie das meinen. Aber es liegt an der Küste, mehr oder weniger.«

»Ach, Sie kennen sich aus in solchen Dingen.« Er nickte, als wäre ich ein großer Gelehrter. »Ich fürchte, in weltlichen Dingen bin ich nicht sehr belesen, und, um die Wahrheit zu sagen, ich bin auch noch nie verreist. Ich war noch nie in so einer fliegenden Kiste.« Er heftete den Blick auf mein Gesicht, als ob er etwas übersehen hätte. »Wir sind nämlich aus Wales, müssen Sie wissen.«

»Ja, das dachte ich mir schon.«

»Ach, Sie wußten es. Unsere berühmte kleine Kirche ist in Wales. Wir sind glücklich und zufrieden da, obwohl Ambrosia schon einmal nach Bristol gefahren ist, zusammen mit Clare, nicht wahr, Ambrosia?«

Das Gesicht des Mädchens, ein junges, rundes Gesicht, gewaschen und um die Augen unauffällig geschminkt, und ihre dunklen, vollen, gewellten Haare tauchten hinter der väterlichen Schulter auf.

»Ja, ich bin die Weitgereiste in der Familie«, sagte sie süß und frech.

Zu meiner Überraschung begann Properjohn halb summend zu singen: *»New York, New York is a wonderful town.«* Nachdem er ein paar schwermütige Takte von sich gegeben hatte, richtete er sein katastrophales Lächeln wieder auf mich und erklärte mir: »Gegen ein bißchen weltlichen Gesang habe ich nichts einzuwenden. Ich war früher selbst Sänger. Ich stimme gern ab und zu ein weltliches Liedchen an.«

»Ist mal was anderes«, pflichtete ich ihm hilflos bei.

»Dann liegt es also am Meer, New York?«

»Ja und nein«, sagte ich ungeduldig. »Nicht direkt. Es liegt mehr oder weniger an zwei Flüssen. Sie wissen wohl nicht viel darüber?«

Sein Blick war eine Herausforderung. »Hatte ich bis jetzt ja auch nicht nötig, oder?« sagte er. »Nicht, bis Mrs. Jaye in Wales aufgetaucht ist.« Ich fragte nicht, was es mit Mrs. Jaye auf sich hatte, in der Hoffnung, er würde sich wieder auf seinen Platz setzen. Aber er dachte trotzdem laut über Mrs. Jaye nach, sein zerklüfteter Kopf wackelte leicht, wie ein Felsblock am Abgrund, den der Wind schaukelt. »Sie hat nämlich das Geld. Jede Menge Dollars. Sie bezahlt die ganze Chose, den Kreuzzug. Bis nach Las Vegas.«

»Las Vegas«, sagte ich, nun doch ein wenig interessiert. »Was wollen Sie denn in Las Vegas?«

»Es retten«, sagte er trocken. »Na ja, wenigstens wollen wir es versuchen. Vor dem Jüngsten Tag. Dort hat nämlich Mrs. Jayes Mann der Tod ereilt, als er es retten wollte, und nun will sie es unbedingt noch retten lassen, bevor sie selbst stirbt, beziehungsweise bevor die Welt untergeht, je nachdem, was zuerst kommt.«

Ich fühlte mich völlig hilflos. »Das ist verständlich«, erwiderte ich auf gut Glück.

»Sehr verständlich«, stimmte er mir zu. »Das haben wir also in Amerika vor. Sie ist nach Wales gekommen, um eine Probe meines besonderen Talents zu bekommen, meine Brandreden, verstehen Sie, und sie hat mich nach Amerika bestellt, damit ich ihren Kreuzzug anführe. Deshalb sitze ich hier auf diesem Platz, Willy, und unterhalte mich mit Ihnen. Diese unheimliche Ähnlichkeit mit unserem Herrn ...«

»Hören Sie«, sagte ich beschwörend. »Heutzutage sehen Tausende so aus. Der Bart, die langen Haare und so weiter. Die müssen Sie doch gesehen haben.«

»Ich habe den Lichtschein um Ihren Kopf gesehen, Willy«, sagte er fast liebevoll. »So, wie Mrs. Jaye mich erwählt hat, erwähle ich Sie. Warum fliegen Sie nach Amerika?«

Vorsichtig sagte ich: »Ich suche eine Frau.«

»In Amerika? Es gibt doch bestimmt auch zu Hause genug nette Mädchen.«

»Mit einer davon bin ich verheiratet«, nickte ich.

Der große Kopf fiel ihm auf die Brust und tickte ein paarmal mitfühlend auf. »Ah, ich verstehe«, sagte er. »Jetzt verstehe ich. Eine schlimme Geschichte, ja. Clare und ich sind seit fünfundzwanzig Jahren glücklich verheiratet. Sie war berühmt für ihre Schönheit, bevor sie ihren Kiefer bearbeitet haben...« Er wirbelte auf seinem Sitz herum und rief: »Das stimmt doch Clare, oder?« Ich sah, daß sie sich seinen Kopfhörer angeeignet hatte und nun unglaublich häßlich und lieb im Takt der Musik mit dem Kopf nickte. Er verstand das Nikken als Zustimmung und drehte sich wieder zu mir. »Die arme Clare«, sagte er.

Ich dachte, damit hätte er alles gesagt. Er schwieg. Dann aber brach es aus ihm heraus. »*Sie machen es für uns, Willy! Ich weiß, daß Sie es machen!*«

»Was soll ich machen?«

»Das Kreuz tragen, Willy. Das Kreuz nach Las Vegas tragen.«

Nur mit Mühe konnte ich einen Schreckensschrei unterdrücken. »O nein, das kommt nicht in Frage«, röchelte ich. »Für wen zum Teufel halten Sie mich?«

»Sie sind der richtige Mann für den Job«, sagte er und lächelte, als hätte er eine selten geistreiche Bemerkung von sich gegeben. »Und gutes Geld gibt es auch dafür.«

»Hören Sie«, sagte ich. »Ich bin nicht Jesus, und ich weiß noch nicht mal, ob ich glaube, daß es einen Jesus gibt... gab. Ich bin nicht religiös. Ich fluche, ich trinke, ich rauche manchmal Marihuana, ich habe es schon mit allen möglichen lasterhaften Frauen getrieben. Und deshalb trage ich kein Kreuz, weder für Sie noch für sonstwen – und schon gar nicht den ganzen verdammten Weg bis nach Las Vegas.«

»Doch«, sagte er.

»Nie im Leben.«

2

Über der kitschigen, von zwei dorischen Säulenattrappen eingerahmten Plastiktür in der East 76th Street waren die Worte »Bonapartes Refugium« eingemeißelt. Geknickt stellte ich meine beiden Koffer auf der Treppe ab. Ich war augenscheinlich an der falschen Adresse.

Während ich noch ratlos dastand, ging plötzlich die Tür auf, und zu meiner Verblüffung trat eine riesenhafte junge Frau in einer weißen Tracht heraus, in der sie mit dem knappen Oberteil und dem kurzen, steifen Rock wie eine spärlich bekleidete Nonne aussah. Bleiche, dicke Arme, Beine und Brüste quollen aus den Kleidungsstücken hervor, als wären sie in einen zu kleinen Pappkarton gequetscht worden, und unter dem maisgelben Haar glühte rot ihr Gesicht, als hätte sie sich bei einer schweißtreibenden gymnastischen Übung überanstrengt.

Ich hatte nicht geklingelt, und sie hatte offenbar nicht erwartet, mich vor der Tür stehen zu sehen. Aber ihre Überraschung galt wohl eher meinen Koffern als mir: »Wollen Sie die etwa mit reinbringen?«

Eine wesentlich kleinere Frau lugte um die ausladende Hüfte der ersten. Ihr ebenfalls verschwitztes und rotes Gesicht wurde von schwarzen, topfartig geschnittenen Haaren wie von einem Motorradhelm umrahmt.

»Er will die Koffer mit reinbringen«, sagte die Maisgelbe.

»Soll er doch«, sagte die Dunkelhaarige, die anscheinend etwas zu bestimmen hatte. Sie lächelte mich routiniert an. »Treten Sie ein, Sir. Willkommen im Refugium.«

Etwas benommen nahm ich die Koffer auf und trat durch die Plastiktür in einen freundlichen, mit Teppichboden ausgelegten Raum, in dem auf der einen Seite ein künstlicher Garten wuchs. Gleich neben dem Eingang stand ein Schreibtisch, und weiter hinten saßen vier Männer vor einem Fernsehapparat.

»Nehmen Sie Platz, Sir«, sagte das kleine Mädchen mit der Helmfrisur. »Mr. Mahoney wird sich gleich um Sie kümmern. Kann ich Ihnen vielleicht ein Glas Wein anbieten?«

»Ja, bitte, warum nicht?« sagte ich völlig verdattert. Ich setzte mich zu den anderen, die mich nicht weiter beachteten. Ein farbiges Mädchen, dünn wie eine Eisenstange, kam hinter einer verhängten Tür hervor, ergriff die Hand eines der wartenden Männer und setzte sich zu ihm. Niemand sagte etwas. Alle waren so in das Fernsehprogramm versunken, und es herrschte eine so familiäre Stimmung, daß einem ganz heimelig zumute werden konnte. Eine hübsche Rothaarige, der die Haare auf der Stirn klebten, brachte mir auf einem Tablett ein Glas Rotwein mit Eis. Auch sie trug eine gestärkte Kluft, und die aschgrauen Brüste quollen ihr seitlich aus dem Oberteil.

Sie beäugte die Koffer und sagte: »Mr. Mahoney kommt gleich.«

»Ja, das habe ich schon gehört«, murmelte ich. Ich beugte mich zu den Koffern hinunter und sah sie mir genau an. Es hing nicht der kleinste Zipfel heraus.

»Sie sind ja Engländer«, gurrte sie. Sie hockte sich vor mich hin wie eine Lehrerin, die sich mit einem Schüler unterhalten wollte. »Sind Sie schon einmal in unserem Refugium gewesen?«

Wie ein Kind konnte ich bloß den Kopf schütteln. Sie rückte mir immer näher auf den Pelz und tätschelte mich.

»Sie sehen aus, als kämen Sie gerade vom Flugplatz«, lächelte sie. Sie hatte einen großen Knutschfleck am Bein, zehn Zentimeter oberhalb des Knies.

»Stimmt genau«, nickte ich.

»Wahnsinn.« Routiniert machte sie große Kulleraugen, behielt dabei aber die mütterliche Miene bei. »Sie konnten es wohl gar nicht erwarten, was?«

»Hören Sie«, sagte ich, mich aus meiner Trance reißend. »Ich suche...«

»Hier bekommen Sie alles, Süßer. Im Refugium findet jeder, was er sucht.« Sie tätschelte mir noch einmal abschließend das Bein. »Mr. Mahoney wird jeden Augenblick hier sein.«

Zweifelnd nippte ich an meinem geeisten Wein. Diese Amerikaner! Der Mann mit dem grauen Quadratschädel neben mir verfolgte traurig das Drama auf dem Bildschirm.

»Mann o Mann«, sagte er leise, als hätte er das schon länger loswerden wollen. Aber er sah mich dabei nicht an. »Ich dachte schon, Sie hätten Ihre eigene Ausrüstung mitgebracht.« Er deutete mit dem Kopf auf die Koffer. »Das habe ich nämlich noch nie erlebt, daß einer in diesen Laden seine eigene Ausrüstung mitschleppt.«

»Nein«, sagte ich. »Das ist bloß mein Gepäck.«

Er konnte sich von dem angestaubten alten Schinken im Fernsehen nicht losreißen. »*Der Fluch der alten Dame*«, murmelte er mit einem raschen Seitenblick über die Schulter.

»Ach so«, sagte ich. »Spannend?«

»Unter aller Kanone«, knurrte er müde. »Der Streifen sollte besser ›Der Fluch der alten Herren‹ heißen. Herrgott, sehen Sie sich uns doch an. Wir können uns hier den Hintern plattsitzen und ewig warten, bis eine von den Schnepfen wieder genug Puste hat, um den nächsten Gast zu bedienen. Wir sollten daheim bei unseren Familien sein.«

»Ich warte nur auf Mr. Mahoney«, erklärte ich.

»Der wird schon was für Sie finden«, weissagte er. »Beim

ersten Mal finden sie immer was Tolles für einen. Weil man dann nämlich wiederkommt, so wie ich, ich arme Sau. Jedesmal, wenn ich meine Lohntüte in die Hand kriege, komme ich wieder angedackelt.«

Die Eingangstür ging auf, und ein aalglatter, kleiner Mann mit starker Ausstrahlungskraft kam herein. Aus einem hinteren Winkel des Etablissements eilte ein junger Mann auf ihn zu, der Augen wie ein Angorakaninchen hatte. Er schüttelte dem Neuankömmling überschwenglich die Hand.

»Ach, der gute Mr. Trevor«, säuselte er. »Wie viele Mädchen dürfen es denn heute sein?«

»Fünf«, befahl der kleine Mann knapp.

»Scheiße«, stieß mein Nebenmann verzweifelt hervor. Er schlug den grauen Quadratschädel wie einen Hammer in die verschränkten Hände. »Scheiße«, wiederholte er. Er rappelte sich hoch und schlurfte steif und ungelenk wie der Zombie aus dem Fernsehen zum Empfang.

»Mr. Mahoney«, begann er hoffnungslos und geduldig. »Ich bin bei Ihnen Stammkunde. Kann schon sein, daß ich hier keine Million Dollar auf den Kopf haue, aber ich bin ein Stammkunde und mache nie Rabatz. Ich bin ein lammfrommer Mensch. Ich muß schwer arbeiten für mein Geld, und ich komme zu Ihnen, weil der Mensch auch seinen Spaß haben muß.«

»Da haben Sie ganz recht«, pflichtete Mr. Mahoney ihm bei, als ob er eine Urkunde beglaubigte. Der Neuankömmling kniff ungeduldig die Lippen zusammen, und Mr. Mahoney hinter dem Schreibtisch warf ihm einen entschuldigenden Blick zu.

Der graue Mann fuhr fort: »Ich sehe mir jetzt geschlagene dreiundvierzig Minuten diesen bescheuerten Film an. Zum Fernsehen bin ich nicht hier, Mr. Mahoney. Fernsehen kann ich auch zu Hause, bei meiner lieben Frau und den Kinderlein. Aber ich warte brav und mache keinen Rabatz. Dann schneit dieser Typ herein und bestellt sich fünf Mädchen.« Plötzlich rissen bei ihm die emotionalen Halteseile, und er ging auf die Palme. »Fünf!« kreischte er. »FÜNF WEIBER!

GANZ FÜR SICH ALLEIN! WILL DER ETWA VOLLEYBALL SPIELEN, WÄHREND ICH HIER HERUMHOCKE UND...« Seine Stimme überschlug sich, er fing an zu schluchzen. »...während ich hier hocke und mir den verdammten *Fluch der alten Dame* ansehe? Mir reicht's, Mr. Mahoney, ich verschwinde, und ich komme nie wieder. Ich laufe nackig durch den Park und lauere alten Muttchen auf – und daran sind ganz allein Sie schuld. Wenn Sie mich das nächste Mal sehen, grinse ich Ihnen als toter Sittenstrolch von der Titelseite der *New York News* entgegen.«

Damit stolperte er hinaus. Achselzuckend drückte Mr. Mahoney den Knopf der Sprechanlage auf seinem Schreibtisch. »Dorothea, Pansy, Candy, Ba-Ba und... wer ist sonst noch hinten?«

»Totsy?« Der Vorschlag klang sogar durch den Lautsprecher verzerrt sehr zweifelnd. »Wir haben nur noch Totsy hier, Mr. Mahoney. Liz macht gerade Pause.«

»Totsy hat sich was gebrochen«, erklärte Mr. Mahoney dem aalglatten, kleinen Mann. »Den rechten Arm. Macht Ihnen das was aus?«

»Ach was.« Der Gast überlegte nicht lange. »Ich lasse mir schon etwas für sie einfallen. Den rechten Arm, haben Sie gesagt?«

»Genau. Dafür gewähren wir Ihnen zehn Prozent Preisnachlaß, was meinen Sie?«

»Fein.«

»Kreditkarte?«

»Sicher, Kreditkarte. Was dachten Sie denn?«

Eine mollige Kleine in der üblichen weißen Kostümierung mit dem üblichen roten Gesicht nahm den Mann bei der Hand und führte ihn weg. Zaghaft hob ich meine Koffer hoch, stellte sie wieder hin, hob sie wieder hoch und ging zu Mr. Mahoneys Schreibtisch.

»Eben erst gelandet«, stellte er mit einem vielsagenden Lächeln fest, als ob er über einen Informanten bei der Fluggesellschaft verfügte.

»Ja, ich komme gerade aus London. Ich suche...«

»Sie werden sich leider etwas gedulden müssen, Mister. Wie Sie sehen, ist die Nachfrage momentan enorm. Aber wenn…«

»Ich suche einen gewissen Herbert Cato«, fiel ich ihm ins Wort. »Aber hier bin ich wohl an der falschen Adresse.«

»Ach, Herbie«, sagte er bedächtig. »Dann sind Sie hier goldrichtig. Herbie wohnt oben. Er ist ein Freund der Familie. Gehen Sie nach hinten durch, und nehmen Sie den Aufzug. Aber seien Sie so gut, und machen Sie im Korridor die Augen zu. Es geht immer geradeaus, Sie können nicht stolpern.«

»Einverstanden«, antwortete ich. »Ich kneife die Augen zu.«

»Prima«, sagte er dankbar. »Diese jungen Dinger sind nämlich sehr empfindlich.«

Auf dem Türschild stand »Herbert G. Cato« und darunter, in kaum weniger ausladenden Schnörkeln, »Schauspieler.« Der Hausflur war schmutzig, dunkelgrün wie das Innere eines Teiches, und hinter einem Heizungsrohr steckten ein Stapel Briefe sowie ein Telegramm.

Hinter der Tür konnte ich ihn in seiner rauhen, brüchigen Baritonstimme singen hören. Ich öffnete das Telegramm und las: »ANKOMME NEW YORK DONNERSTAG STOP WILLY TURPIN.« Ich hatte es vor drei Tagen aufgegeben. Ich bückte mich und schob es unter der Tür durch. Sein Geträller brach ab. Ich legte das Ohr an die Tür und hörte, wie er es aufhob und öffnete. »Ha!« rief er. »Ha! Ho! Ho! Herrschaftszeiten! Mich laust der Affe. Ha! Ho!«

Ich klingelte.

»Wer ist da?«

»Ho! Ha!« brüllte ich. »Ha! Ho! Herrschaftszeiten! Der Affe, der dich lausen kommt.«

Die Tür wurde aufgerissen. Seit unserer letzten Begegnung hatte sein breites, attraktives, sündiges Gesicht einen hängenden Garten bekommen. Die Augen blitzten aus einem schwarzen Haardickicht hervor. »Willy!« rief er. »Menschenskind, Willy. Wo kommst du denn her? Ich habe dein Telegramm gerade erst bekommen.«

»Der Luftverkehr wird eben immer schneller«, sagte ich. »Kann ich reinkommen?«

»Aber sicher doch, immer rein in die gute Stube.« Als er einen Schritt zurücktrat, sah ich, daß er keine Hose anhatte. Ein Mädchen in der weißen, gestärkten Refugiumstracht saß auf einem Rohrstuhl und verspeiste schüchtern ein Salamisandwich. Kaum hatte sie mich erblickt, biß sie noch einmal herzhaft hinein und machte auch schon einen Satz Richtung Tür.

»Bleiben Sie doch«, wollte ich sie aufhalten. »Essen Sie zu Ende.«

»Das Sandwich gehört sowieso mir«, meinte Herbie. Er lachte und fügte hinzu: »Mein Held«, als ob ihm gerade ein guter Witz eingefallen wäre. Dann sagte er: »Sie kommt überhaupt nur zum Stibitzen nach oben.«

Das Mädchen nuschelte etwas Unverständliches mit dem Brot im Mund, winkte lässig und sprang wie eine Großstadtgazelle zur Tür hinaus. Auf ihren Beinen, die bis zum Gesäß nackt waren, zeichnete sich das Muster des Bambusstuhls ab.

»Die Mädels machen alle auf Julie Andrews«, seufzte Herbie, der versonnen hinter ihr herstarrte. »Komm rein, komm rein«, sagte er und zog mich ins Zimmer. »Das war Liz.«

»Ja, ich habe schon gehört, daß sie gerade Pause macht«, sagte ich. »Hoffentlich komme ich nicht ungelegen.« Ich deutete mit dem Kopf auf seine unbekleideten Beine.

Er lachte. »Ach was, Kumpel. Überhaupt nicht. Ich wollte es mir nur ein bißchen bequem machen. Und sie wollte mir nur das Sandwich wegessen.« Er wackelte genüßlich mit dem Kopf. »Nette Mädels«, sagte er. »Das ist hier so eine Art... äh... eine Art Pflegeheim.«

»Da ist gerade ein Schwerverletzter eingeliefert worden«, bemerkte ich. »Er braucht gleich fünf von ihnen.«

»Fünf?« sagte er und schloß hinter mir die Tür. »Wahnsinn. Das muß ein echter Notfall sein.« Er lachte. »Ach, was soll's. Aber eine Therapie ist es trotzdem. Und die Mädchen sind wirklich nett. Ein gutes Herz, zarte Hände und herzzerreißende Lebensgeschichten. Liz zum Beispiel kommt aus Cincinatti, aber sie kann jeden Dialekt nachmachen, von Fairbanks bis nach Jacksonville. Fairbanks, verstehst du? Fairbanks in Alaska. Wenn sie je ein Remake von *Nanook, der Eskimo* drehen, ist sie über Nacht ein Star.«

»Ich habe kein Wort verstanden«, sagte ich. Ich stellte die Koffer in eine Ecke, unter einen Plastikpapagei in einem Blechkäfig, und nahm das Glas Bourbon, das er mir ganz selbstverständlich eingeschenkt hatte.

»Sie wußte, daß du Engländer bist, und sie wollte dich mit einem englischen Akzent beeindrucken. Aber mit einem Mund voll Salami ist das nicht so einfach.«

»Das würde sogar einer Engländerin schwerfallen«, gab ich zu. »Jedenfalls bin ich froh, daß du mein Telegramm noch bekommen hast, auch wenn ich es erst persönlich unter der Tür durchschieben mußte. Ich habe es vor drei Tagen abgeschickt.«

Er lachte, der gemütliche, charmante Herbie. Das hatte Silvie immer gesagt. »Tut mir leid, Kamerad. Ich mache eben nicht gern die Post auf. So was stört nur.«

»Und wenn sie hinter einem Rohr klemmt, stört es dich nicht?«

»Doch, natürlich, aber wenn ich sie aufmache, stört sie mich mehr. Das weiß ich aus Erfahrung. Hast du vor, länger hierzubleiben?«

»Eigentlich wollte ich mich bei dir einquartieren«, antwortete ich. »Ginge das?«

»Von mir aus immer«, sagte er großspurig. »Ich komme dich dann ab und zu besuchen. Ich muß nämlich ausziehen. Die Miete. Die Mädchen veranstalten zwar einmal die Woche eine Sammlung für mich, aber es reicht trotzdem nicht. Sie werden mir fehlen. Wir hatten viel Spaß zusammen. Wenn unten die Geschäfte flau sind, lasse ich mich auf Kosten des Hauses verwöhnen.«

»Auf Kosten des Hauses? Du brauchst nichts zu bezahlen?«

»Nein, ich kriege alles umsonst.«

»Welch Entehrung einer Masseuse«, sagte ich.

»Immer noch der alte Wortzauberer«, grinste er. »Du solltest Schriftsteller werden.«

»Das versuche ich ja«, sagte ich. »Ich habe die Schreiberei noch nicht an den Nagel gehängt.«

»Taugt dein Zeug mittlerweile was?«

»Wie man's nimmt«, sagte ich. »Ich hatte vor, mich hier drüben daran zu versuchen. Schließlich hast du mich ja vor vier Jahren so großzügig eingeladen.«

»Du glaubst, du findest Silvie?« fragte er.

»Ich dachte, wir laufen uns vielleicht über den Weg.«

»Es ist schon ein Riesenland«, sagte er. »Wenn du hier jemanden aus den Augen verloren hast, findest du ihn nicht so leicht wieder. Da kannst du lange suchen. Hat sie dir mal geschrieben?«

»Nur ein paar alberne Postkarten. Ich bin ihr im Atlas nachgefahren. Sie will anscheinend nach Westen. Das hatte sie schon immer mal vor.«

»Blöder Hund«, knurrte er. »Sie so gehen zu lassen.«

»Es kann nicht allzu viele exotische, englische Tänzerinnen geben, die mit zwei Kindern nach Kalifornien unterwegs sind«, sagte ich.

Er zuckte die Achseln. »Das macht die Sache natürlich aussichtsreicher«, gab er zu. »Wenn sie gefunden werden will, findest du sie vielleicht.« Dann seufzte er. »Daß du aber auch ausgerechnet jetzt kommen mußt, wo ich die Miete nicht mehr bezahlen kann«, sagte er. »Die ganzen vier Jahre hatte ich das Geld für die Miete, aber jetzt tauchst du auf, und es ist Ebbe in der Kasse.« Er nahm die Bourbonflasche und inspizierte sie traurig. Auf dem Grund der Flasche standen vielleicht noch zwei Zentimeter Whiskey. Er maß jedem von uns genau einen Zentimeter ab.

»Aber ich dachte, du wärst der absolute Superstar«, sagte ich, ohne ihn aus den Augen zu lassen. Er kippte sich den Whiskey hinter die Binde und schüttelte betrübt den Kopf. »Das Gesicht, das jeder kennt«, stichelte ich.

Langsam und vorsichtig bastelte er sich eine Antwort zusammen. »Also, das Gesicht ist es nicht gerade«, sagte er schließlich. »Eher das Gegenteil. Ich spiele in sogenannten Billigproduktionen mit. Keine Namen, keine Handlung, keine Klamotten. Und kaum Geld.«

Ich staunte, wie verklemmt dieser Bär von einem Mann doch war. Er hielt den Kopf gesenkt, starrte auf den Boden seines Glases und sah mich nicht an. »Ich habe wegen Silvie nichts davon gesagt«, murmelte er. »Sie sollte nicht denken, daß ich...«

»Sie hat immer in Filmen wie *Tschitty Tschitty bäng bäng* nach dir Ausschau gehalten«, hakte ich nach.

»*Tschitty Tschitty bäng bäng*«, seufzte er. »Ja, das hätte mir Spaß gemacht. Im Ernst. Meine Meisterwerke hatten Titel wie *Das große Ohr*, eine Art Fortsetzung von *Deep Throat*.«

»Medizinische Filme«, sagte ich. Ich weidete mich an seiner Verlegenheit.

»Aber sicher doch. In *Deep Throat* ging es um diese Tussi, die den Kitzler im Hals hatte. Der Film lief in New York monatelang, bis er schließlich verboten wurde. Mir hatten sie darin eine Nebenrolle angeboten. Irgendein Scherzkeks hat mir weisgemacht, es wäre die Lebensgeschichte von Caruso, und ich dachte, das wäre meine große Chance, endlich mal was Anspruchsvolles zu drehen. Aber dann entpuppte es sich doch wieder nur als so ein alter Stöhn-und-Keuch-Streifen, und ich habe abgelehnt. Er spielte eine Million Dollar ein. Also wollte ich hinterher natürlich unbedingt in *Das große Ohr* mitspielen, aber der Film wurde dann leider verboten, weil ein Oberguru von der Hals-Nasen-Ohren-Arztvereinigung im Fernsehen davor gewarnt hat. Nicht im moralischen Sinne, im medizinischen. An *Deep Throat* war nichts auszusetzen, weil die Weiber so was schon seit Jahrhunderten machen und noch nicht allzu viele dabei erstickt sind, aber mit dem Ohr war es etwas anderes. Taubheit, Gleichgewichtsstörungen, sogar Gehirnschäden hätten die Folge sein können.« Er seufzte nachdenklich. »Wahrscheinlich hatte er recht«, fuhr er fort. »Es geht ja schließlich nicht an, daß nur wegen eines Pornos die Frauen auf der Straße umkippen, das Telefon nicht mehr läuten hören oder wahnsinnig werden.«

»Schade«, seufzte ich. »Hört sich fast lehrreich an.«

»Das war die Arbeit auch«, sagte er ernst. »In den Vorfilmen ging es immer um kanadische Karibus, um Eingeborenentänze auf Samoa und lauter solchen Blödsinn, damit die Kerle, die nachmittags mit ihrem Ständer und ihrer Aktentasche ins Kino gingen, ihren Kindern abends zu Hause alles mögliche über Karibus und Samoa erzählen konnten. In dieser Hinsicht waren sie wohl tatsächlich lehrreich, könnte man sagen. Aber ansonsten war es ein furchtbarer Job. Sicher, es klingt toll, vor der Kamera vögeln und auch noch dafür bezahlt werden, aber dann versuch du erst mal, an einem kalten Montagmorgen in einem alten Studioschuppen in New Jersey in Stimmung zu kommen, wenn du auf einer Tussi hängst, die tiefe Kratzer unter den Augen hat und vom Wochenende her noch Bißspuren auf den Titten.«

»Dustin Hoffman könnte ich mir dabei nicht unbedingt vorstellen«, gab ich ihm recht.

»Siehst du? Und ich konnte mir Herbie Cato dabei auch nicht mehr vorstellen. Nicht noch einmal. Also sage ich zu diesem Regisseur, einem Mexikaner, der auch noch Manny El Elfredo hieß, den aber alle El Elf nannten, weil er so klein war. Jedenfalls sage ich zu ihm: ›Ich kann nicht. Mir ist kalt, mir geht's beschissen, und die Alte macht mich kein bißchen an. Wie zum Teufel soll ich bei diesen Arbeitsbedingungen auf Touren kommen?‹ Und da erzählt er mir doch tatsächlich, er würde die ganze Produktion nach Miami Beach verlegen und Racquel Welch für die weibliche Hauptrolle engagieren, ich sollte bloß brav weitervögeln, weil nämlich der Kameramann unbedingt zu seiner Frau müßte, die in einem Krankenhaus in der Bronx im Sterben läge. Da war das Maß voll. Ich habe gekündigt. Ich habe ihm gesagt, er hätte mich oft genug in Großaufnahme auf Film, und wenn er einen Typen auftreiben könnte, der an einem Montagmorgen eine Erektion zustande brächte, dürfte er ihn gern als Double für die Nahaufnahmen anheuern. Von mir aus könnte er ruhig für mich einspringen.«

Er strahlte mich über seinen Schnurrbart hinweg an. »Einspringen«, wiederholte er. »Nicht übel, was?«

»Du solltest Drehbücher schreiben«, schlug ich vor. »Hast du was zu futtern im Haus, oder müssen wir essen gehen?«

»Das Salamisandwich war der Rest vom Schützenfest.« Er zuckte die Achseln. »Hätte ich doch bloß das Telegramm geöffnet, dann hätte ich es vor der diebischen Elster retten können.«

»Ich habe dreißig Dollar«, sagte ich. »Gehen wir erst mal essen. Dann saufen wir uns gepflegt einen an, und wenn wir genug intus haben, lassen wir uns was einfallen.«

»Okay«, antwortete er. »Ich zieh mir die Hose an.«

Zum Trinken gingen wir in die Second Avenue, in die Costello-Bar, einen irischen Pub mit hölzernen Kirchenbänken und rustikalen irischen Eichenholzknüppeln außer Reichweite an den Wänden. Während wir uns betranken, fragte Herbie: »Du meinst also, Silvie tanzt?«

»Natürlich tanzt sie«, sagte ich. »Sonst hat sie ja nichts gelernt.«

»Woher willst du das wissen?«

Ich ging nicht darauf ein. »Zwischen New York und der Westküste gibt es nur eine begrenzte Anzahl von Städten«, sagte ich. »Und darin gibt es wiederum nur eine bestimmte Anzahl von Clubs, in denen Tänzerinnen auftreten. Ich muß mich einfach langsam vorarbeiten.«

»Wird dir wohl gar nichts anderes übrigbleiben, mit deinen dreißig Dollar«, knurrte er in sein Glas.

»Bei dem Zug, den du am Leib hast, sind es längst keine dreißig Dollar mehr«, gab ich zurück.

Er hörte nicht zu. Er sagte: »Womöglich kommst du zu spät. Womöglich hat sie dir längst ein anderer Kerl weggeschnappt.«

»Das habe ich mir auch schon überlegt.«

»Kann ich mir denken. Bist ja nicht auf den Kopf gefallen. Es ist mir sowieso ein Rätsel, wie du sie überhaupt hast aufreißen können; aber daß du dann so lange durch die Gegend gevögelt hast, bis sie dir eines schönen Tages abgehauen ist, das ist wirklich das letzte ...« Er kippte den Rest seines fünften Biers hinunter und stierte mich kampflustig an. Lässig wischte er mit dem Handrücken über den klitschnassen, platten Bart.

»Verdammter Mist«, schnaubte er. »Wenn ich geahnt hätte, daß sie die Kurve kratzt, hätte ich sie mir selber angelacht. Mensch, was war ich verrückt nach ihr.«

»Da warst du nicht der einzige«, sagte ich. Das Bier und die Erinnerungen machten mich rührselig. »Am liebsten rede ich mir ein, ich hätte sie nur irgendwie verlegt«, krächzte ich heiser. »Herbie, vielleicht hat sie ja noch keinen gefunden, der besser ist als ich.«

»Ach, du lieber Himmel«, sagte er mit düsterem Blick. »Wenn das deine einzige Hoffnung ist.«

Als wir die Costello-Bar verlassen hatten, schwankten wir nach Hause. In Bonapartes Refugium, wo an dem Abend nicht viel los war, wurden wir mit ausgelassener Fröhlichkeit begrüßt, und nach nicht einmal zehn Minuten lagen wir nackt in zwei benachbarten Kabinen und ließen uns auf Kosten des Hauses verwöhnen.

Liz, die Meisterin der Dialekte, ging mit mir erst in die Sauna und danach in die Dusche, und nachdem sie mich so gründlich abgerubbelt hatte wie kein Mensch mehr seit meiner Mutter, packte sie mich auf die Massageliege. Herbie hatte ihr erzählt, ich wäre Bühnen- und Filmautor, und in diesem Irrglauben plapperte sie nun, dicht über mich gebeugt, Textproben aus verschiedenen Broadwaystücken vor sich hin, während sie die Hände über jedes Eckchen und Fleckchen meines staunenden Körpers wandern ließ. Ich lag auf dem Bauch vor ihr, und sie rieb mir, bei den Fußknöcheln beginnend, jedes Gelenk, jeden Muskel und Nerv mit einer Lotion ein. Sie knetete meine Backen wie eine Bäuerin den Brotteig und schob mir die Finger tief zwischen meine Beine. Allmählich bekam sie ein rotes Gesicht. Schließlich sagte sie: »Bin gleich zurück«, und huschte durch den Türvorhang hinaus.

»Die Frau vergeht sich an mir«, rief ich über die halbhohe Wand zu Herbie hinüber.

»Ach, deshalb bist du so schweigsam«, sagte er. »Mach das Beste draus. Es geht alles auf Kosten des Hauses.«

»Was meinst du, wie peinlich es wird, wenn sie mich umdreht.«

»So was kann sie nicht erschüttern«, sagte er.

»Sie hat so lange Fingernägel«, jammerte ich.

»Das Kreuz wirst du schon tragen müssen, Kollege.«

Daraufhin rührte ich mich erst einmal geschlagene zwei Minuten nicht mehr. Liz kam zurück und befahl mir, mich umzudrehen.

»Ich hätte gern mal das Telefon benutzt«, sagte ich.

»Das Telefon? Jetzt? In diesem Augenblick?«

»Das hast du reizend gesagt«, antwortete ich. »Wärst du wohl so lieb und würdest mir meine Jacke rüberreichen?«

Schmollend gab sie mir die Jacke, und ich holte die Visitenkarte aus der Tasche, auf der »Reverend John C. Properjohn – Kirche des wütigen Gottes« stand. Auf die Rückseite hatte er geschrieben: »Sie *werden* das Kreuz tragen. Erstklassige Bezahlung. Rufen Sie mich im New Yorker Hilton an.«

Liz holte mir ein Telefon, das sie neben der Massageliege einstöpselte. Dann setzte sie sich auf einen Hocker. Die eine Brustspitze lugte vorwitzig aus der Tracht, als ob es sie vor Neugier nicht mehr an ihrem Platz hielte.

Mein Gespräch mit Properjohn dauerte drei Minuten. Kaum hatte er mich wiedererkannt, brüllte er auch schon los: »Hosianna! Hosianna!« Dann sagte ich: »Ich mache mit, aber nur unter einer Bedingung.«

»Nur heraus damit, mein Junge. Von mir können Sie fast alles verlangen«, versprach er vorsichtig.

»Ich habe einen Freund hier in New York«, flüsterte ich. »Ein hervorragender Schauspieler. Hat schon jede Menge Filme gedreht.«

»Ja, ja?« Seine Begeisterung hielt an.

»Kann er auch mitkommen? Er würde einen spitzenmäßigen Petrus abgeben.«

»Hosianna! Hosianna!« röhrte er. »Seien Sie morgen um elf Uhr hier. Bringen Sie Petrus mit. Sie werden das Kreuz tragen!«

Ich legte auf. Ich hob den Kopf und sah die Augen des Mädchens leuchten. »Geht es um *Jesus Christ Superstar*?« hauchte sie. »Mann, ich würde eine tolle Maria Magellan abgeben.«

»Magellan war ein Seefahrer, Schätzchen«, sagte ich.

»Gibt es denn gar keine Frauenrollen?« bettelte sie. »Ganz egal was, Sir.«

Herbies Kopf tauchte wie der von Johannes dem Täufer auf dem Tablett über der Trennwand auf. »Was geht hier vor? Was war das für ein Anruf?« fragte er.

»Ich habe uns gerade zwei erstklassige Schauspieljobs an Land gezogen«, murmelte ich und legte mich wieder auf die Liege. »Erstklassige Bezahlung, Reisen.«

»Nein!« schrie er begeistert. »Wie hast du denn das bloß geschafft? Was sind das für Rollen?«

»Wir müssen ein Kreuz quer durch Amerika tragen.«

»Ein Kreuz tragen? Herrgott, Willy, das kann ich nicht machen. Ich bin doch Jude.«

»Konntest du mir das nicht früher sagen?«

3

Properjohn erwartete uns in der Lobby des Hilton Hotels. Obwohl ein dichter Menschenstrom durch die Halle drängte, entdeckten wir ihn sofort, weil er auf einem Sessel stand und wie ein hoher, schwarzer Leuchtturm alles überragte.

»Hosianna! Hosianna!« schrie er, als er uns sah. Ich spürte, wie Herbie neben mir zusammenzuckte.

»Hosianna! Hosianna!« rief er noch einmal, als wir näherkamen. Er sprang geschmeidig vom Polstersessel und umarmte uns wie gute, alte Freunde. »Hosianna«, wiederholte er etwas leiser, da wir ja mittlerweile vor ihm standen. »Hosianna, hosianna.«

»Halleluja«, nickte Herbie höflich.

»Halleluja, das kann man wohl sagen«, gab Properjohn zurück. Er umarmte mich noch einmal, und seine schwarzen Arme schlugen wie die Flügel einer Krähe hinter mir zusammen. »Und wie geht es meinem Kreuzträger?« trompetete er. Ohne auf meine gemurmelte Antwort zu achten, wandte er sich Herbie zu, den er eine Spur weniger vertraulich begrüßte. Mit den leichenblassen Händen verabreichte er ihm lediglich einen Doppelschlag auf die Schultern. »Und das muß unser Petrus sein, habe ich recht?«

»Herbie Cato«, sagte ich. »Herbie, das ist Reverend Properjohn.« Aus irgendeinem Grund reichte mir das nicht ganz, also fügte ich hinzu: »Aus Wales.«

Es konnte selbst für einen Amerikaner kaum ein Zweifel daran bestehen, daß er aus Wales kam. In seiner Stimme wechselten sich Klangtäler und -höhen malerisch ab, und selbst muntere Gebirgsbächlein, zerklüftete Felsen und scharfe Grate waren herauszuhören. Ich kenne keinen Menschen, der sich so dramatisch walisisch anhörte. Es sollte mich nicht wundern, wenn er jeden Abend vor dem Spiegel daran herumgefeilt hätte.

Er zog uns an sich wie zwei unverhofft wieder aufgetauchte verlorene Söhne, legte uns die Arme um die Schultern und schob uns durch die aufmerksame Menge zum Aufzug. Als ob er Angst hätte, man könnte ihn plötzlich nicht mehr beachten, winkte er wild gestikulierend nach allen Seiten, zur Rezeption, zur Wechselstube, zur Information, zum Kartenvorverkauf, zum Bücherstand und posaunte dabei: »Was sagen Sie? Was sagen Sie dazu? Das reinste BABYLON! BABYLON!«

Herbie hätte sich am liebsten verkrümelt. Er verdrehte panisch die Augen und schüttelte hinter Properjohns Rücken so heftig den Kopf, daß sein Bart umherflog. »Das kann ich nicht durchziehen«, knarzte er um einiges leiser als Properjohn mit seinem unaufhörlichen Babylon!-Babylon!-Gebrüll.

Aber Properjohn brachte uns heil bis zum Aufzug. Die Arme immer noch um unsere Schultern geschlungen, trug er uns fast hin, wie ein Lastenträger sein Joch. Als wir durch die Tür kamen, ließ er uns nicht einfach los, es war eher, als setzte er uns ab. Dann befahl er dem farbigen Fahrstuhlführer mit dröhnender Stimme: »Hinauf!«

»Welches Stockwerk?« seufzte der Mann.

»Zweiundvierzig, Mister«, antwortete Properjohn. Er stieß mich in die Seite wie ein riesenhafter Kobold und wiederholte: »Mister!« Mir fiel ein, daß er das Flugzeug mit demselben absonderlichen Akzent eine Mühle genannt hatte. Er neigte dazu, die amerikanische Sprache zu imitieren, wobei er auf Vorkriegsfilme zurückgriff. Angestaubte Witze, Sprüche und Spitznamen im Stile eines W. C. Field, James Cagney oder Douglas Fairbanks brachte er in einem gräßlichen Kunstdialekt hervor: halb Walisisch, halb Paramount-Film.

Im zweiundvierzigsten Stock packte er uns wieder energisch bei den Schultern und knurrte: »Okay, Partner, gehen wir.« Der Fahrstuhlführer verdrehte stumm die Augen.

Properjohn bugsierte uns in eine Suite hinein, und die etwa zwanzig dort versammelten Menschen nahmen unser Erscheinen als Signal, in ein bewunderndes Stöhnen und den typisch amerikanischen Spontanapplaus auszubrechen. Die arme Clare und Ambrosia standen so trübsinnig am Fenster, daß man hätte meinen können, sie wollten hinausspringen, brächten aber nicht den Mut dazu auf. Die Amerikaner scharten sich um Properjohn, schlugen ihm anerkennend auf den Rücken, lobten und beglückwünschten ihn, bis Herbie und ich uns allmählich wie zwei Prachtexemplare von Gefangenen vorkamen. Wir sahen uns an, wir sahen uns um, weil wir wissen wollten, was die ganze Aufregung zu bedeuten hatte. Dann begriffen wir. Der Wirbel galt uns.

Einige der Männer trugen Priesterkragen, und es war auch ein halbes Dutzend Frauen anwesend, denen man ansah, daß sie regelmäßig mit Geistlichen verkehrten. Während sie Properjohn bejubelten, musterten sie uns verstohlen, aber hellauf begeistert, und als er sie zu uns dirigierte, trippelten sie mit großen Augen, selig lächelnden Mündern und vorsichtig ausgestreckten Händen näher, als ob sie uns berühren, kitzeln oder knuffen wollten.

»Meine Damen und Herren«, röhrte Properjohn. »Dies sind meine Eroberungen. Das...« Er zeigte aus drei Metern Entfernung genau auf meinen Bauch. ›...ist Willy Turpin, den uns der Herr gesandt hat, damit er das Kreuz trägt.« Alle Leute stießen zaghafte Begeisterungsrufe aus, aaah, aaah, Greisenhand um Greisenhand reckte sich mir entgegen. Wahllos schüttelte ich ein paar, dann ließ ich es bleiben, als Properjohn fortfuhr: »Und dort, eine andere Entdeckung, die wir dem Herrn zu verdanken haben, dort steht... dort steht...« Ich dachte schon, er hätte den Faden verloren, aber da verkündete er jubilierend: »Unser Sankt Petrus!«

Dieselben bleichen Hände wurden nun Herbie zur Begrüßung hingestreckt.

»Willy«, dröhnte Properjohn, »ich denke, wir müssen ganz sichergehen, daß sich niemand ein falsches Bild von Ihnen macht, mein Junge. Die Menschen müssen wissen, daß Sie nicht unser Herr Jesus Christus sind, sondern lediglich ihm zum Gedenken das Kreuz tragen. Alles andere wäre Gotteslästerung.«

Zustimmendes Gemurmel gurgelte durch den Raum. »Gotteslästerung, Gotteslästerung«, sagten sie. Er hielt einen Finger wie eine Kerze empor und wiederholte: »Sie sind also nicht Jesus. Sind wir uns darin einig, Willy?«

»Völlig«, nickte ich. »Wenn mich jemand fragt, sag' ich ihm Bescheid.«

Dafür erntete ich ein zögerliches Lachen im Saal, aber Properjohn schmunzelte gönnerhaft und sagte: »Wir wollen ja schließlich keine falschen Behauptungen aufstellen, nicht wahr?«

Während ihm alle ringsum beipflichteten, sah ich Winston zum ersten Mal, einen schlanken, hellhäutigen Neger, klein, aber gutaussehend. Er trat zu uns, während Properjohn sich über etwas anderes ausließ, und murmelte: »Ich bin Winston Birtley, der PR-Manager von diesem Zirkus.« Er warf Herbie einen Blick zu. »Wie wär's mit einem schnellen Wunder, Mann? Ich könnte einen Scotch mit Eis vertragen.« Wenigstens gab es hier einen, der von unserem Schlag war.

Nun gesellte sich ein schüchtern lächelnder, milchgesichtiger junger Mann in einem dunkelvioletten Anzug, der von einem Priesterkragen abgerundet wurde, zu uns. Seine hellen rostroten Haare sahen so aus, als ob sie langsam, aber sicher abstarben.

»Ich möchte mich gern vorstellen«, lächelte er. Er streckte zaghaft die Hand aus und gab sie, absichtlich, wie ich dachte, zuerst Winston und zuletzt Herbie. »Ich bin Robert C. Hatt und werde Sie auf dieser glorreichen Fahrt als eine Art Assistent für Reverend Properjohn begleiten. Ich hoffe, wir werden gute Freunde werden.«

Properjohn stieß zu uns, und an Winstons schwarzem Gesicht blieb sein Blick leicht verwirrt hängen. Er beugte sich dicht über ihn, als ob er es mit einem Kind zu tun hätte.

»Und wie war noch gleich dein Tauf-... äh... dein Vorname?« fragte er.

»Mein Taufname? Winston«, antwortete Winston gelassen.

»Aha, ja, dein Taufname, soso«, sagte Properjohn. Er grinste ihn herablassend an. »Winston«, wiederholte er und näherte sich ihm noch vertraulicher. »So hieß bei uns ein großer, weißer Kriegsheld.« Er starrte Winston an. »Auf der anderen Seite des Meeres«, fügte er hinzu.

Winston sagte: »Kommt mir bekannt vor.«

»Vielleicht hat deine Mutter dich nach unserem großen Kriegshelden benannt«, meinte Properjohn.

»Das hatte meine Mum sicher im Sinn, Sir«, sagte Winston ernst.

Sein spöttischer Tonfall drang zu Properjohn nicht durch. »Ach, dann hatte sie also große Pläne mit dir?«

»Kann man wohl sagen. Bestimmt wollte sie, daß ich einmal ein weißer Mann werde.«

Properjohns gönnerhaftes Lächeln zerbröckelte, doch sogleich trat ein unsicheres, zuckendes Grinsen an seine Stelle.

Abrupt schüttelte er jedem von uns schwungvoll die Hand und wankte davon. Er war erst ein paar Schritte in die Menge vorgedrungen, da drehte er sich um und winkte mich fuchtelnd zu sich.

Ich war noch einen Meter von ihm entfernt, als er sich vorbeugte, mich bei den Handgelenken packte und hastig näherzog. »Der Nigger«, flüsterte er. »Wollte der mich auf die Schippe nehmen?«

»Tja.« Ich zögerte. »Ich glaube, er war nur ein bißchen gekränkt, weil Sie dachten, er wäre bloß ein... ein Nigger.«

Reue überzog sein Gesicht. »Ach so«, sagte er und knabberte an seinen großen, schwarzen Fingernägeln herum. »Jetzt verstehe ich. Es tut mir leid, es tut mir wirklich furchtbar leid, Willy.« Er umklammerte meinen Ellenbogen wie mit einer Schraubzwinge. »Hören Sie, mein Sohn«, sagte er eindringlich. »Ich fürchte, Sie werden mir ab und zu ein bißchen unter die Arme greifen müssen. Ich bin noch nicht viel in der Welt herumgekommen, und deshalb könnte ich manchmal Sachen machen... Sie verstehen schon.« Er klang traurig. »Ehrlich, Willy«, gestand er. »Ich habe mich schon von jeher vor schwarzen Gesichtern gefürchtet, schon als kleiner Knirps im Kohlerevier. Wenn die Kumpels nach der Schicht durch die Straßen nach Hause gingen, bin ich immer weggelaufen und habe mich versteckt – wegen ihrer Gesichter. Und wenn mal ein echter Neger ins Dorf kam, ein Matrose oder ein Arbeiter aus dem Hafen in Cardiff, dann haben wir uns alle so lange im Haus eingeschlossen, bis er wieder weg war. Sie waren bei uns sehr selten.«

»Also, hier drüben sind sie alles andere als selten«, flüsterte ich streng. »Das haben Sie doch sicher schon gesehen. Oder haben Sie das Hotel etwa noch gar nicht verlassen?«

Niedergeschlagen wie ein kleines Kind gestand er: »Nein, ich war noch nicht draußen. Ich hatte Angst, mich zu verlaufen. Aber ich weiß schon, daß es hier viele gibt.«

»Sie sind einfach nur ganz normale Menschen«, erklärte ich hilflos. »Gehen Sie genauso mit ihnen um wie mit allen anderen. Reden Sie genauso mit ihnen wie mit allen anderen.«

Er schien überwältigt. »Ja, Willy, wird gemacht, wird gemacht. Vielen Dank, Junge«, sagte er. Als ich mich umdrehte, weil ich wieder zu Herbie, Winston und Reverend Hatt zurückwollte, flüsterte Properjohn: »Und Sie hatten ganz recht mit New York, Willy. Es liegt wirklich am Meer. Von meinem Fenster aus habe ich heute morgen Boote auf dem Wasser gesehen.«

»Was wollte er?« fragte Herbie.

»Ich soll nicht nur das Kreuz tragen, sondern irgendwie auch ihn mit durchschleppen«, antwortete ich achselzuckend. »Er ist ein richtiger Vorkriegsmensch. Er ist zig Jahre hinter der Zeit zurück.«

Zu Winston sagte ich: »Es tut ihm leid, daß er so mit Ihnen geredet hat. Er weiß nichts über Farbige, das ist alles. Außerdem kommt er aus Wales, und in Wales leben sie wirklich noch hinterm Mond.«

Winston lächelte. »Schon vergessen«, sagte er und setzte die rätselhafte Bemerkung hinzu: »Mein Fehler.«

Reverend Hatt murmelte etwas Versöhnliches, und Herbie lachte Winston an, als ob sie sich bereits angefreundet hätten. Winston lachte zurück. Plötzlich gab es am anderen Ende des Saals ein Gepolter, und alle Augen wandten sich der armen Clare zu, die unbeholfen versuchte, auf das Podium zu klettern. Sie blökte zwei-, dreimal, erst verlegen, dann empört, als Ambrosia, die gleich hinter ihr war, sie mit einem zitherähnlichen Instrument in den Rücken stupste. Properjohn, der als nächster kam, trieb die Frauen vor sich her wie ein Schweinehirt. Als sie schließlich alle oben waren, stimmten sie ohne Vorankündigung, dafür aber mit großer Hingabe ein schmissiges Kirchenlied an. Clare blies auf einer großen Mundharmonika, Ambrosia zupfte und rupfte an ihrem schwarzen Instrument herum, und Properjohn schmetterte die Melodie in einer ebenso erstaunlichen wie prachtvollen Baritonstimme.

Reverend Hatt fiel mit zitterndem Tenorstimmchen ein, und mit einemmal sangen auch die anderen Leute, sogar Winston. Herbie und ich blieben als einzige stumm. Die arme

Clare blähte die geäderten Wangen, und die Mundharmonika schoß hin und her wie ein Weberschiffchen. Mit der linken Hand war sie besonders geschickt: Immer, wenn ihr das Instrument im hohen Bogen aus dem Mundwinkel fliegen wollte, fing sie es instinktsicher auf. Die hübsche, rundliche Ambrosia konzentrierte sich ganz auf die Zither und ihre Finger, und Properjohn hätte genausogut auf der Bühne der Mailänder Scala stehen können. Herbie und ich fühlten uns deplaziert.

»Warum singt ihr nicht mit?« flüsterte Winston zwischen zwei Strophen.

»Wir kennen den Text nicht«, sagte Herbie schmollend.

»La-la-la reicht völlig aus«, meinte Winston.

»Aber klar, la-la-la«, drängte Reverend Hatt.

Wir gehorchten.

»Ich steige aus«, knurrte Herbie zwischen zwei La-la-las. »Sonst drehe ich noch durch. Wer zum Teufel ist denn die mit der Mundharmonika?«

»Clare«, flüsterte ich.

»Die arme Clare«, sagte er.

Das Lied kam ins Stocken, schleppte sich noch ein paar Takte weiter und brach dann endgültig ab, als an der Eingangstür wegen eines Neuankömmlings alles in Bewegung geriet. Die Menschen huschten eher aus Angst als aus Höflichkeit zur Seite und bildeten eine Gasse, durch die nun eine Gestalt in einem Rollstuhl nach vorn geschoben wurde. Ein Chauffeur in Uniform bewegte das Gefährt fachmännisch vorwärts.

»Das ist Mrs. Jaye«, sagte Reverend Hatt, dem die Ehrfurcht aus allen Poren brach. »Sie ist gekommen, um eine Rede zu halten.«

»Also Turmspringen wird sie uns hier bestimmt nicht vorführen«, murmelte Winston.

Winston hatte den Nagel auf den Kopf getroffen. Die Greisin, die über die Rampe auf das Podium geschoben wurde, wirkte ungefähr so lebendig wie ein ungebackenes Brot. Der Chauffeur glänzte mit einem gekonnten Wendemanöver, und schon stand sie mit dem Gesicht zu den Versammelten, die sie mit offenem Mund anhimmelten. Sie war ein kleines Persönchen: ein verhutzeltes Wesen in einem flauschigen, weißen Pelzmantel und mit einem dick gepuderten Gesicht, aus dem sie uns mit verbitterten Augen stechend wie ein Polarwiesel musterte.

Die arme Clare und Ambrosia, die am Bühnenrand standen, wichen, die Instrumente an sich pressend, einen Schritt zurück, während Properjohn die Sitzende wie eine Libelle umschwirrte und dabei undeutliche, sabbernde Laute ausstieß. Mrs. Jaye schien ihn weder zu sehen noch zu hören.

Nachdem der Chauffeur die Handbremse angezogen hatte, nahm er mit militärischem Schwung die Mütze ab, trat einen Schritt zurück und stand still. Die Kopfbedeckung wiegte er wie einen grauen Säugling im Arm. Sein Platz neben Mrs. Jaye wurde sogleich von einem dicken Mann eingenommen, der den Kopf eines dünnen Mannes hatte. Es sah aus, als hätte man Laurel und Hardy geköpft und Laurels Kopf auf Hardys Schultern verpflanzt – und zwar ohne das Lächeln. Den Bruchteil einer Sekunde lang zeigten sich in den Mundwinkeln des Mannes zwei nach oben laufende, dünne Schlitze, die aber rasch wieder verschwanden.

Er legte sich die Hände auf den fetten Wanst und sagte: »Guten Morgen. Denjenigen unter den Anwesenden, die noch nicht die Ehre hatten, sie kennenzulernen, möchte ich unsere bezaubernde Mrs. Helen J. Jaye vorstellen.« Er machte eine schwungvolle Handbewegung Richtung Rollstuhl, die an einen feierlichen Karateschlag erinnerte. Dann geschah etwas Verblüffendes. Um die geisterbleiche Mundpartie der Dame stieg, wie Pulverdampf aus einer winzigen Waffe, ein kleines Puderwölkchen auf, dem gleich darauf ein weiteres folgte. Den meisten Anwesenden schien dieses Phänomen bekannt zu sein, tönte es doch von ihnen rauh und respektvoll zurück: »Guten Morgen, Mrs. Jaye.«

Der Mann neben der Greisin starrte herausfordernd in die Menge. »Wie Sie alle wissen«, sagte er, »leidet Mrs. Jaye an einer leichten Kehlkopfentzündung, und heute, bei diesem unfreundlichen New Yorker Wetter, fällt ihr das Sprechen noch schwerer als sonst. Daher will ich Ihnen ihre richtungsweisenden Worte übermitteln.« Er neigte sich lauschend nach unten, und diesmal folgten ihm alle Köpfe so prompt, daß jeder das zustimmende Puderwölkchen aus Mrs. Jayes Mundwinkel quellen sah.

Der Mann richtete sich wieder auf und sagte: »Die meisten von Ihnen werden mich kennen. Den anderen möchte ich mich vorstellen. Ich bin Oliver J. Jaye, Mrs. Jayes Neffe und Vertrauter. Diejenigen unter Ihnen, die an dem großen und bedeutsamen Unternehmen, das Kreuz Jesu durch unsere heidnische Nation zu tragen, teilhaben, werden mich noch des öfteren sehen.«

Wieder spürte ich, wie Herbie neben mir unruhig zuckte, als ob er auf der Stelle aussteigen wollte. Ich packte ihn am Arm und flüsterte: »Geld.« Widerstrebend gab er nach. Ich hatte so leise gewispert, daß selbst ich mich kaum hören konnte, aber auf dem Podest unterbrach sich Oliver Jaye mitten im Satz und spähte langsam über die Köpfe hinweg wie ein fieser Lehrer, der zielstrebig auf einen schwatzenden Schüler lossteuert.

»Sie haben eine Frage, Sir?« knarzte er in unsere Richtung.

Verdattert sah ich Winston an, Winston schaute Herbie an und Herbie starrte vorwurfsvoll Reverend Hatt an, der vor Schreck so zusammenzuckte, daß er die ganze Schuld auf sich lud und quiekte: »Nein, nein, Entschuldigung. Ein Irrtum.«

»Ein Irrtum, aha«, sagte Mr. Jaye mit einem düsteren Blick. »Wenn ich jetzt bitte um etwas mehr Ruhe und Aufmerksamkeit bitten dürfte. Ich möchte Ihnen eine ungefähre Vorstellung von der Route und den Zielen unseres Kreuzzugs geben, wie Mrs. Jaye sie mir beschrieben und diktiert hat. Für die Teilnehmer an unserem großen Vorhaben findet im Anschluß an diese Versammlung eine Einsatzbesprechung statt, wo gegen einen kleinen Unkostenbeitrag auch Kaffee erhältlich ist.«

An dieser Stelle feuerte Mrs. Jaye eine kleine Puderwölkchensalve ab, und ihr Neffe beugte sich nach unten in die

Schußlinie. Er richtete sich wieder auf und verkündete: »Ich korrigiere mich. Mrs. Jaye ist der Ansicht, daß der Kreuzzug im Grunde schon heute beginnt, in diesem Augenblick, und aus diesem Anlaß wollen wir auf den Unkostenbeitrag für den Kaffee verzichten.«

Für diese großzügige Geste erntete er anerkennendes Gemurmel. Oliver Jaye wartete, bis sich die Aufregung wieder gelegt hatte. Dann sagte er: »Lassen Sie mich eines von vornherein klarstellen, lassen Sie mich alle diesbezüglichen Zweifel, alle Unsicherheiten ausräumen. Mit unserem Kreuzzug verfolgen wir im Grunde nur das eine Ziel: DIE RETTUNG VON LAS VEGAS!«

Man konnte fast fühlen, wie der letzte Satz gegen die hintere Wand des Saales knallte und von dort zurückprallte. »NICHTS WENIGER ALS DAS!« schrie Jaye. »WIR WOLLEN LAS VEGAS RETTEN!«

Zunächst nur plätschernder Applaus schwoll schließlich bis zur Ovation an. Eine lange Puderfahne kräuselte sich aus Mrs. Jayes totem Gesicht, als ob sie zustimmend durch die Zähne pfiff. Oliver Jaye beugte sich lächelnd und fürsorglich über sie, dann richtete er sich wieder auf. »New York.« Er stieß den Namen wie einen Fluch heraus. »New York übersteigt die Macht des Herrn. Hier kann nichts gerettet werden. Gott wird es niederbrennen.«

Seine Vorhersage rief ein erschrecktes Gemurmel hervor, das er sogleich zu deuten wußte. »New Jersey, der Staat New York, die Bronx und Staten Island werden verschont«, sagte er. »Ihren Gemeinden wird nichts passieren, und die Jaye-Stiftung wird sie auch weiterhin finanzieren... beziehungsweise fördern. Einzig Manhattan wird zerstört werden, so verstehe ich die Prophezeiung.«

Diese Ergänzung wurde mit erleichtertem Beifall aufgenommen. Beruhigt liehen ihm die Zuhörer erneut ihr Ohr. »Das Kreuz.« Er legte eine Kunstpause ein. »Das Kreuz wird den folgenden Weg nehmen: durch New Jersey und Pennsylvania nach Baltimore und Washington, dann weiter nach Virginia, Harrisonburg, Knoxville, Nashville, Memphis und von dort nach Westen – nach LAS VEGAS.« Wieder brüllte er die letzten beiden Worte. Dann fuhr er gedämpfter fort: »Aber zunächst geht es aus naheliegenden Gründen von New York nach Bethlehem.« Beifälliges Raunen machte sich breit, nur Properjohn zog verdutzt die schwarzen Augenbrauen hoch. Er sah aus, als wollte er tatsächlich gerade die peinliche Frage stellen, da kam ihm Oliver Jaye zuvor. »Ja«, knurrte er. »Nach Bethlehem in Pennsylvania. Dort werden wir beginnen.«

Seine Stimme erstarb, und seine Hände, die die ganze Zeit eine unsichtbare Last langsam in die Höhe geschoben hatten, sanken nieder. Properjohn verdrehte verständnislos die Augen. Er starrte über die Leute hinweg zu mir und fing an, hilflos mit den Achseln zu zucken.

»Das Kreuz«, fuhr Jaye fort. »Das Kreuz wird in jede Stadt auf der Route getragen. Unsere Anweisungen werden ihm vorausgeeilt sein, Chöre und Mitglieder der ortsansässigen Gemeinden werden sich für unsere Großzügigkeit revanchieren und dem Kreuz ein spontanes Willkommen bereiten. Wenn alles nach Plan verläuft, haben unsere PR-Berater dafür gesorgt, daß die Medien in der jeweiligen Stadt, die Zeitungen, Radio- und Fernsehsender von der Bedeutung unseres Kreuzzugs erfahren haben. Soviel zu den Durchgangsstationen.« Er legte die nächste Kunstpause ein und senkte die Stimme. »Jetzt zu Las Vegas. Las Vegas ist etwas Besonderes.«

Mrs. Jaye entlud sich in einem Pudersturm, offensichtlich war sie aufgeregt und gerührt, denn ihr Kopf fing wie der einer Puppe zu nicken an, bis ihr kleinere Lawinen zusammengebackenen Puders von Stirn und Wangenknochen rutschten. Ihr Neffe beugte sich über sie. Schließlich kam er keuchend mit einer Botschaft wieder hoch: »Mrs. Jaye möchte uns alle daran erinnern, daß ihr lieber, unvergessener Mann, Phillpot J. Jaye den letzten Zug nach Las Vegas angeführt hat und daß er in dieser Stadt starb beziehungsweise von Jesus in die Ewigkeit abgerufen wurde, während er das Wort unseres Herrn verkündete. Mit dem Geist von Phillpot J. Jaye in unseren Herzen brechen wir morgen auf, um das Werk zu vollenden, daß er so großmütig begonnen hat.«

Sogleich brach spontaner Applaus los, der erst wieder abflaute, als der Chauffeur Mrs. Jaye gekonnt wendete und von der Bühne schob, wobei ein staubiger Duft zurückblieb. Kaffee wurde auf einem Servierwagen hereingebracht, um den sich die Geistlichen mit ihren Frauen wie um einen Rettungswagen scharten. Oliver Jaye geleitete seine Tante zwar aus dem Saal, aber er kam wieder zurück. Properjohn kämpfte sich mit einem unsicheren Lächeln auf dem Gesicht zu mir durch.

»Tja, Willy, mein Junge«, flüsterte er. »Das hört sich ja alles sehr schwierig und spannend an. Ich will bloß hoffen, jemand kennt den Weg.«

Eine Stunde später waren, mit Ausnahme von Winston, Herbie und mir, alle gegangen. Die Properjohns hatten sich auf ihre Zimmer zurückgezogen, die anderen hatten sich auf den Heimweg in ihre friedlichen Gemeinden gemacht, nachdem sie von Oliver J. Jaye mit einem lakonischen Winken entlassen worden waren. Kläglich, wie zum Nachsitzen verurteilte Schüler, blieben wir zurück. Jaye musterte uns mit unverhohlenem Widerwillen.

»Ich will euch sagen, was ihr drei für mich seid«, begann er barsch. »Ihr seid sowohl die Stärke als auch die Schwachstelle dieser Unternehmung. Ihr seid nicht von gestern, das sehe ich euch an.« Er schwieg und ließ uns geschlagene dreißig Sekunden im eigenen Saft schmoren. Man hätte meinen können, daß er nur darauf wartete, ob sich wohl einer von uns traute, ihm zu widersprechen. »Punkt eins«, fuhr er grimmig fort. »Ich halte schon einmal nichts davon, daß ein Vorhaben wie das unsrige von einem Neger als PR-Manager begleitet wird. Das will ich ganz offen sagen. Es ist in erster Linie ein weißer Kreuzzug.« Er starrte Winston eisig an. »Sie verstehen das?«

»Gewiß«, sagte Winston so gelassen, als hätte ihm gerade jemand einen vernünftigen Vorschlag unterbreitet. »Vielleicht hätten sich Ihre Leute in der Madison Avenue noch weiter umschauen sollen. Ich habe genausowenig Lust auf diesen Trip wie Sie auf mich.«

Ich hatte das Gefühl, daß Jaye ihn bei dem Wort Trip argwöhnisch beäugte, aber er sagte nur: »Okay.«

Winston musterte ihn ruhig. »Ich bin in unserer Agentur der einzige Christ«, sagte er. »Wir haben drei Juden, einen Zenbuddhisten und einen Black Muslim zu bieten. Vielleicht hätten Sie lieber einen von denen dabei.«

Jaye sah fast so aus, als ob er diese Herausforderung annehmen wollte, aber er überlegte es sich anders. Als nächstes knöpfte er sich Herbie vor. »Sie behaupten, Schauspieler zu sein?«

»Das behaupte ich«, antwortete Herbie vorsichtig. Er wartete auf die Juden-Frage, das spürte ich.

»Die Bezahlung liegt über dem Tarif«, sagte Jaye.

»Das habe ich schon gehört«, log Herbie.

»Als Vorschuß gibt es allerdings nur fünfzig Dollar«, sagte Jaye. Er warf mir rasch einen Blick zu, dann sah er wieder Herbie an. »Aber Sie bekommen am Ende zweihundert, und das gilt nur für Sie. Sie, Turpin, bekommen fünfzig auf die Hand und zweihundertfünfzig hinterher, weil Sie die Hauptrolle spielen. Außerdem gibt es eine Prämie – vorausgesetzt, Sie lassen sich nichts zuschulden kommen.«

»Ich habe nie Schulden«, sagte Herbie ernst.

»UND KEINE FISIMATENTEN!« kreischte Jaye plötzlich. Dann wurde sein Ton drohend. »Kapiert!?« Er starrte unsere kleine Riege an. Ich merkte, wie ich folgsam nickte; ich sah, daß auch Herbie nicht anders konnte. Winston sagte: »Kapiert.«

»Hören Sie gut zu«, fuhr Jaye fort. »Ich möchte, daß Sie mich recht verstehen. Ich kenne euch Typen genau. Ich durchschaue euch. Ihr drei habt nicht eine einzige religiöse Ader im Leib. Nicht eine. Das soll mir egal sein, weil ihr mir sowieso nichts vormachen könnt. Aber ich brauche auf diesem Treck Leute, die geschäftstüchtig sind, weltlich, wenn ihr so wollt. Leute, die die Show heil nach Las Vegas bringen. Der verrückte Waliser mag vielleicht ein großer Säulenheiliger sein, der sich auf Rhetorik und Propaganda versteht...« Er senkte ehrfürchtig die Stimme. »Mrs. Jaye war sehr beeindruckt von ihm, und unsere privaten Ermittler haben nur Positives über ihn in Erfahrung gebracht.« Er nahm sich zusammen. »Aber er würde womöglich in Alaska landen, in der Bronx oder im Tennessee River. Der Mann weiß ja noch nicht mal, was zum Teufel die Uhr geschlagen hat.«

Anscheinend über sich selbst schockiert, brach er plötzlich ab und hielt sich die Hand vor den Mund. »Das habe ich nicht gewollt«, sagte er hastig, aber irgendwie nicht zu uns. »Ich wollte den Mann Gottes nicht mit dem Teufel in Verbindung bringen. Es sollte keine Gotteslästerung sein. Es tut mir leid.« Nachdem er seine Scharte zur Zufriedenheit einer unsichtbaren Macht wieder ausgewetzt hatte, wandte er sich erneut uns zu. An unserer Zufriedenheit war ihm mit Sicherheit nicht gelegen, denn er funkelte uns böse an. »Nun denn«, sagte er. »Wenn wir einmal davon ausgehen, daß eure Motivation rein kommerzieller Natur ist, soll mir das recht sein, weil ihr Jungs nämlich das Rückgrat der ganzen Unternehmung darstellen sollt. Ihr seid die Söldner.«

Dieser Ausdruck schien ihm zu gefallen, denn er wiederholte ihn noch einmal, für den Fall, daß er uns beim ersten Mal entgangen war. »Ihr seid die Söldner.«

»Allerdings«, fuhr er fort, »sind Söldner nicht immer die diszipliniertesten aller Soldaten. Das ist eine bekannte Tatsache, das wissen wir alle. Aber weil Mrs. Helen J. Jaye den Kreuzzug finanziert und möchte, daß er reibungslos abläuft, will ich euch eines sagen. Jeder von euch, der aus der Reihe tanzt, jeder von euch, der dem christlichen Image des Unternehmens schadet, bekommt es mit mir zu tun.«

Der letzte Satz machte mich frösteln. Um uns ein für allemal vor Augen zu führen, daß sämtliche Machenschaften der Mafia auch der Helen-J.-Jaye-Stiftung zuzutrauen waren, wurde er noch deutlicher: »Und damit meine ich nicht nur, daß dem Schuldigen die noch ausstehenden Honorarzahlungen und Prämien gestrichen werden, damit meine ich andere, weitaus schlimmere Konsequenzen. Die Helen-J.-Jaye-Stiftung für christliche Nächstenliebe ist eine mächtige Organisation, eine sehr reiche und sehr mächtige Organisation, und der Erfolg unseres Unternehmens liegt der lieben, alten Dame sehr am Herzen. Ich werde dafür sorgen, daß ihr niemand ihren Traum zerstört.«

Während er diese Drohungen und Sentimentalitäten von sich gab, waren seine verhärmten Züge weicher und schlaffer geworden. Er hatte das Gesicht langsam von uns weg nach oben gedreht, bis wir es nur noch im Profil sahen, wie das eines Heiligen auf einem Bleiglasfenster. Als er sich uns nun wieder zuwandte, war sein Ton zugänglicher, fast kameradschaftlich sogar. »Nun hört mal, Jungs«, sagte er, als ob wir ihm widersprochen hätten und er einlenken wollte. »Ihr seid also nicht auf den Kopf gefallen, und ihr seid nicht von gestern. Prächtig, sage ich, einfach prächtig. Denn wenn wir euch auf unserer Seite wissen, läßt sich das Böse, dem wir unterwegs begegnen werden, leichter bekämpfen. Ihr kennt euch mit der Sünde bestens aus, und ich glaube offen gestanden nicht, daß man das von den Properjohns ebenfalls behaupten kann. Ihr werdet mit den Problemen fertig, die womöglich auftauchen.«

Stimme und Ausdruck wurden wieder steinhart. »Ihr sollt wissen, daß ich euch nicht dabeihaben wollte. Ich bin der Meinung, daß die Kandidatenauswahl viel zu übereilt vorgenommen wurde. Keine Charakterprofile, keine psychologischen Gutachten, kein Vorsprechen, keinerlei Eignungstests. Aber Mrs. Helen J. Jaye möchte unbedingt, daß es bald losgeht, und Properjohn hat sich ausgerechnet euch ausgesucht. Vielleicht hört sie mehr auf ihn, als gut für sie ist.« Wieder veränderte er sich, jetzt sah er uns flehentlich an. Seine Stimme wurde beinahe brüchig. »Wir setzen unser ganzes Vertrauen in euch, also enttäuscht uns nicht. Ihr macht eine dreiwöchige Reise durch unser schönes, herbstliches Amerika und werdet dafür auch noch anständig bezahlt. Es gibt Leute, die für dieses Vergnügen den Reiseunternehmern Hunderte von Dollar in den Rachen werfen. Und für euch springt dabei sogar noch etwas raus.«

Unbehaglich, aber aufmerksam sahen wir ihn an. Er warf uns ein frostiges Lächeln zu. »Wer weiß«, sinnierte er. »Womöglich seid ihr die ersten, die unser Kreuzzug zum wahren Christentum bekehrt. Vielleicht auch nicht. Ich will euch nur eines sagen, Männer: Verkauft euch gut. Es ist ein Jammer, daß ihr von dieser Welt seid und nicht Männer Gottes. Aber ihr könnt trotzdem eine gute Show abziehen. Man braucht nicht gläubig zu sein, um etwas zu verkaufen. Sie verstehen wahrscheinlich, was ich meine, Mr. Birtley. Wie viele Ihrer Kollegen aus der Werbebranche glauben wohl an die Produkte, die sie der Nation schmackhaft machen? Nicht viele, würde ich sagen, Mr. Birtley. Und Sie, Mr. Cato, vielleicht haben Sie in Werbespots mitgewirkt?«

»Ja«, nickte Herbie. »Natürlich. Für Seife zum Beispiel und Rasierschaum.«

»Aber deshalb sind Sie hinterher trotzdem nicht sofort nach Hause gelaufen, um die Seife oder den Rasierschaum auszuprobieren, oder?« sagte Jaye und warf einen vielsagenden Blick in das überwucherte Gesicht. »Sie haben nicht wirklich an das geglaubt, was Sie in dem Werbespot von sich gegeben haben?«

»Nein, wahrscheinlich nicht.«

»Und Sie, Mr. Turpin. Glauben Sie ehrlich jedes Wort, das Sie schreiben?«

»Sogar wir in England gehen mit der Zeit.«

»Prima! Prächtig!« rief er wie ein Lehrer, der in den Augen eines begriffsstutzigen Schülers Verständnis aufblitzen sah. »Jetzt haben wir eine gemeinsame Grundlage, jetzt wissen wir, wovon wir reden.« Er beugte sich zu uns hinunter wie das Lincoln-Denkmal in Washington.

»Nun gut«, schnarrte er. »Vielleicht waren diese Produkte aber für andere Menschen goldrichtig. Vielleicht haben sie nur darauf gewartet. Verstanden? Und deshalb zieht ihr nun aus, um einen Werbefeldzug für Gott zu inszenieren. Vielleicht glaubt ihr tief im Herzen nicht an das Produkt, aber eines könnt ihr mir glauben, Freunde: Ihr werdet es nach besten Kräften verkaufen.

Und das bedeutet, daß jeder von euch sein Leben in Ordnung bringt, wenigstens für die nächsten drei Wochen. Okay? Keine Frauen, oder laßt es mich noch etwas deutlicher formulieren, damit wir uns richtig verstehen: kein S-E-X. Kein Alkohol, keine Flüche und keinen S-H-I-T. Vor allem keinen Shit, kein Marihuana, oder wie ihr es sonst nennt, und keine anderen Drogen.« Er studierte unsere Mienen. Mir muß er mein ungläubiges Staunen über seine Vorführung angesehen haben, denn plötzlich hockte er sich hin, als ob er eine Geschichte zum besten geben wollte. Und das hatte er tatsächlich vor. »Ich muß euch erzählen, daß wir vor zwei Jahren bitter von einem Mann enttäuscht wurden, den die Helen-J.-Jaye-Stiftung für christliche Nächstenliebe unter ihre Fittiche genommen hatte. Er hat uns öffentlich blamiert, aber wir können es uns nicht leisten, uns zu blamieren, und schon gar nicht öffentlich. Irgendwie war er dem Herrn untreu geworden. Es dauerte nicht lange, da konnte er dem Herrn seinen Fehltritt erklären – und zwar persönlich.«

Melancholisch senkte er die Lider, aber schon riß er die Augen wieder auf und sagte scharf: »Jeder von euch erhält eine Prämie von eintausend Dollar, wenn der Kreuzzug von Mrs. Jaye und dem Zentralkomitee als erfolgreich bewertet wird. Diese Klausel wird in euren Verträgen schriftlich festgehalten.«

Er stand auf und sah in unsere erstaunten Gesichter. »Also dann, immer schön fest das Kreuz im Auge behalten«, sagte er warnend. »Und mit den Füßen auf dem Pfad der Tugend bleiben. Sonst heißt es: Prämie ade.«

»Apropos Kreuz«, fügte er hinzu, als wäre es ihm gerade eingefallen. »Wahrscheinlich möchtet ihr gern das Kreuz sehen.«

Der Gedanke an die Tausenddollarprämie plus Grundhonorar lastete so schwer auf uns, daß wir uns erst wie Büßer von der Kommunionsbank mühsam hochrappeln mußten, bevor wir mit gesenkten Köpfen und gefalteten Händen folgsam hinter ihm herschlurfen konnten. Er führte uns zu einer verhängten Nische am hintersten Ende des Saals, blieb feierlich einen Augenblick davor stehen, zog dann an einer goldenen Kordel, und der Vorhang glitt auf. Vor uns stand ein erstaunliches, mehr als mannshohes Holzkreuz.

»Es ist aus Balsa«, erklärte Jaye, ohne den Blick davon zu lösen. »Wirklich leicht zu tragen, Mr. Turpin. Es dürfte nicht allzu schwierig werden. Jeweils einen Kilometer vor der Stadt wird es vom Wohnmobil geschnallt und dann in den jeweiligen Ort getragen.« Er trat auf das Kreuz zu und klappte zu unserer Überraschung ein kleines Geheimfach am unteren Ende auf.

»Sprechfunk«, sagte er. »So bleiben Sie immer mit dem Wohnmobil in Verbindung, während Sie in die Stadt vorausmarschieren.« Er nahm einen Telefonhörer aus dem Loch und führte ihn uns vor, wie einem beim Militär ein Ausbilder eine fremdartige Waffe erklären würde. Dann legte er ihn wieder zurück und schloß die Klappe.

»Also, merkt es euch: Macht uns keinen Ärger, und wir machen euch keinen Ärger.«

Er wandte sich ab, breitete seine häßlichen Pranken aus und rezitierte:

»Denk an das Kreuz, denk an das Kreuz,
an dem der Himmelskönig starb.«

Anschließend machte er eine militärische Wendung zu uns. Noch nie hatte ich einen gefährlicheren Menschen gesehen. Ich stand meinem ersten Religionsgangster gegenüber.

4

Das schlimmste an dem ersten von einer ganzen Kette seltsamer Tage war, daß Herbie und ich die langen, nachthemdähnlichen Kutten anziehen mußten, die man für uns vorgesehen hatte. Sie waren uns in nichtssagenden Paketen in die Hand gedrückt worden, als wir das Hilton verließen. Ambrosia folgte uns nach unten in die Halle, um sie uns zu geben. Ich machte sie mit Herbie bekannt, den sie mit einem schwachen Lächeln begrüßte. Sofort fragte sie: »Habt ihr zwei auch Schiß? Ich schon.«

»Ein bißchen Lampenfieber habe ich auch«, pflichtete ich ihr vorsichtig bei. Eingedenk des Geldes, das Oliver Jaye uns zu unserer Verblüffung so großzügig in Aussicht gestellt hatte, fiel meine Antwort etwas milde aus.

»Ich hatte richtig Angst vor diesem Jaye«, sagte sie, während sie sich im Foyer vorsichtig nach allen Seiten umblickte. »Dieses Gesicht, und dann der Körper«, fuhr sie fort. »Grauenhaft. Ich konnte gar nicht weggucken, weil ich die ganze Zeit darauf gewartet habe, ob ihm nicht vielleicht eine Schraube aus dem Hals kommt.«

»Ein Henry Kissinger ist er jedenfalls nicht«, sagte Herbie.

»Und wer ist das?« fragte Ambrosia.

Herbie grinste höflich. »Man könnte sagen, er ist ein Star bei uns hier drüben«, antwortete er.

»Ach so. Klingt ganz schön sexy, der Name.« Sie sah uns besorgt an. »Hört mal, ihr zwei«, sagte sie. »Wenn ihr irgendwann die Nase voll habt und ausbüchsen wollt, komme ich mit. Das ist mein voller Ernst. Abgemacht?«

»Abgemacht«, sagte Herbie nicht sonderlich überzeugend. »Aber ich finde, wir sollten erst mal sehen, wie der Hase läuft. Vielleicht wird es ja sogar ganz lustig. Was ist das für ein Instrument, das Sie spielen?«

»Eine Klaviaturzither«, antwortete sie so selbstverständlich, als ob es Millionen davon gäbe. »Ich glaube nicht, daß es lustig wird. Nicht, wenn mein Vater und dieser Mann dabei sind. Der kreuzt bestimmt andauernd auf, um uns zu kontrollieren.« Sie war ziemlich clever für ihr Alter. Sie sah uns lange an und reimte sich einiges zusammen.

»Die müssen euch gut bezahlen«, riet sie. »Einen Haufen Kohle?«

»Nein«, antwortete ich. »Es ist unser Eifer, unser religiöser Eifer.«

»Lügenbolde«, sagte sie knapp.

»Wir haben uns vertraglich zu bestimmten Verhaltensformen verpflichtet«, sagte ich. »Da kann man nichts anderes von uns erwarten.«

Sie schnaubte und hielt uns zwei weiche Päckchen hin. Jeder bekam eines ausgehändigt. »Ihr dürft bald beweisen, was für liebe, brave Engelchen ihr seid, indem ihr das anzieht, wenn es morgen losgeht«, sagte sie. »Dann könnt ihr euch schon mal überlegen, ob sich der ganze Aufwand lohnt.«

»Was ist denn das?« fragte ich.

»Eine Art Jesuskutte. So ähnlich wie ein Nachthemd.«

»Um Gottes willen«, flüsterte ich entsetzt. »Von einer Verkleidung hat uns keiner was gesagt. Kein Wort.«

»Tja, Pech gehabt«, sagte sie spitz. »Und eines könnt ihr mir glauben, wenn es nach diesem Geisterbahnmenschen geht, dann tragt ihr das Kreuz nicht nur, dann werdet ihr früher oder später auch daran festgenagelt. Darauf könnt ihr Gift nehmen.«

Sie drückte uns die Päckchen in die Hand und ließ uns stehen. Wir sahen ihr nach, wie sie sich durch die Menge zum Aufzug zwängte, bis ihre mollige Gestalt von einer Horde Namensschilder tragender Männer von einer Vertreterkonferenz verschluckt wurde.

»Was für ein Hintern«, murmelte Herbie, als hätte man ihm die Wahl eines Körperteils freigestellt. »Und die runden, jungen Titten. Und dieser Pfirsichmund. Ach, Willy, was für ein Mund. Und Herbie Cato darf mit diesen ganzen Delikatessen quer durch die Vereinigten Staaten reisen.«

»Und Herbie Cato darf diesem Prachtkörper leider mit keinem Teil zu nahe kommen«, erinnerte ich ihn. »Denn wenn Herbie Cato das tut, dann verliert er nicht nur seine Prämie, sondern obendrein womöglich auch noch seine Eier. Herbie Cato muß immer schön an Oliver J. Jaye denken.«

»Scheiße«, knurrte Herbie. »Das wird ein harter Kampf werden.«

Um unseren letzten freien Abend zu feiern, gingen wir uns einen spektakulären Rausch ansaufen. Danach zogen wir uns in Bonapartes Refugium zurück und ließen uns auf Kosten des Hauses nach Strich und Faden verwöhnen.

In aller Herrgottsfrühe, während der letzten Stunde in Herbies Zimmer über dem Massagesalon, untersuchten wir mit grimmiger Entschlossenheit unsere Kostüme, die uns in den kommenden Wochen begleiten sollten. Vorher saßen wir allerdings erst einmal eine ganze Weile auf Herbies wackeligem Bett und litten unter den Folgen der nächtlichen Exzesse. Mattigkeit hüllte uns ein, und die Pilze, die in der Dunkelheit auf den schlafenden Körpern der Lasterhaften gedeihen, klebten an uns. Ausschweifungen sind eine sehr persönliche Sache, und wir stellten einander keine Fragen.

Die verschnürten Päckchen lagen auf dem Tisch und starrten uns vorwurfsvoll an. Wir starrten zurück.

»Wie spät ist es?« fragte ich.

»Acht Uhr fünfzehn«, sagte Herbie.

»Ich dachte, in Amerika sagt ihr Viertel nach acht«, bemerkte ich.

»Ich nehme eben Rücksicht auf meinen Gast«, knurrte er. »Und wenn ich schon den Sankt Petrus mime, sollte ich mich sowieso gewählter ausdrücken.«

»Wieso denn das? Der war doch auch nur ein einfacher Fischer.«

»Hör mal«, meinte er plötzlich ängstlich. »Meinst du, die wissen, daß ich Jude bin? Vielleicht könntest du mir schnell ein bißchen was Christliches beibringen, ein paar Gebete zum Beispiel. Und ich muß aufpassen, daß ich beim Pinkeln nie neben dem Mistkerl Jaye stehe. Der würde es glatt fertigbringen, einen von oben bis unten unter die Lupe zu nehmen und sich sein Teil zu denken. Der ist so irre, der wäre zu sonstwas fähig.«

»Wahrscheinlich würden sie dich liquidieren«, sagte ich.

»Durchaus möglich«, pflichtete er mir ernsthaft bei. »Ein Haufen Christen, der einen Juden aus dem Weg räumt. Das wäre irgendwie ausgleichende Gerechtigkeit.«

»Sollen wir sie anprobieren?« Ich deutete mit dem Kopf auf die Päckchen.

»Wenn es sein muß.«

»Es muß sein.«

»Okay.«

Geduckt, wie die Jäger auf der Pirsch, stürzten wir uns auf die Päckchen, schnappten sie uns und gingen langsam wieder zum Bett. Der Inhalt trug nicht dazu bei, uns aufzuheitern. Nachdem wir das Packpapier wie eine alte Haut abgeschält hatten, förderte jeder von uns ein lehmfarbenes Kleidungsstück zutage, ein langes, grob gewebtes Nachthemd mit rundem Halsausschnitt, weiten Lilienärmeln und einem Strick für die Taille. Dazu fand jeder noch einen Zettel: »Mit den besten Empfehlungen der Helen-J.-Jaye-Stiftung für christliche Nächstenliebe.« Darunter stand in schwungvoller Handschrift: »Die Gewänder werden zur Auftaktkundgebung des Kreuzzugs im Batterypark getragen – 10.00 Uhr, Donnerstag, den 10. Oktober. Nicht vergessen – Erscheinen Pflicht.« Unterzeichnet war das Ganze mit nur einem ominösen Buchstaben: »J.«

Herbie hielt sich als erster sein Gewand vor den Körper. »Ach du große Scheiße«, jammerte er. »Wie kann man von einem Mann verlangen, daß er so einen Fummel trägt?«

»Steck den Kopf hindurch«, sagte ich und warf einen kläglichen Blick auf meine Kutte, die noch immer zusammengefaltet auf meinem Schoß lag. »Du mußt dich ein bißchen hineinwursteln.«

»Zieh du es zuerst an«, sagte er grimmig. »Los, mach schon, schließlich hast du uns die Sache ja auch eingebrockt. Steh auf und zieh es an, damit ich wenigstens ein letztes Mal noch herzhaft lachen kann.«

Er klang gefährlich. In dieser Stimmung hatte ich ihn schon des öfteren erlebt, wenn er sich in England in meiner Stammkneipe vollaufen ließ. Seine großen, roten Augen starrten mich über den Barthorizont hinweg düster an wie zwei Zwillingssonnen im Winter, die über einer dunklen, zerklüfteten Landschaft untergingen.

»Na schön, wenn du unbedingt willst«, sagte ich. »Hauptsache, es heitert dich auf, du Trauerkloß. Dafür würde ich mich heute morgen sogar auf den Kopf stellen.«

»Dann leg los.«

»Bin ja schon dabei. Aber zuerst muß ich mal sehen, wo bei diesem Scheißding oben und unten ist.«

»Was für ein Ausdruck!« pfiff er mich an. »Mensch, du mußt wirklich auf deine Ausdrucksweise achten. Du brauchst nur einmal im unpassenden Moment ein kleines Scheiße loszulassen, während du das Kreuz trägst, und schon ist die Glaubwürdigkeit der ganzen Show im Eimer – und wir sind auch erledigt.«

Ich hatte das Gewand jetzt wie einen Rettungsring um den Hals, in Unterhose und Socken stand ich zögernd vor Herbie.

»Los, weitermachen«, kommandierte er.

Gereizt steckte ich die Arme in die weiten Leinenröhren, dann ließ ich die Kutte trotzig und mit eisiger Miene fallen.

»Herrgott!« schrie er begeistert. »Gott im Himmel, du siehst hinreißend aus. Du siehst so süß aus!«

Nackt, wie er bis auf den üppigen Haarbewuchs und ein Paar nicht zusammenpassender Socken war, machte er, brüllend und kreischend vor Lachen, einen Purzelbaum quer über das zerwühlte Bett. Ich zitterte vor Wut und Verlegenheit und konnte mich nur deshalb beherrschen, weil ich wußte, daß er sein Nachthemd auch noch anziehen mußte.

»Ach, du heiliger Bimbam«, krähte er. »Du siehst umwerfend aus, Mann. Huuuuuuuu! Ich bin vernarrt in dich. So was hat die Welt noch nicht gesehen.« Ich musterte ihn mit stählernem Blick. Er verfiel in ein idiotisches Gesäusel: »Und nun, meine Damen und Herren, ist es mir eine große Freude, Ihnen unser neues Mannequin Wilhelmina vorzustellen, die Ihnen eine atemberaubende Kreation vorführt: das Modell Totes Meer. Ich möchte Ihre Aufmerksamkeit besonders auf den Saum lenken, der die ungewaschenen Socken umspielt...«

»Halt's Maul!« brüllte ich. Ich stierte ihn an. »Ist ja schon gut. Ich sehe also komisch aus.«

»Nein, nein«, widersprach er. »Nicht komisch – schnuckelig.« Er drückte den großen, zerzausten Kopf in die Matratze und schüttelte ihn heftig, als wäre er in ein inbrünstiges Gebet vertieft. Dann sah er wieder hoch. Ich hatte mich nicht gerührt. Eingeschnappt, aber trotzig stand ich in meiner Jesuskluft vor ihm. Ihm tränten die Augen. »Mein Gott«, wiederholte er leise. »Mein Gott. Wie schnuckelig du aussiehst.«

Ich stand kurz vor einem Tobsuchtsanfall. Ich wollte mich gerade auf die vor Lachen schluchzende Gestalt stürzen, da stand er auf und hob die Hände. »Nein, Junge, nein. Zurück. Sonst zerreißt du dir noch das Negligé.«

Er kletterte zerknirscht zu mir herüber, seine Heiterkeit war wie weggeblasen, die Hände streckte er wie Puffer von sich. »Tut mir leid, Willy«, sagte er. »Aber du siehst...« Ich dachte, er würde wieder losprusten, aber er beherrschte sich. »Du siehst so... so anders aus.«

»Warte erst mal ab, bis du dich umgezogen hast«, sagte ich ruhig.

Er überhörte die Drohung. Mit ernster Miene sah er mich an, setzte sich wieder auf das Bett und legte den Kopf nachdenklich auf die Seite. »Weißt du was?« sagte er ruhig. »Weißt du was? Ich glaube, der Typ wußte ganz genau, warum er dich angeheuert hat. Du siehst wahrhaftig aus wie... äh...«

»Jesus«, half ich ihm auf die Sprünge.

»Genau, genau. Wie Jesus.« Er setzte sich kerzengerade hin und betrachtete mich gründlich. »Bis auf die Socken siehst du ihm total ähnlich. Weil es ja nicht meine Religion ist, habe ich noch nicht allzuviele Bilder von dem Typen gesehen, aber hier und da ist mir schon eins untergekommen. Ich hatte mal einen katholischen Friseur, bei dem hing eines an der Wand. Du siehst wirklich genauso aus, Willy, oder zumindest siehst du ihm sehr ähnlich. Vor allem da, wo du jetzt stehst, Mann, mit der Glühbirne hinter dem Kopf. Du siehst irgendwie heilig aus.«

»Ich bin froh, daß es dir so gut gefällt«, sagte ich säuerlich. »Denn schließlich mußt du ja auch so ein Ding tragen. Du hast es immer noch nicht an.«

»Ich ziehe es später über«, sagte Herbie lässig. »Im Taxi vielleicht. Wir fahren doch wohl im Taxi zum Park?«

»In die U-Bahn kriegst du mich jedenfalls nicht mit dem Fummel«, sagte ich.

»Du könntest vergewaltigt werden« stimmte er mir niedergeschlagen zu.

»Dann willst du die Kluft jetzt also nicht anziehen?« fragte ich herausfordernd.

»Nein. Die Zeit wird knapp.« Er wischte ein Büschel Armhaare beiseite, die sich über das Zifferblatt kräuselten, und sah auf die Uhr. »Nein. Die Zeit wird sogar sehr knapp.«

»Nun zieh es schon an«, sagte ich grimmig.

»Ach, komm. Kennt man eines, kennt man alle. Ich sehe garantiert toll darin aus. Und du lachst bestimmt nicht.«

»Woher willst du das so genau wissen?«

»Weil ich dir, wenn du lachst, die Rübe vom Rumpf reiße, darum.«

»Ich glaube fast, du meinst es ernst.«

»Worauf du dich verlassen kannst. Außerdem bringe ich dreißig Pfund mehr auf die Waage als du.«

»Alles große Sprüche und nichts dahinter«, sagte ich lässig. »Ich lache schon nicht. Aber du solltest es doch anprobieren. Womöglich kneift es unter den Armen.«

Herbie hielt das Leinengewand vor sich, erst neugierig, dann angewidert. »So was steht mir einfach nicht«, sagte er kindisch. »Das kann ich mir beim besten Willen nicht vorstellen.«

»Hauptsache die anderen können sich dabei etwas vorstellen. Wie es dir gefällt, ist schnurzegal. Wenn es wegen einer Bühnenrolle wäre, würdest du dich nicht so anstellen.«

»Natürlich würde ich es auf der Bühne anziehen, aber doch nicht mitten in der Stadt.«

»Es ist schließlich nichts anderes als eine Rolle« erklärte ich ihm geduldig. »Schauspieler verkleiden sich nun einmal. Mehr gibt es dazu nicht zu sagen. Allerdings hast du für deine bisherigen Rollen wohl kaum Kostüme gebraucht.«

»Stimmt haargenau«, sagte er. Er legte eine Pause ein.

»Weißt du, Willy, mir gefällt die ganze Sache nicht. Eben noch Pornostar, heute Heiliger. Das kommt mir einfach nicht richtig vor.«

»Gestern hattest du noch nichts daran auszusetzen«, sagte ich. »Als er uns das Geld angeboten hat.«

»Ich zieh' das blöde Ding an«, stöhnte Herbie. »Ich habe Millionen von Menschen für die Hälfte der Kohle meinen nackten Arsch gezeigt. Ich ziehe es jetzt sofort an.«

»Gut«, sagte ich aufmunternd. »Du mußt dich nur richtig in die Rolle hineinversetzen. Mach ein frommes Gesicht, wenn's geht. Das müssen wir sowieso noch üben. Wenn wir das Kreuz tragen, können wir schließlich nicht grinsen wie zwei Komiker.«

»Okay, aber dann hör du auf, dich zu kratzen«, sagte er. »Vor allem an der Stelle da. Was für Schuhe sollen wir dazu anziehen? Was hatten die Typen damals an? Turnschuhe?«

»Wahrscheinlich gar nichts«, riet ich. »Die sind bestimmt barfuß gegangen oder hatten geflochtene Sandalen an. Aber das war in Palästina.«

»Tja, nur sind wir leider in New York«, knurrte er. »Und wir haben Oktober.«

»Wir nehmen, was wir haben«, sagte ich. »Dagegen können sie nichts einwenden. Ich ziehe einfach meine Halbschuhe und Socken an. Die sind einigermaßen ansehnlich.«

»Ich habe bloß Cowboystiefel«, meinte Herbie. »Die tun es sicher auch.«

»Dann also rein in die Kluft«, sagte ich. »Nun, mach endlich.«

»Schon gut, schon gut«, gab er gereizt zurück. »Bin ja schon dabei.« Er rückte mir drohend auf den Leib. »Und wehe, du lachst.« Er zeigte dramatisch zur Decke. »Wenn du nur einen Muckser von dir gibst, Kumpel, findest du dich da oben wieder, wo sie den ganzen Tag so rumlaufen.«

Ich lachte nicht, während er seinen schweren, plumpen Körper in das Gewand zwängte, und das lag nicht nur an der Drohung. Nein, es lag daran, daß mir mit einem Mal klar wurde, was hier eigentlich geschah. Als dieser große, bärtige

Kerl mit dem haarigen, verschwitzten Körper, dieser derbe, streitlustige, witzige, freundliche, kindische und unmoralische Mann in das Gewand eines frühchristlichen Märtyrers schlüpfte, erschien mir unser Vorhaben wie ein perverser Film oder ein peinlicher Traum.

Er ließ das Ding wie einen schäbigen Vorhang fallen, bis ihm der Saum um die Schienbeine baumelte. Dafür, daß das Kleidungsstück so zeltartig geschnitten war, paßte es erstaunlich gut. Nur unter den Armen war es eine Spur zu eng, und über dem Bierbauch spannte es.

»Du lachst ja gar nicht«, sagte er. Er sah gleichzeitig gefährlich und erbärmlich aus.

»Nein«, sagte ich. »Es steht dir gar nicht schlecht. Und schließlich müssen wir die Dinger nun einmal anziehen, was soll's also?«

»Was meinst du, was war er für ein Typ?«

»Wer?«

»Ich. Dieser Typ. Dieser Petrus.»

»Nach allem, woran ich mich aus der Schule noch erinnern kann, war er dir wohl ziemlich ähnlich. Er war Fischer, also war er wahrscheinlich ein bißchen füllig um die Hüften, wie du. Und er hatte bestimmt jede Menge Haare im Gesicht. Das war damals Mode. Und man sagt von ihm, daß er wie ein Fels war, so steht es in der Bibel. Stark und verläßlich. Genau wie du, Herbie.«

Er war eitel genug, mir zu glauben.

»Hatte er auch so einen Rauschebart wie ich?« fragte er und zupfte an seinem Bart wie ein Harfenist an den Saiten seines Instruments.

»Schon möglich«, sagte ich. »Sie hatten alle unterschiedliche Bärte. Petrus war ein einfacher Mann, also hatte er wahrscheinlich auch einen einfachen Feld-, Wald- und Wiesenbart. Und Judas Ischariot, der Bösewicht, hatte nur ein dünnes Bärtchen, so wie Lenin. Und Jesus hatte natürlich einen gepflegten Bart, so wie ich.«

So brachen wir an jenem trüben Oktobermorgen auf, in unsere langen Christengewänder gekleidet und je einen Koffer in der Hand, der die Reste unserer Kleidung enthielt. Meine beiden Koffer mit meinen übrigen Habseligkeiten hatte ich in Bonapartes Refugium untergestellt. Unter unseren Roben trugen wir Hosen, Hemden und Pullover, die Hosenbeine hatten wir bis zu den Knien hochgekrempelt. Herbie meinte, es könnte unterwegs kalt werden, bis wir nach Nevada kämen. Ich trug ein Paar dicke Woolworth-Socken und braune Halbschuhe, Herbie trug gewienerte schwarze Cowboystiefel mit glänzendem Metallbesatz.

Drei Taxis fuhren vorbei, ohne auf unser Winken hin auch nur langsamer zu werden. Das vierte hielt an. Der Fahrer, ein junger, aber verhutzelter Kerl mit einer armenischen Nase, lehnte sich heraus und sah uns zweifelnd an. »Wißt ihr, was mein Problem ist?« fragte er, bevor einer von uns ein Wort sagen konnte. »Ich bin ungeheuer neugierig. Wenn mir irgend etwas Komisches begegnet, muß ich anhalten und es mir aus der Nähe besehen.« Er betrachtete uns resigniert. »Wohin soll's denn gehen? Jerusalem?«

Herbie beugte sich kampflustig zum Taxi hinunter. »Hör zu, mein Freund...« raunzte er.

»Friede sei mit dir«, fiel ich ihm rasch ins Wort und verpaßte ihm einen Ellenbogenstoß. Er warf mir einen Blick zu und gab sich geschlagen. »Hör zu, mein Freund«, wiederholte er sanft. »Friede sei mit dir. Bring uns bitte zum Batterypark.«

Erst als wir hinten im Wagen saßen, mußte ich lachen, ein verzögerter Reflex. Ich mußte daran denken, wie Herbie sich in das Gewand gewurstelt hatte. Alles erinnerte mich daran, der wuchernde Bart, die sorgenvolle Miene und die schwarzen, blitzenden Cowboystiefel, die unter dem Saum seiner lehmfarbenen Robe hervorschauten. Ich prustete los, und von nun an gab es kein Halten mehr. Ich gluckste, ich kicherte, ich brüllte vor Lachen. Der Fahrer sah sich nervös nach uns um, dann warf er einen dankbaren Blick auf die kugelsichere Glasscheibe zwischen ihm und uns. Schnaubend nahm Herbie mich mit aller Kraft in den Schwitzkasten und johlte: »Ich habe dich gewarnt, du Mistkerl. Ich habe dich gewarnt.«

Aus seinem Schwitzkasten gab es kein Entkommen. Es fühlte sich so an, als hätte ein Elefant meinen Hals in die Beinschere genommen. Ich hörte, daß der Fahrer über Sprechfunk einen Notruf durchgab. »Zwei Irre in Frauenkleidern prügeln sich auf dem Rücksitz. Ja, genau, sie haben Kleider an!«

Sofort beruhigte Herbie sich. Er ließ mich los, und ich erinnerte ihn heiser an die Dollars, die auf dem Spiel standen. Wir klopften an die Scheibe, lächelten und winkten dem Fahrer freundlich zu. Er musterte uns ängstlich über seinen Kragen hinweg. Als ich mit einem Zehndollarschein wedelte, nahm er den Notruf zurück. »Ja, sicher, sie haben Frauenkleider an«, sagte er beruhigend ins Mikrofon. »Aber heutzutage ist das ja schließlich keine Seltenheit.«

Die Mauern und Fenster New Yorks rauschten vorbei. Wir fuhren durch die Wall-Street-Schlucht und kamen wieder hinaus ins Freie. Plötzlich waren die Wolkenkratzer zu Ende, Manhattan wurde flacher und hörte auf. Vor uns erstreckten sich grau und leer Oktoberhimmel und Oktoberflüsse.

»Da hinten ist was los«, sagte der Fahrer. »Da wird gesungen.«

»Unser Lied«, prophezeite Herbie düster.

Wir sahen aus dem Fenster, die Neugier hatte über die bösen Vorahnungen gesiegt. Schnell wich sie allerdings der Bestürzung und Panik. Im Park neben dem trüben Wasser säumten Dutzende Reihen von Sängern auf fünfzig Meter Länge einen Weg. Eine nicht weit entfernte bunte Fähre, die in der Strömung der beiden New Yorker Flüsse schaukelte, drosselte sichtbar das Tempo. Passagiere und Besatzung standen mit erstaunten Gesichtern an der Reling und betrachteten die Kundgebung. Die kühle Luft Manhattans war von Gesang erfüllt, und als wir aus dem Taxi stiegen, wollte es der Zufall, daß die Freiheitsstatue auf ihrer Insel so aussah, als höbe sie wie ein Dirigent die Hand, um den Chor zu sängerischer Höchstleistung anzuspornen.

Ich bezahlte den Taxifahrer, der mit einem Kirchenlied auf

den Lippen davonfuhr. Wir pirschten uns in unseren Kutten an die eine Flanke der Versammlung heran, von wo aus wir die dunkelviolett gekleidete Gestalt von Reverend Hatt erspähten. Er stand neben zwei robusten Wohnmobilen, auf denen in großen Lettern die frohe Botschaft prangte, »Jesus lebt« auf dem einen, »Jesus liebt« auf dem anderen.

Selbst aus dieser Entfernung konnten wir sehen, daß der pflaumenfarbene Geistliche, nervös vor sich hinplappernd, wie ein lila Wirbelwind herumtänzelte und den Passanten von einem Flugblattstapel, den er sich unter den Arm geklemmt hatte, Traktate anbot. Er wurde von ihnen hartnäckig übersehen und überhört. »Sieh dir nur die Pflaume an«, knurrte Herbie.

»Prächtig, prächtig«, sagte der teiggesichtige junge Hatt, als er uns erblickte. Er trat einen Schritt zurück und betrachtete unsere Roben mit dem Blick eines Ehemanns, der das neue Kleid seiner Angetrauten begutachtet. »Prächtig«, wiederholte er nicht ganz so forsch. »Prächtig.« Er hielt jedem von uns triumphierend eines seiner Traktate hin.

»Uns brauchen Sie nicht mehr zu überzeugen«, sagte ich.

»Nehmen Sie trotzdem eins«, bat er. »Hier, nehmen Sie noch ein paar. Sie kosten nichts. Sind umsonst. Irgendwie komme ich an die Leute nicht ran. Ich glaube, es liegt an der Singerei. Man kann mich nicht hören.«

Rücksichtsvoll nahmen wir ihm die Blätter ab und stopften sie uns unter den Kutten in die Hosentaschen.

»Ihre Rollen sind Ihnen wirklich wie auf den Leib geschrieben«, schwärmte Reverend Hatt. Er knickte in der Hüfte nach hinten, um uns noch einmal von Kopf bis Fuß zu betrachten. »Was meinen Sie, wie Sie die Leute mitreißen werden, vor allem, wenn Sie erst noch das Kreuz tragen. Ich glaube, wir werden einen triumphalen Auszug erleben.« Zwei weitere New Yorker huschten an ihm vorbei, wie Fische an einem Anglerneuling, und bis er ihnen die Traktate hingehalten hatte, waren sie längst in Richtung Wall Street verschwunden.

In diesem Augenblick ging die Tür des Jesus-lebt-Wohnmobils auf, und heraus stiegen Reverend Properjohn, Ambrosia und die arme Clare, die sich wie ein nervöser Pistolenschütze an ihre Mundharmonika klammerte.

»Hosianna! Hosianna!« trompetete Properjohn, als er uns sah. Er hatte den Blick eines freudig erregten Habichts. Ambrosia und die arme Clare trugen lange, weiße Seidengewänder. Während das Mädchen hinter ihrer polternden, stolpernden Mutter die wenigen Stufen hinunterging, beobachteten sowohl Herbie als auch ich das muntere Hüpfen ihrer Brüste unter dem Stoff.

»Hosianna!« rief Properjohn erneut, als ob er auf eine Antwort wartete.

»Halleluja!« gab Herbie lässig zurück. »Sie trägt keinen Mopshalter«, flüsterte er mir zu.

Nun kam auch Winston aus dem Wohnmobil. Auf halber Treppe blieb er stehen, um uns in unseren Gewändern zu begutachten. Er pfiff durch die Zähne. »Wirklich hübsch. Hmm, hmm. Wirklich hübsch.« Er stieg ganz herunter und gesellte sich zu uns. »Jaye, dieser Idiot, wollte mich auch in eine Verkleidung stecken«, sagte er. »Aber ich habe darauf bestanden, daß er mir die Klausel im Vertrag zeigt, die besagt, daß ich mich verkleiden muß, und das konnte er natürlich nicht. Der Idiot meinte, man könnte so die ethnischen Minderheiten beeindrucken. Wie findet ihr das?«

»An sich keine schlechte Idee«, sagte Herbie säuerlich. »Auf jeden Fall würde diese gottverdammte weiße Kutte bei dir wesentlich besser zur Geltung kommen.«

Winston grinste ihn an. »Aber leider muß nicht ich sie tragen, sondern du, Bruder.«

Properjohn, die arme Clare und Ambrosia eilten mittlerweile im Pulk auf eine Holzplattform zu, die vor den Erfrischungsständen aufgebaut war. In der Brise, die vom Fluß kam, bauschten sich die Seidengewänder der Frauen wie Flügel. Das Singen brach mit einem Schlag ab. Properjohn sprang tänzelnd die Treppe zur Bühne hoch und wurde mit herzlichem Beifall bedacht. Selbst von weitem war nicht zu übersehen, wie pudelwohl er sich fühlte. Sein großer, kantiger Kopf ruckte auf und nieder, und er wedelte wie eine Marionette mit den Armen.

»Wie haben sie bloß die ganzen Leute zusammengekriegt?« fragte ich Winston.

»Genauso, wie sie dich, Herbie und mich gekriegt haben.« Er machte die Geste des Geldzählens. »Mit Dollars.«

»Sie haben sie angeheuert?«

»Ein paar haben sie tatsächlich engagiert. Sie fanden, sie bräuchten bei dem Wind ein paar kräftige, laute Stimmen. Aber die meisten kommen aus Gemeinden landeinwärts, die von der Helen-J.-Jaye-Stiftung für christliche Nächstenliebe im Futter gehalten werden. Das ist streng vertraulich, ich sage euch das als Freund und Mitreisender.«

Herbie streichelte das Jesus-lebt-Wohnmobil. »Unser trautes Heim?« fragte er.

»Unser aller trautes Heim«, antwortete Winston. »Die Properjohns teilen sich »Jesus liebt«, und wir nehmen »Jesus lebt«. Hoffentlich kann einer von euch die Kiste fahren.«

»Uns hat keiner gefragt«, sagte Herbie. »Aber für Geld mache ich alles. In einem meiner Filme habe ich mal einen Zehntonner gefahren.«

»Ich weiß, im *Bumsfidelen Brummi*«, sagte Winston.

»Um Gottes willen«, zischte Herbie und blickte sich hastig nach Reverend Hatt um, der aber zum Glück zwanzig Meter weiter damit beschäftigt war, einem alten, blinden Mann eines seiner Traktate aufzunötigen. Herbie funkelte Winston an. »Okay«, knurrte er. »Du weißt es also. Aber vielleicht wollen sie bei dieser Show einen, der sich solche Pornoschinken ansieht, genausowenig dabeihaben wie einen, der darin mitspielt.«

Winston lächelte und hob die Hand. »Immer mit der Ruhe«, sagte er. »Du hast mir die Worte aus dem Mund genommen. Mensch, Junge, ich habe mir nicht einen deiner Filme entgehen lassen.«

In diesem Augenblick kam Oliver Jaye klammheimlich wie ein Meisterspion um das Fahrzeug geschlichen. Wir wichen so hastig zurück, daß wir uns in unserer Panik beinahe gegenseitig umgerissen hätten. »Okay, okay«, sagte er. »Wir sind hier schließlich nicht in einem Filmstarfanclub. Also, fangen wir an.« Er inspizierte Herbie und mich rasch von oben bis unten. Unten angekommen, verfinsterte sich sein Blick. Mit ungläubiger Miene sah er erst Herbie, dann mich an. »Was haben Sie denn da an den Füßen?«

»An den Füßen?«

»Unmöglich«, knurrte er. »Sie können unmöglich diese Stiefel tragen. Sie machen uns von Anfang an lächerlich. Ausziehen. Jesus und seine Jünger gingen barfuß.«

»Das stimmt nicht«, mischte Winston sich entschlossen ein. »In der Bibel steht das anders. In Johannes 1,27 werden zum Beispiel die Schuhriemen von Jesus erwähnt. Und in der New Yorker Stadtverordnung, Paragraph 331, Unterabschnitt b heißt es: ›Wer im Stadtgebiet ohne Fußbekleidung aufgegriffen wird, kann wegen Stadtstreicherei verfolgt werden.‹ Außerdem verletzen sie sich womöglich die Füße, und dann könnten sie keinen Meter weiter Richtung Las Vegas pilgern.«

Oliver Jaye stierte Winston böse an, schluckte aber die Entgegnung, die ihm auf der Zunge lag, herunter. »Na schön«, knurrte er schließlich. »Die Schuhe lasse ich euch durchgehen – vorläufig. Aber ich werde dafür sorgen, daß wir etwas Passenderes finden als Cowboystiefel.« Er stieß ein unangenehmes Lachen aus. »Oder wir lassen an euren Ballkleidern die Säume heraus.«

Ungefähr eine Minute lang standen wir uns, wie Soldaten während einer Kampfpause, schweigend gegenüber. Dann sagte Jaye: »Na schön, Männer. Machen wir das Kreuz startklar. Es liegt auf dem Gepäckträger des anderen Wohnmobils. Da wird es immer verstaut, wenn es nicht gebraucht wird. Fangen wir an. Das Kreuz wird zu der Versammlung da drüben getragen, und dann stehen Sie bloß da und halten es fest, Turpin. Okay? Und Sie, Cato, Sie stehen daneben und machen ein Gesicht, als ob Sie etwas Frommes denken. Wenn ihr von den Gebeten und Liedern welche kennt, macht mit. Wenn nicht – und darauf würde ich wetten – dann klappt ihr eben den Mund auf und zu. Ich erwarte eine anständige Pantomime. Unterwegs kann Properjohn euch ein paar Gebete und Lieder beibringen, und bis ihr nach Las Vegas kommt, nimmt euch die Heiligen jeder ab. Also dann, los geht's.«

Das Kreuz, das an einem speziellen Gestell auf »Jesus lebt« befestigt war, lag unter einer Schutzplane aus Plastik. Wir zogen es mit mehr Vorsicht als Frömmigkeit hervor. »Dieses Balsaholz splittert wie Mist«, vertraute Herbie mir an, während wir es hinunterließen. »In dem Streifen *Heiße Öfen, heiße Miezen* hatten wir in einer komischen Szene ein Bett aus dem Holz. Ich brauchte das Häschen bloß auf die Matratze zu kippen, da krachte es auch schon zusammen.«

»Du solltest deine Filmkarriere für den Augenblick wohl lieber vergessen«, sagte ich leise. »Ich fürchte, der alte Jaye hat schon vorhin ein bißchen zuviel davon mitgekriegt.«

Er nickte, und wir brachten das Kreuz mit übertriebener Vorsicht, als ob wir mit einer religiösen Reliquie hantierten, auf den Boden. Zum allerersten Mal hielt ich es in Händen. Es war leicht, unglaublich leicht dafür, daß es so hoch und breit war, und es fing sofort an, sich wie ein Segel nach dem Wind zu drehen. Rasch richtete ich es wieder auf. Herbie sah mich mit demselben verstörten Gesicht an wie am Morgen, als ich das Gewand anprobiert hatte.

»Himmel«, seufzte er. »Du siehst wirklich toll aus, wirklich super. Es paßt einfach zu dir. Wenn de Mille noch unter den Lebenden wandelte, bekämst du in seinem nächsten Film die Hauptrolle.«

»Bringen wir die Sache hinter uns«, sagte ich. »Mein Hosenbein rutscht.«

»Das laß mal meine Sorge sein«, sagte er, noch immer mit einer Spur Ehrfurcht in der Stimme. »Halte du nur schön das Kreuz fest, und ich krempel' dir die Hose wieder hoch.«

»Nun übertreib mal nicht gleich«, sagte ich.

»Nein«, antwortete er. »Aber ich sehe, was für Möglichkeiten in dir stecken, ein alter Heide wie ich, der schließlich weiß, daß du nicht Jesus Christus bist, sondern bloß Willy Turpin aus England. Wenn ich das schon kann, dann stell dir doch mal vor, wie du auf einen echten Gläubigen wirken mußt. Auf einen richtig frommen Menschen.«

Ich hob das Kreuz ein Stückchen höher, machte ein heiliges Gesicht und tat die ersten Schritte auf unserer aberwitzigen Reise.

Wir bluffften uns durch die Lieder und Gebete, eine Technik, die wir solange beibehielten, bis wir die Texte durch die ständigen Wiederholungen auswendig kannten beziehungsweise sie von Properjohn auf der Fahrt nach Westen gelernt hatten. Ich stand mit dem Kreuz neben dem Podest wie ein Lanzenträger im Theater, Herbie neben mir, verlegen und zur Untätigkeit verdammt, weil er nicht einmal das Kreuz halten durfte, sondern einfach nur ein frommes Gesicht machen mußte. Anfangs klappten wir die Münder wie beim Kaugummikauen auf und zu. Nur am Ende einer Strophe hielten wir sie länger aufgesperrt, und am Schluß eines Gebets warfen wir ein erleichtertes Amen ein – das einzige Wort, das wir kannten. Wenigstens kannte ich es, und Herbie hatte es bald aufgeschnappt.

Später dann, als wir einige der Verse wiedererkannten und mitsingen konnten, müssen wir einen glaubwürdigeren Eindruck gemacht haben.

Ein scharfer Wind schüttelte uns auf dem Holzpodest durch, er schnitt durch die Gewänder und drang bis in Hemd und Hose. Herbie hatte eine Gänsehaut im Nacken und klemmte die kalten Beine zusammen. Nach dem ersten Lied und dem ersten Gebet beschäftigte er sich damit, den Blick fachmännisch über die jungfräuliche erste Reihe des Mädchenchores schweifen zu lassen. In niedlichen Roben und mit Baretten auf dem Kopf tirilierten die Mädchen unter ihm, die Augen auf einer Höhe mit seinen kalten Schenkeln. Sich ergeben in sein hartes Los fügend, riß er sich schließlich achselzuckend von ihrem Anblick los und wandte sich Properjohn zu, der mit theatralischer Stimme seinen Sermon in die frische Luft Manhattans hinausstieß.

Properjohn war der geborene Volksredner. Er hätte im Leben nichts anderes werden können als religiöser Fanatiker, Politiker oder Gewerkschaftsführer. An diesem Tag erlebte ich zum ersten Mal mit, wie er die Menge mit sich riß. Es war fast, als zöge er sie mit den langen, häßlichen Armen, die er hoch und immer höher reckte, zu sich empor. Sein herrischer Ton tat ein übriges, das lächerliche Röhren, das Brüllen, Rufen und Drohen. Die Bewegungen von Armen und Händen waren auf seine Rede abgestimmt, die an ihren schwarzen Scharnieren hoch und nieder schwenkenden Arme schienen Tonhöhe und Lautstärke seiner Worte zu beeinflussen. Als Kind durfte ich in einer echten Kirche den Blasebalg betätigen. Dazu mußte ich einen Hebel, der dem Instrument wie ein Schwert in den Eingeweiden steckte, hoch- und niederreißen. Wenn ich nicht mit genug Kraft oder Begeisterung bei der Sache war, keuchte und ächzte die Orgel wie ein Greis. Wenn ich aber aus Leibeskräften pumpte, fing die plumpe Orgel zu singen an. Genauso war es auch mit Properjohns Armen. Sie pumpten ihm Kraft zu.

Zum ersten Mal stand er vor seiner angeheuerten Gemeinde. Sie waren gekommen, um für Geld zu singen, und weil sie so etwas wie ihn noch nie gesehen hatten, legten sie sich mächtig ins Zeug.

Schließlich zogen wir aus dem Park hinaus, ich mit dem hoch erhobenen Kreuz vorneweg, Herbie, orientalische Klagelaute ausstoßend, die er dem Anlaß angemessen fand, neben mir her. Hinter uns schritt Properjohn, der mir wie eine Tuba ins Ohr dröhnte, mal links, mal rechts donnerte es an mir vorbei, je nachdem, wie er den Kopf drehte, um nach beiden Seiten hin den New Yorker Passanten auf dem Gehsteig und den Büroangestellten hinter ihren fest versiegelten Fenstern Grüße und Segenssprüche zuzubrüllen. Flankiert wurde er von Ambrosia und der armen Clare. Seine Tochter bearbeitete ihre Klaviaturzither, seine Frau ließ die Mundharmonika zwischen ihren Lippen hindurchflutschen, riß und schob die kleinen Register und schlug ab und zu mit geübtem Schwung den angesammelten Speichel auf ihrem großen, vorstehenden Hüftknochen heraus. Das war das einzige, was sie einigermaßen mit Anmut bewerkstelligte. Ambrosia, die mit ihrem vor Kälte rosigen Gesicht wie ein wohlgenährter Engel aussah, spielte gleichmäßig und gelassen.

Während der ganzen Prozession vom Batterypark durch die Wall Street, die Mott Street hinauf, quer durch Chinatown, von der Bowery bis zum Washington Square marschierten und jubilierten die Chöre. Ihnen folgten die Wohnmobile »Jesus lebt« und »Jesus liebt«, an deren Steuer zwei Freiwillige saßen. Im vordersten thronte Oliver J. Jaye auf dem Beifahrersitz. Die Nachhut des Kreuzzugs bildete einsam und verschüchtert Reverend Hatt, der wie ein rotbäckiges Bauernmädchen eine Garbe Korn seinen Traktatestapel an sich preßte. Da wir auch in späteren Prozessionen immer in der gleichen Formation marschierten, gelang es mir nie zu sehen, ob dieser unglückliche Mensch jemals eine frohe Botschaft an den Mann brachte. Wochen später versuchte er einmal, die Pamphlete einfach bündelweise in die Menge zu werfen, aber dafür handelte er sich lediglich eine Anzeige wegen Umweltverschmutzung ein. Nicht einmal sein hoffnungsvoller, hoffnungsloser Spruch: »Kostenlos! Umsonst!« brachte die Zuschauer dazu, ihm das Wort Gottes abzunehmen. Für ihn war das alles sehr enttäuschend, und allmählich wuchs in ihm das Gefühl, daß er nur für den Fall hinter dem Zug hermarschierte, daß weiter vorn jemand etwas verlor. Hätten die Organisatoren beschlossen, mich symbolisch auf einem Maultier reiten zu lassen, hätten sie Reverend Hatt Schaufel und Eimer in die Hand gedrückt. Es war keine erhebende Erfahrung für einen jungen, sensiblen Gottesmann. Soviel gestand er mir auch in der Nacht ein, in der er versuchte, mich in den Bergen New Mexikos zu küssen.

Diese merkwürdige Prozession aus Gläubigen, Aushilfskräften und schlicht und einfach Unfähigen, die sich durch die Wall Street, die enge, bunte Chinatown und die verkaterte Bowery schlängelte, wurde am nächsten Morgen in der *New York Times* als »das absurdeste Sammelsurium, das die Stadt seit langem gesehen hat« gewürdigt. Ich fand den Artikel gemein und ungerecht.

Wir wurden von Fernsehkameras begleitet, die wie Metallvögel auf den Dächern von Übertragungswagen hockten. Ihnen zu Ehren brüllte Properjohn noch lauter, und es hatte sogar den Anschein, als würde er mit jedem Schritt größer und schwärzer. Selbstverständlich standen das Kreuz und ich im Mittelpunkt des Interesses, und ich muß gestehen, daß ich eine ziemlich gute Figur machte. Herbie hingegen versuchte die ganze Zeit, aus Angst, von einem seiner ehemaligen Fans erkannt und entlarvt zu werden, wie ein Kronzeuge in einem Skandalprozeß sein Gesicht zu verstecken.

Wie zu erwarten gewesen war, fing Properjohn in Chinatown an, mit Sprüchen wie »Die Heiden bekehren« und »Kommet zu Jesus, ihr Heiden« um sich zu werfen, die aber zum Glück anscheinend keiner verstand beziehungsweise ernst nahm. Eine bildhübsche chinesische Teenagerin mit cremefarbenem Gesicht baute sich mit ihrem unter Seidendrachen wogenden Busen vor mir auf und bat mich im schönsten Amerikanisch um ein Autogramm. Es war nicht gerade einfach, gleichzeitig das Kreuz zu halten, zu singen und zu unterschreiben, aber schließlich wurde ich zum ersten Mal in meinem Leben um ein Autogramm gebeten und wollte mir diese Gelegenheit nicht entgehen lassen. Ich blieb stehen und signierte, das Holz nahm ich als Unterlage. Herbie lächelte ihr dreist und dreckig in das helle Gesicht und flüsterte mir zu: »Mach doch einfach ein Kreuzchen.« Ich schrieb: »Willy Turpin, Littlefold, England«, was dem Mädchen offenbar nicht gefiel. Nachdem sie nämlich im Weggehen meine Unterschrift gelesen hatte, warf sie noch einen enttäuschten Blick zurück, riß die Seite aus ihrem Heft und schenkte sie einem kleinen Chinesenkind, das gelangweilt am Straßenrand stand.

In der Bowery schlossen sich ein paar auf dem Trockenen sitzende Säufer der Prozession an, die wohl der irrigen Annahme waren, daß das Kreuz und die Worte des Predigers Freibier verhießen. Nur hier wurden Reverend Hatt die Traktate geradezu aus den Händen gerissen, aber auch diese Begeisterung legte sich rasch wieder, als die armen Seelen merkten, daß man ihnen nichts Stärkenderes als gute Worte anbot.

Während wir langsam immer weiter durch Manhattan zogen, wurde der Verkehr allmählich dichter. Daran, daß die New Yorker Taxifahrer uns brav eine Gasse freimachten, merkte man, daß der Anteil der Katholiken unter ihnen tatsächlich sehr groß war. Aber ein Mann brüllte aus seinem Wagen: »Aus dem Weg mit dem verdammten Kruzifix!« Nachdem sich ein entsetzter Polizist in unserem Gefolge hastig bekreuzigt hatte, knöpfte er sich den Fahrer vor.

Ein letztes Mal versammelte sich unsere gemietete Gemeinde getreulich im Kreise, und nach weiteren Gesängen, noch mehr Fürbitten und Segenssprüchen konnten wir endlich das Kreuz auf »Jesus lebt« verstauen, in die Wohnmobile steigen und unsere seltsame Reise antreten. Im vordersten Wagen saßen Properjohn, Herbie und ich neben dem freiwilligen Fahrer, der uns noch aus der Stadt bringen sollte.

Die knackigen jungen Mädchen aus den ersten Reihen der Chöre winkten uns liebreizend zu, als wir zum Aufbruch rüsteten. Eines von ihnen warf Herbie sogar einen Handkuß zu, worüber er sich mehr freuen konnte als früher über jede Fünfstundenorgie. Am Rande der Menge geisterte wie eine böse Erscheinung Oliver J. Jaye umher, der unsere Abreise mit grimmiger Miene beobachtete. Winston sagte: »Den haben wir nicht zum letzten Mal gesehen.«

Unser Fahrer ließ bei »Jesus lebt« den Motor an, und dicht hinter uns hörte ich »Jesus liebt« aufheulen. Properjohn stand auf, und ich dachte, er wollte noch einen letzten Segensspruch von sich geben. Aber statt dessen riß er den Arm hoch und schrie mit glühenden Augen: »Treck marsch!«

5

Der Weg nach Bethlehem führte durch den Lincoln Tunnel auf die New Jerseyer Flußseite hinüber, durch Phillipsburg und Easton, durch eine Gegend, die schwer zu kämpfen hatte, um den Dreck und Mief der Großstadt abzuschütteln.

Es war ein zäher Kampf. Zwischen Fabriken und Schrottplätzen eingezwängte, von hohen, marktschreierischen Plakatwänden überragte Häuser mühten sich redlich um einen einzigen aufrechten Baum oder ein winziges Fleckchen grauen Gartens. Schornsteine ragten aus der Landschaft, Möwenschwärme, die vor dem Winter Schutz suchten, fielen über Müllkippen her. Am Schutt erstickende Wasserstraßen, die sich bis zum Horizont ins Land schnitten, wurden von staubigen Bäumen betrauert. Doch dann sahen wir mit einem Mal ein Pferd durch eine mit Unrat übersäte Wiese laufen, und in einem kümmerlichen Hinterhof fütterte jemand seine Hühner.

Einige Kilometer hinter dem Tunnel ließen wir unsere Lotsen aussteigen. Herbie ging nach hinten, um das zweite Wohnmobil zu fahren, und im Austausch für ihn bekamen wir Reverend Hatt. Zu meiner Verblüffung klemmte er sich sofort hinter das Lenkrad. Er steuerte das Fahrzeug so routiniert und gelassen wie ein professioneller Busfahrer.

»Ich war einmal in einer Gemeinde tätig, die einen eigenen Bus hatte«, erklärte er fröhlich. Er freute sich, daß er sich nun doch noch nützlich machen konnte. »Ich habe meine Leutchen fast überall hinkutschiert.« Dann fügte er traurig hinzu: »Aber das war einmal.« Flüsternd sauste die nasse Straße unter den Reifen von »Jesus lebt« hinweg. Die Windschutzscheibe war doppelt so groß wie ein Schaufenster. Winston und ich saßen rechts vom Fahrer in zwei Schalensitzen, während Properjohn, der zur Abwechslung einmal den Mund hielt und wie Kolumbus die Landschaft hinausspähte, den Platz hinter Reverend Hatt eingenommen hatte.

»Das ist mein Land!« rief der rosige amerikanische Kirchenmann plötzlich aus. Er riß so überwältigt die Arme hoch, daß er das Lenkrad bedenklich vernachlässigte. »Das ist mein Land!« wiederholte er wie ein Schauspieler, der eine besonders gelungene Textzeile stolz noch einmal von sich geben mußte. »Seht es euch an!« Wir blickten hinaus auf die eintönige Industrielandschaft, auf die Berge rostender Autos, die mit Gewerbeabfällen übersäten Wiesen, den in mürrischen Bäumen hängenden Qualm, die über geduckte Häuser fliegenden, einsamen Vögel, die aussahen, als ob sie ein Plätzchen zum Ausruhen suchten. »Mein Amerika!« schrie Hatt.

»Mein Volk hat dieses Land besiedelt«, fuhr er bewegt fort, während wir alle angestrengt nach einem einzigen saftigen Feld, nach einem einzigen gesunden Baum Ausschau hielten. »Sie kamen aus der Alten Welt hierher, um dieses Land zu bestellen. New Jersey hat Generationen von Hatts hervorgebracht.«

»Ich war früher Sänger«, unterbrach Properjohn, als hätte niemand ein Wort gesagt und er sich verpflichtet gefühlt, Konversation zu machen. Ausnahmsweise war ich ihm dankbar für die Störung. »Ein weltlicher Sänger. Bei einer Tanzkapelle in Wales.«

»Die Waliser sollen ja ganz ausgezeichnet singen können«, sagte Winston und reihte sich so in die Front gegen Reverend Hatt ein.

Properjohn geriet ins Träumen. »Ach ja, ich habe bei dieser Kapelle gesungen. Aberavon Raggamuffins hießen wir. Aber dann... dann... sah ich den Herrn. Eines Abends, mitten in einem Tanzschuppen...«

»Er ist überall«, sagte Hatt ernst. »Halleluja.«

»Halleluja«, brummten wir anderen.

Properjohn funkelte ihn böse an, weil er ihn nicht hatte ausreden lassen. »Und da mußte ich den bunten Lichtern und den Lackschuhen adieu sagen, Jungs. Ich sah ihn, und er rief mich. Mit dem lustigen Leben war es damit für mich vorbei. Es war das Ende meiner weltlichen Sängerkarriere.« Er senkte die Stimme, als ob er uns etwas anvertrauen wollte. »Seit dem

Tag stehe ich in ständiger Verbindung mit Gott«, verkündete er. Es klang wie ein Tip fürs Pferderennen. »Das stimmt doch, Willy, nicht wahr?«

Ich war überrascht, daß er ausgerechnet von mir eine Bestätigung erwartete. Aber da klopfte er sich verschwörerisch auf die Westentasche und zwinkerte mir wie eine hakennasige Eule zu. Mir fiel wieder ein, was angeblich auf dem Zettel stand, den er bei sich trug, und ich nickte.

»Sie ist ein gutes Mädchen, meine Clare«, fuhr er ohne erkennbaren Grund nachdenklich fort. »Die arme Clare. Man hat ihr nämlich die Kinnlade entfernt. Ratzekahl rausgeschnitten. An der Orthopädischen Klinik in Cardiff ist sie jetzt in einer Vitrine ausgestellt. Da haben sie so eine Art Museum, sehr ordentlich da, sehr hübsch, und da steht nun die Kinnlade der armen Clare in einer Glasflasche herum. Eigentlich ist es ja toll, daß ihre Kinnlade öffentlich ausgestellt wird. So hat sie doch immerhin eine gewisse Berühmtheit erlangt, wenn ihr versteht, was ich meine...« Wir glaubten schon, er wäre in ein Selbstgespräch abgedriftet, als er plötzlich den Kopf drehte und uns mit großen Kuhaugen schuldbewußt ansah. In dem Augenblick erkannte ich, wie eitel er war. Er suchte nach einer Entschuldigung für sich und seine Frau, weil ihr die Kinnlade fehlte. »Ja, ja«, sinnierte er. »Ich war schon ein schmucker Bursche, als wir geheiratet haben. Sie war auch ziemlich hübsch, als sie ihre Kinnlade noch hatte. Damals habe ich noch weltlich gesungen. Ich bin viel in der Welt herumgekommen, wie man so schön sagt.«

»Na, jetzt kommen Sie schließlich auch in der Welt rum«, unterbrach ich ihn, weil ich glaubte, vor Verlegenheit erstikken zu müssen. »Erst mal bis nach Bethlehem, Pennsylvania.«

»Ist es noch ein weiter Weg?« fragte er arglos und ohne sich über mein unverfrorenes Störmanöver aufzuregen.

»Hin und wieder zurück«, sagte ich.

Properjohn lachte erfreut auf. »Ach, Sie kennen den Kinderreim auch?« meinte er. Dann zuckte er die Achseln. »Naja, als Schriftsteller. Da hat man ja ein Händchen für Verse. Wie geht das Gedicht noch gleich?«

Zu meiner Überraschung und vielleicht auch zu seiner, auf jeden Fall aber zu Winstons Verblüffung sagten wir es zusammen auf, wie Kinder:

»Wie weit ist der Weg nach Bethlehem?
Zwölf Dutzend Meilen und zehn.
Das ist aber noch ein ganzes Stück.
Einmal hin und wieder zurück.«

Er prustete so laut und fast unanständig los, daß er sich vor Lachen kaum noch auf seinem Sitz halten konnte. Nun versuchte Winston, das Gedicht aufzusagen, dann war Hattie an der Reihe, und mit einem Mal trällerten wir es gemeinsam zur Melodie eines Popsongs.

Es war seltsam, ein Moment der Erkenntnis. Nachdem wir New York und damit auch unser früheres Leben hinter uns gelassen hatten, fühlten wir uns plötzlich wie wahllos zusammengewürfelte Passagiere auf einer Reise ins Ungewisse.

Von nun an waren die Wohnmobile unser Zuhause, in »Jesus lebt« und »Jesus liebt« würden wir zusammen fahren, wohnen, essen und schlafen, bis wir möglicherweise eines Tages Las Vegas erreichten. Wechselnde Freundschaften, wechselnde Feindschaften erwarteten uns. Waren wir an dem einen Tag noch glücklich und hoffnungsfroh, so drückten uns am nächsten vielleicht schon Langeweile und Mißerfolge nieder. Wir würden Anteilnahme und Freude, eventuell sogar Liebe finden und immer wieder neue Überraschungen mit unseren Reisegenossen erleben, und schon eine Stunde später würden uns Wut, Frustration, Abneigung und sogar Ekel überkommen. Es sollte Zeiten geben, in denen die Gläubigen und die Nichtgläubigen unter uns einander ganz nahe waren. Es war die gleiche Reise für uns alle.

Mit dem Singen des Kinderreims, mit unserem immer lauter werdenden Gelächter, mit dem Aufschrauben der Thermoskanne Kaffee, die Winston mitgebracht hatte, zeichnete sich diese Entwicklung ab. Ich hatte noch nie mit einem Schwarzen aus derselben Tasse getrunken.

Während wir auf Bethlehem zurollten, durch die neonhellen Dörfer, vorbei an Motels und Tankstellen, keimte zum ersten Mal die Hoffnung in mir auf, in dem weiten Land, das vor uns lag, vielleicht sogar in Christmas City, wie Bethlehem genannt wurde, meine Frau zu finden und zurückzugewinnen. Irgendwo auf dem langen Weg nach Westen würde ich den Geschmack ihrer Haut, den Duft ihres Gesichts, die Zärtlichkeit ihrer Lippen wiedererkennen.

»Da vorne liegt Bethlehem«, sagte Winston. »Ich sehe schon den Qualm von der Stahlhütte.«

6

Zum Abendessen gab es an dem Tag Bethlehemburger – die ortstypische Hamburgervariante – und Coca-Cola, die wir in einem Hotel zu uns nehmen mußten. Unser Einmarsch in die Stadt war alles andere als triumphal gewesen, da die Helen-J.-Jaye-Stiftung für christliche Nächstenliebe in Bethlehem, einem Zentrum verschiedener wohlhabender Religionsgemeinschaften, kaum Anhänger hatte. Zu Ostern wurde in dem Städtchen vom Turm der Herrnhutischen Kirche mit Posaunenschall die Auferstehung des Herrn verkündet, doch von unserer Ankunft im pennsylvanischen Nieselregen kündeten nur Ambrosias Klaviaturzither und die jaulende Mundharmonika der armen Clare.

Nachdem wir von einem kläglichen, etwa zwanzig Mann starken, durchgeweichten Häuflein von Getreuen sowie einem Nachwuchsreporter der Studentenzeitung am Stadtrand empfangen worden waren, marschierten wir an diesem düsteren, nassen Oktobernachmittag mit dem Kreuz an der Spitze die von Geschäften gesäumte Hauptstraße hinunter, die sich in nichts von den vielen anderen unterschied, die wir in den kommenden Wochen noch betreten sollten. Reisende, die im American Hotel auf den Greyhoundbus warteten, sahen durch kleine Gucklöcher aus den beschlagenen Fensterscheiben zu uns heraus. Ein paar Neugierige kamen aus Ladeneingängen, andere blieben kurz auf dem Gehsteig stehen. Auf der anderen Seite des Flußtals qualmte das Stahlwerk betont gleichgültig vor sich hin. Aus einem Eckcafé in der Raspberry Street wurden wir von einigen Jugendlichen angepöbelt, und ein nasser Hund machte genau vor meinen Füßen ein Häufchen, um das ich das Kreuz mit steinerner Miene herumtrug. Ich glaube, Jesus hätte sich darüber geärgert, daß dieser Ort Bethlehem hieß.

Winston, der eine Aktentasche voller Programme und Pläne mit sich herumschleppte, sagte, daß im Gasthaus Sun Inn, in dessen Hof wir auch die Wohnmobile unterstellen konnten, eine warme Mahlzeit für uns vorgesehen war. Diese Aussicht beflügelte mich auf dem Trott durch den Nieselregen ungemein.

Das Gasthaus in der Walnut Street sah alt und ruhig aus. Nachdem wir geparkt und mit unseren Gefolgsleuten noch rasch ein Lied und ein verregnetes Gebet hinter uns gebracht hatten, eilten wir zum Eingang. Dort mußten wir feststellen, daß das Gasthaus verlassen war.

»George Washington hat hier übernachtet«, rief uns einer der Einheimischen schon im Weggehen zu.

»Wahrscheinlich war er der letzte«, bemerkte Winston gelassen, während er durch eine Ritze in der Tür spähte.

»Der Schuppen ist schon seit Jahren dicht«, gab der Mann zurück. »Die einen wollen ihn abreißen, die anderen wollen ihn stehenlassen.« Damit hatte er offenbar seiner Meinung nach die Treue seiner Kirchengemeinde gegenüber Helen J. Jaye und ihrer Stiftung ausreichend unter Beweis gestellt, denn nach diesen abschließenden Worten machte er sich eilig durch den Regen davon. Wir blieben einsam und verlassen zurück.

»Ist eben immer wieder dasselbe mit diesen Herbergen in Bethlehem«, sagte Winston und richtete sich auf.

»Vielleicht gibt es eine Hintertür«, meinte Properjohn.

Winston deutete auf die Tür. »Kann schon sein«, sagte er.

»Aber sehen Sie sich den Laden doch selber an. Da drin können wir nicht übernachten. Ich schätze, mit der Planung ist irgendwas schiefgelaufen – oder es hat uns jemand einen bösen Streich gespielt.«

»Oliver J. Jaye«, murmelte ich. Winston trat einen Schritt zur Seite, um Properjohn Platz zu machen. Er nickte und sagte: »Gut zu wissen, daß er einen Sinn für Schabernack hat.«

Plötzlich kamen wir uns sehr töricht und allein gelassen vor. Hier standen wir sieben, die wir die Welt retten wollten, durchgeweicht und völlig unbeachtet in einer nassen, düsteren Kleinstadt, ausgesperrt aus einer Ruine, und unser Kreuz lehnte an einer feuchten Wand wie die Standarte eines besiegten Heerhaufens.

Ambrosia fing sich als erste wieder. »Also, bleiben wir jetzt hier stehen wie Idioten, oder was?« fragte sie. »Sonst müssen wir uns nämlich in den Wagen einrichten. Wer schläft mit wem?«

Mir war so, als leuchteten Herbies Augen in dem schwarzen, haarigen Gesicht auf wie der letzte Funken Glut in einem fast erloschenen Feuer. Dabei sah das Mädchen noch nicht einmal in seine Richtung, sie sah überhaupt niemanden an. Sie drehte sich um, warf sich mit einer ungeduldigen Kopfbewegung die regennassen Haare in den Nacken und ging in den Hof, wo die Wohnmobile parkten.

Erst als sie schon hinter dem Haus verschwunden war, rührt wir uns vom Fleck. Als ich das Kreuz hochhob, hörte ich sie rufen: »Hier hinten ist eine Tür offen.« Ich stellte das Kreuz wieder ab und lief hinter den anderen her. Sie drückten sich noch ängstlich vor der Tür herum, während Ambrosia schon im Haus war und sie aufforderte, ihr zu folgen. Properjohn erinnerte sich seiner Führungsrolle und wagte sich als erster hinein.

Der Tag gab ohnehin nicht mehr viel Licht her, und im Innern des verödeten Hotels war es finster wie in einer Höhle. Weshalb wir es erforschten, was wir zu finden hofften, weiß ich selbst nicht. Im Gänsemarsch schlichen wir, geduckt wie die sieben Zwerge im Zauberschloß, durch die Empfangshalle, den leeren Speisesaal und die trockengelegte Bar, die kalten Küchen und trostlosen Salons, in denen teilweise noch verlassene Möbel herumstanden. Alle Fenster starrten uns aus blinden Scheiben an.

»Damit man es hier wieder wohnlich hat, muß man tüchtig anpacken«, murmelte Herbie. Er blies den Staub von einem Tisch und sah dabei mit seinen dicken Backen wie der Wind auf einer alten Landkarte aus. Properjohn und Hatt blickten sich so traurig um, als ob sie in den Himmel gekommen wären und ihn unbewohnt vorgefunden hätten. Die arme Clare schien sich zu fürchten. Immer wieder stieß sie mit Winston zusammen, der genau wie sie mit weit aufgerissenen Augen ins Dunkel starrte. Mir war kalt.

Aber Ambrosia hatte offensichtlich Spaß an der Sache gefunden. Plötzlich verwandelte sich der stumme Backfisch, die gelangweilte Klaviaturzitherspielerin vom Nachmittag in ein junges Mädchen, das, aufgeregt wie eine Heldin aus einem viktorianischen Kinderbuch, ein großes, hallendes Haus auskundschaftete. Folglich war sie es auch, die als erste die ächzende Treppe hinaufstieg, wir anderen folgten ihr sehr viel langsamer. Noch immer wußten wir nicht, warum. Hätte jemand eine Kerze bei sich gehabt, hätten uns vermutlich unsere gespenstisch über die alten Hotelwände huschenden Schatten gehörig erschreckt. Doch es wurde immer dunkler um uns, nur durch die nackten Scheiben fiel ein wenig Licht von der Straße herein und fing unsere schleichenden Schemen ein. Wie ein seltsames Krokodil trapsten wir von Zimmer zu Zimmer, bis Ambrosia plötzlich wie angewurzelt vor einer Tür stehenblieb und mit leicht ausgestreckten Armen vor sich hin starrte, als ob sie etwas Verblüffendes entdeckt hätte. Ich hörte eine leise Fluchtbewegung hinter mir, und als ich mich umdrehte, sah ich, daß Winston und Herbie sich feige Richtung Treppe davonstahlen.

»Was für ein Zimmer«, hauchte Ambrosia hingerissen. »Was für ein herrliches, fantastisches, wunderbares Zimmer!«

»Das hättest du uns aber auch gleich sagen können, Kind«, wies Properjohn sie scharf zurecht. Er war genauso erleichtert wie wir anderen. »Uns so zu erschrecken! Ich dachte schon, du hättest eine Erscheinung oder eine Orgie gesehen.«

Wir folgten ihr in das Zimmer. Es war so groß, daß es fast als Ballsaal hätte dienen können. Entlang der einen Wand erstreckte sich eine prächtige Fensterfront, und der Fußboden war mit langen, schmalen Eichenholzdielen ausgelegt. Fast genau in der Mitte des Raums stand, wie ein schlecht geparktes Auto, ein großes Himmelbett. Der Baldachin fehlte, und die vier Pfosten reckten sich nackt zur Decke. Wir standen zaghaft da und beobachteten, wie Ambrosia fast auf Zehenspitzen darauf zuschlich. Keiner von uns bewegte sich. Wir sahen ihr nur zu. Als sie sich an das Bett herangepirscht hatte, berührte sie es, als ob sie uns völlig vergessen hätte, sanft mit den Fingern. Dann legte sie sich plötzlich hinein, und mit einem Mal kam sie mir nicht mehr wie ein pummeliger Teenager in Strickpullover und Jeans, sondern wie eine glückliche Braut vor.

Vor Verlegenheit wie gelähmt sahen wir mit an, wie sie sich lasziv auf der alten Matratze wälzte, ganz langsam, erst auf die eine, dann auf die andere Seite, und wie sie das Bett dabei streichelte. Ich hörte, wie Herbie ein seltsam schmatzendes Geräusch von sich gab. Die arme Clare brach schließlich das Schweigen. »Ambrosia!« kreischte sie zu unserer Überraschung so laut wie ein Waschweib. »Komm sofort da runter. Es könnte klamm sein.«

Der Bann war gebrochen, der Zauber verflogen. Das Mädchen setzte sich auf, als wäre sie aus tiefstem Schlaf erwacht, und starrte uns durch das Dämmerlicht an. Schließlich kletterte sie wütend aus dem Bett und kam mit trotzig gesenktem Kopf zu uns zurückgeschlurft. Wir drehten uns um und verließen das unheimliche Haus. Dann richteten wir uns für die Nacht in unseren nicht ganz so geräumigen, dafür aber einigermaßen komfortablen, modernen Wohnmobilen ein.

Die Properjohns wurden in »Jesus liebt« einquartiert, Winston, Herbie, Hatt und ich in »Jesus lebt« untergebracht, ein auf der Hand liegendes Arrangement, wenngleich Herbie viele Nächte später, von sexuellen Entbehrungen gezeichnet, in Custer County darauf verweisen sollte, daß zwar das Leben in »Jesus liebt« erlaubt, das Lieben in »Jesus lebt« aber leider verboten war.

Nachdem wir im Bethlehem Hotel in Freizeitkleidung unsere Bethlehemburger verspeist hatten, gingen wir durch die ausgestorbenen Straßen zu den Wohnmobilen im Hinterhof des Gasthofs zurück. Die Stimmung war gedrückt, alle waren müde und entmutigt. Seltsam prüde für vier erwachsene Männer stellten wir uns zum Ausziehen mit den Gesichtern nach außen im Viereck auf. Winston und Herbie waren gleich eingeschlafen, und Hattie, der noch rasch mit vor der Nase gefalteten Händen im Sitzen ein kurzes, aber inbrünstiges Gebet sprach, folgte ihnen bald ins Land der Träume. Ich lag grübelnd in meiner Koje, bis ich schließlich zu der unvermeidlichen Frage kam, wie weit wohl Silvie und die Kinder noch von mir entfernt sein mochten. An diesem Tag mußte ich ihnen um gut hundert Kilometer näher gekommen sein. Während ich hier wachlag, legte Silvie höchstwahrscheinlich gerade in irgendeinem Kuhkaffnachtclub einen Spagat auf die Bretter. Aber womöglich war sie ja sogar in Bethlehem.

In der Hotelhalle war mir eine Reklame für einen Nachtclub aufgefallen, der anscheinend von jemandem betrieben wurde, dem nur an höchst irdischen Gütern und nicht an himmlischem Lohn gelegen war, hatte er doch seinem Lokal den lästerlichen Namen »Die Krippe« gegeben. Womöglich trat sie ausgerechnet dort auf.

Ich zog mich leise an, ohne die anderen zu wecken, und wagte mich hinaus in die feuchte Nacht. Ich fand ein Taxi, das sich wie eine streunende Katze in den Straßen herumdrückte. Anscheinend wollte mir der Fahrer etwas von der Stadt zeigen, denn auf dem Weg zur »Krippe« mußten wir den Leighigh River sage und schreibe dreimal überqueren.

Zwei Mädchen in angestaubten Kostümen und ein Mann

im lila Smoking empfingen mich mit offensichtlicher Erleichterung an der Tür. Der Laden lief nicht besonders. Selbst in dem schummerigen Licht der Kerzen, die in düsteren Wandnischen flackernd vor sich hinblakten, konnte man sehen, daß die einzigen Leute in dem Lokal der Barkeeper und die Bedienung waren, die am Ende der Theke Vor- und Rückseite ein und derselben Zeitungsseite lasen, sowie ein klimpernder Mann am Klavier und ein Pärchen in den besten Jahren, das an einem Tisch vor der Bühne verkrampft Händchen hielt. Sie beachteten mich nicht, da sie zu sehr damit beschäftigt waren, einander starr in die Augen zu sehen und ihre Kräfte im Armdrücken zu messen.

Einen Augenblick später jedoch gaben sie den Kampf auf. Der Mann stand auf und lud mich an ihren Tisch ein. »Wir können genausogut zusammensitzen«, erklärte er. »Dann wird wenigstens nicht noch ein Tisch schmutzig, wenn Sie verstehen. Dadurch können wir die Unkosten niedrig halten.«

Etwas widerstrebend nahm ich die Einladung an. Er bestellte mir einen Drink. »Ich bin Harry Benner«, sagte er. »Mir gehört der Laden. Und das ist meine Frau. Rose heißt sie wohl.«

»Rose«, nickte die Frau, als müßte sie sowohl ihn als auch mich überzeugen. »Rose.«

»Daß Eheleute so verliebt Händchen halten, sieht man auch nicht alle Tage«, sagte ich.

»Ach, das.« Er winkte ab. »Das hat nichts zu bedeuten, Mister. Das machen wir bloß, wenn einer reinkommt, um ein bißchen romantische Stimmung zu verbreiten. Aber wenn es nur ein einzelner Gast ist, so wie Sie jetzt eben, dann lassen wir es bleiben. Schließlich können Sie ja nicht gut mit sich selber Händchen halten, oder? Das würde doch zu dämlich aussehen.«

»Da haben Sie völlig recht«, pflichtete ich ihm bei.

»Sie sind Engländer«, sagte die Frau mit dem gerührten Ton in der Stimme, den sich Kleinstadtamerikanerinnen für englische Männer vorbehalten. »Sie sind Engländer.« Anscheinend sagte sie immer alles zweimal.

»Ja«, antwortete ich. Ich trank meinen ersten Bourbon, und schon wurde es mir wohlig warm im Magen.

»Sie hatten nicht zufälligerweise in letzter Zeit eine Engländerin in der Show?« tastete ich mich vor. »Eine Tänzerin, wunderschön. Silvie heißt sie.«

»Noch nie«, sagte er bestimmt.

»Noch nie«, sagte sie. »Noch nie.«

»Ich dachte nur«, sagte ich. »Wäre ja möglich gewesen.«

»Nein«, sinnierte Mr. Benner. »Wir hatten mal einen Schotten, der konnte über seine eigenen Witze am lautesten lachen. So was habe ich noch nicht erlebt. Aber er war Schotte, und Silvie hieß er auch nicht. Jedenfalls nicht auf der Bühne.«

»Wäre ja möglich gewesen«, wiederholte ich.

Ich spendierte ihnen auch einen Drink, worüber sie sich freuten, und verabschiedete mich.

Auf Umwegen kehrte ich zum Sun Inn zurück. Ich ging die Raspberry Street hinauf, die Main Street hinunter, bog an der Ecke, an der das verlassene Gasthaus stand, in die Walnut Street ein und kam durch den Torbogen in den Hof. Plötzlich sah ich, daß die Tür von »Jesus liebt« leise aufglitt, wie das Augenlid eines Menschen, der langsam aus dem Schlaf erwacht. Ich stand im Dunkeln an der Mauer, wo mich Mond- und Laternenlicht nicht erreichen konnten, und rührte mich nicht. Ambrosia stieg vorsichtig aus dem Wagen und schob die Tür sacht wieder zu. Wie ein Nachtgespenst verharrte sie einen Augenblick lauschend in dem kalten Hof. Ich konnte sie kaum erkennen, sie war nicht viel mehr als ein Schatten.

Leichtfüßig, fast tänzerisch drehte sie sich um und huschte auf die unverschlossene Hintertür des Gasthauses zu. Insgeheim verwünschte ich Herbie und seine Verführungskünste. Schließlich hatte er im Laufe des Tages kaum mehr als zwei Worte mit dem Mädchen wechseln können. Ich war wütend, daß er sich einen Teufel um das Risiko und die Prämie scherte. Mußte er denn gleich am ersten Abend den Vertrag brechen, nur hundertfünfzig Kilometer von New York entfernt?

Ich zögerte kurz, doch dann folgte ich dem Mädchen in das spinnwebenverhangene Gebäude und wagte mich aus dem Dunkel der Nacht in das Dunkel des Hauses. Erst als ich eingetreten war, fiel mir auf, wie groß der Mond über Bethlehem war. Seine Strahlen fielen durch die vielen nackten Fenster und zauberten Streifen auf Fußböden, Stufen und Wände. Ich hielt mich in den dunklen Schattenbahnen und schlich zur Treppe. Ich konnte nur noch an das große, schief eingeparkte Bett denken, auf dem Ambrosia sich vor wenigen Stunden erst so seltsam gebärdet hatte. Vorsichtig, als könnte ich jeden Augenblick auf eine Mine treten, tastete ich mich nach oben. Auf dem mittleren Treppenabsatz blieb ich stehen. Durch die muffige Luft drang ein leises Lachen zu mir und das Wispern ihrer Stimme, wie von angeregt plaudernden Mäusen, kam aus dem großen Zimmer, in dem das Bett stand. Wäre ich weiter bis zur Tür gegangen, zu der Stelle, wo wir alle am späten Nachmittag gestanden hatten, hätte mich ein heller Mondstrahl, der durch eines der hohen Fenster hereinfiel, verraten. Da aber vom Hauptkorridor im rechten Winkel ein Nebenflur abzweigte, huschte ich dort entlang, denn ich hoffte, darin irgendwo noch eine Tür zu finden.

Ich fand tatsächlich eine. Sie war zwar geschlossen, aber eines der ausgetrockneten Paneele war gesprungen und hatte sich verzogen. Aus dem Dunkel spähte ich durch einen fingerbreiten Spalt in das vom Mondlicht durchflutete Zimmer. Das Mädchen war allein.

Meine Verblüffung wurde allerdings noch von der Verwunderung über den bezaubernden kleinen Tanz übertroffen, den sie auf dem nackten, staubigen Fußboden aufführte. Ich konnte sie deutlich sehen, da das Mondlicht durch die ganze Fensterfront in den Raum strömte. Das Bett, das nur einen Meter von meinem Guckloch entfernt stand, wirkte wie ein gestrandetes Boot mit vier kahlen Masten. Ambrosia trug einen unförmigen, wattierten Bademantel, und die dunklen Haare hingen ihr als langer Pferdeschwanz auf dem Rücken. Sie summte mit geschlossenen Augen vor sich hin, machte ein Schmollmündchen und wiegte sich im Tanz.

Das Ganze dauerte vielleicht eine Minute, dann drehte sie im silbrigen Mondschein noch eine Pirouette und verabschiedete sich mit einem tiefen, anmutigen Knicks von ihrem unsichtbaren Partner. Nun stellte sie sich, nur einen Meter von mir entfernt, aufrecht und erwartungsvoll neben das Bett, die Augen hielt sie noch immer geschlossen. Mit den Händen machte sie sich an den Bommelknöpfen des wattierten Bademantels zu schaffen. Nachdem sie bedächtig einen nach dem anderen aufgeknöpft hatte, schlug sie das Kleidungsstück mit einem Lächeln auseinander. Sie schürzte die fülligen Lippen und flüsterte etwas. Dann schob sie die Hände in den Bademantel und berührte ihre Jungmädchenbrüste unter der Trevirajacke des billigen Schlafanzugs.

Sie setzte sich auf das Bett, das ein überraschtes, heiseres Quieken von sich gab. Ambrosia rutschte versonnen zur Seite. Ihre Miene blieb heiter, bei jedem Streicheln der Finger über den eigenen Körper kräuselten sich ihre Lippen.

Sie spreizte die Beine und ließ sich so langsam zurückgleiten, daß das alte Bett nicht ein einziges Mal gequält aufstöhnte. Sie machte eine Brücke. Die schlabberige Schlafanzughose hing wie eine orientalische Pluderhose unter ihr. Sie rieb sich jetzt fester über die Brüste, als ob ihr kalt wäre. Der Schatten eines der geschnitzten, gedrechselten Bettpfosten fiel wie der eines Totempfahls über ihr ruhiges Gesicht. Ganz sacht nur hob und senkte sich ihr Gesäß. Sie zog die Hand aus dem Schlafanzug und löste behutsam die schiefe Knopfreihe über der Brust. Nun schlug sie die Jacke auseinander; mit der ersten Hälfte ließ sie sich noch soviel Zeit, daß sie langsam von dem weißen Hügel mit der verwischten Brustwarze zur Seite rutschen konnte, die andere Hälfte aber riß sie fast hastig weg, um dem Mondlicht auch die zweite Brust zu entblößen. Von meinem Versteck aus hätte ich sie fast berühren können.

Obwohl sie auf dem Rücken lag, wölbte sich ihr Bauch bebend nach oben. Das Gummi der Schlafanzughose schnitt wie ein stramm festgezurrtes Paketband hinein. Plötzlich hörte sie auf, sich zu bewegen. Schon bald aber strich sie sich behutsam über den molligen Bauch und tastete sich mit den Fingern unter das Hosengummi vor. Sie zwängte sie so weit wie möglich hinein. Bis über die Gelenke verschwanden die Hände unter dem Stoff.

Sie schob die häßliche Hose nach unten. Ihr Bauch, ihre Schenkel, ihre ganze geheime Landschaft breitete sich im Mondschein vor mir aus.

Ein Weilchen blieb sie ruhig liegen. Ich hatte Angst, sie könnte mein Herz gegen das Türpaneel pochen hören. Mit einer Anmut, die man ihrem bleichen, schwammigen Körper nie zugetraut hätte, fing sie an, sich zu befriedigen. Ihre Finger rubbelten sanft vor sich hin, die Gesäßbacken hoben und senkten sich im Takt dazu. Die Erregung, die mich überkam, wurde sogleich von einer Welle des Mitgefühls und der Scham über meinen Voyeurismus hinweggeschwemmt. Eine fürsorgliche Liebe stieg in mir hoch, so daß ich am liebsten aus meinem Versteck hervorgestürmt wäre und sie in die Arme genommen hätte, um sie in ihrer Einsamkeit zu trösten.

Mit einem kleinen, erstickten Schrei und einem Schaudern kam sie zum Höhepunkt. In diesem Augenblick trat ich durch eine vermoderte Diele.

Ambrosia hörte das Knacken und erstarrte vor Angst. Im Nu hatte sie sich den Schlafanzug wieder geordnet und war auf Zehenspitzen durch das Zimmer gehuscht. An der Tür blieb sie noch einmal kurz stehen, und dann sah ich sie wie einen kleinen, molligen Geist keine drei Meter von meinem Versteck entfernt durch den Korridor flüchten. Reglos stand ich mit dem Fuß in der Diele da. Das gesplitterte Holz umfaßte meinen Knöchel wie eine Bärenfalle. Erst nach fünf Minuten zog ich ihn vorsichtig heraus. Ich schlich mich aus dem Haus und legte mich in meine Wohnmobilkoje. Ich dachte noch lange über diesen zarten, geheimen Akt nach, dessen Zeuge ich gewesen war. Endlich schlief ich ein. Als ich aufwachte, war in Bethlehem ein neuer Tag angebrochen, am anderen Ufer des Leighigh Rivers heulten die Sirenen der Stahlhütte, und es wurde Zeit, daß wir die nächste Etappe in Angriff nahmen.

7

»Juden!« rief Properjohn.

»Irrtum«, sagte Winston. »Das sind keine Juden.«

Wir fuhren durch eine herrliche Gegend. Friedlich träumten die Felder dem Winter entgegen, die Bäume standen auf kleinen Anhöhen, als ob sie eine bessere Aussicht genießen wollten, und zwischen ihren bräunlichen Kronen blitzte ab und zu silbrig eine Birke auf. Der Regen hatte sich verzogen, und wir rollten unter einem blauen, heiteren Himmel dahin. Das sanfte Herbstlicht spiegelte sich auf Flüssen, Bächen und Teichen. Die großen Farmen waren ordentlich und gepflegt, bunte, hübsch mit Axthieben verzierte Scheunen wirkten wie dekorierte Archen, Silos ragten wie Leuchttürme in den Himmel, gestriegelte Pferde grasten auf makellos grünen Weiden. Sogar die Schweine sahen sauber aus.

»Lancaster County, Pennsylvania«, hatte Winston verkündet. Herbie saß am Steuer von »Jesus lebt«, Winston und ich hockten in den Schalensitzen, und Properjohn klemmte hinter dem haarigen Ohr des Fahrers. Hattie war bei den Damen in »Jesus liebt«.

»Juden«, wiederholte Properjohn, der neugierig aus dem Fenster starrte. »Das sieht doch jeder, daß das Juden sind.«

»Das sind Amische«, verbesserte ihn Winston geduldig. »Es sind Holländer.«

»Holländische Juden«, meinte Properjohn triumphierend. »Das sieht doch ein Blinder mit Krückstock, daß das Juden sind. Schwarze Hüte, schwarze Mäntel, lange Bärte, lange Nasen. Juden!«

In Herbie regte sich der Hebräer, er drehte sich um und sagte barsch: »Sie haben auch einen schwarzen Hut, einen schwarzen Mantel und eine lange Nase.« Er schielte angestrengt zur Seite, weil er sowohl Winston und mich als auch Properjohn beobachten wollte, der schräg hinter ihm saß.

»WAS SOLL DAS HEISSEN?« heulte Properjohn wie von einem glühenden Speer getroffen auf.

»Nun, Sie könnten auch Jude sein!«, sagte Herbie, der bei dem Gebrüll zusammengezuckt war.

»Jude? Ich? Ein Jude?!«

»Er hat nur gesagt, daß Sie sich so anziehen«, beschwichtigte Winston. Entschuldigend, aber mit voller Absicht fügte er hinzu: »Und dann wäre da natürlich noch Ihre Nase.«

»Herrgott im Himmel«, schrie Properjohn und verbarg das gewaltige semitische Haupt in den Händen. »Noch nie hat mich einer Jude genannt. Noch nie, noch nie, noch nie.« Langsam kam er wieder hoch, als ob ihm plötzlich ein noch grauenvollerer Gedanke gekommen wäre. »Die Juden haben Jesus gekreuzigt«, flüsterte er und ergänzte überflüssigerweise: »Ans Kreuz geschlagen.«

»Der Papst hat ihnen vergeben«, sagte Winston kühl. »Vor Jahren schon.«

»Reizend«, knurrte Herbie. »Das ist ja wirklich reizend.«

»Der Papst?« quäkte Properjohn ungläubig. »Der Papst? Was geht mich der verdammte Papst an? Er ist ein Heide. Eher würde ich auf einen Druiden hören als auf so einen Heiden.«

»Schon gut, schon gut«, sagte Winston und hob abwehrend die Hände. »Kein Grund zur Aufregung. Wir wollten ja nur darauf hinaus, daß jemand, der wie ein Jude aussieht, nicht unbedingt ein Jude sein muß. Und daß mancher, der nicht wie ein Jude aussieht, trotzdem einer sein kann.«

Properjohn starrte die sonderbaren Menschen an, die auf einem Obst- und Gemüsemarkt versammelt waren. Die Gehsteige in dem Ort waren mit dem Schwarz der Männerhüte und dem Weiß der Frauenhäubchen gesprenkelt. Es war ein sehr friedliches Bild, man feilschte und spuckte dramatisch in Hände, man begrüßte Freunde und machte Witze. Es herrschte eine Stimmung wie auf einer ausgelassenen Trauerfeier. »Sie sehen aber aus wie Juden«, knurrte Properjohn. »Und diese Pferdewagen, die sie fahren. Die sehen genauso aus wie jüdische Pferdewagen.«

»Es sind Amische«, wiederholte Winston. »Juden fahren Cadillac. Es sind strenggläubige, christliche Bauern. Sie lehnen alles ab, was modern ist. Sie haben keine Autos, keine Fernsehapparate, keine Mähdrescher. Sie leben noch genau wie vor zweihundert Jahren.«

»Und sehen aus wie Juden«, murmelte Properjohn.

»Okay, das mag schon stimmen. Aber sie haben schon immer behauptet, daß sie Christen sind, was ihnen auch ganz Amerika geglaubt hat. Da mußten erst Sie kommen, um sie zu enttarnen.«

Properjohn schien sich geschlagen zu geben. Er schmollte.

»Sie haben sehr starke Familienbande«, sagte Winston. »Heim und Hof sind ihr ein und alles. Und sie haben keine Kirchen. Sie beten zu Hause.«

»Aha«, sagte Properjohn wissend. »Heimlich also. Dann holen sie bestimmt ihre Scheitelkäppchen und die Kerzenleuchter heraus.«

»Und es wird gemunkelt, daß sie betten«, fuhr Winston hartnäckig fort.

Diese Auskunft wurde von allen drei Seiten mit Schweigen aufgenommen. Ich wagte als erster zu fragen.

»Was ist denn das? Betten?«

»Betten?« Winston zuckte die Achseln. »Angeblich wird es auf der ganzen Welt von den unterschiedlichsten Sekten praktiziert. Dabei werden junge Leute vor der Heirat zusammen ins Bett gesteckt.«

Wir machten uns auf den zu befürchtenden Aufschrei von Properjohn gefaßt. Aber wir wurden enttäuscht. Als er sich langsam Winston zuwandte, stand ihm sprachloses Entsetzen ins Gesicht geschrieben. »Was haben Sie gesagt?« fragte er endlich heiser.

Winston lächelte tröstlich. »Kein Grund zur Beunruhigung«, sagte er. »Es ist nur ein alter Brauch. Sie legen sich zwar zusammen ins Bett, aber sie haben noch ihre Sachen an. Ganz einfach.«

»So einfach kommt mir das nicht vor«, meinte Herbie.

»Heidnische Praktiken«, stieß Properjohn hervor. »Teufelszeug.«

»Wenn ich es mir recht überlege, habe ich schon einmal

gehört, daß es das in Wales auch gibt«, sagte ich. Sein Gesicht zog sich in die Länge, und ich fügte schnell hinzu: »In abgelegenen Gegenden.«

»Niemals!« schrie er. »Niemals!« Er bekam einen Tobsuchtsanfall, zuckte am ganzen Körper, fauchte und spuckte vor sich hin, schüttelte die Fäuste, Wangen und Stirn liefen auberginenfarben an. Er machte mir angst, er machte Winston angst, und als Herbie einen Blick über die Schulter wagte, bekam er einen solchen Schreck, daß er »Jesus lebt« ein wenig zu scharf um die nächste Kurve riß. Zwei amische Pferdewagen schleuderten auf den Gehsteig, die Tiere ließen ein verstörtes Wiehern hören, und die Menschen sahen plötzlich so erstaunt und steif aus wie auf alten Fotografien.

Properjohn kippte zur Seite, was ihn aber nicht daran hindern konnte, sich wie ein Rugbyspieler im Gedränge wieder zurück auf den Sitz zu kämpfen, das Fenster herunterzukurbeln und den entsetzten Amisch-Männern »Juden! Juden!« entgegenzuschleudern.

»Wie geht es denn dem Kreuz heute, Kollege?«

»Es ist ein bißchen aufgequollen«, sagte ich. »Es wird bestimmt feucht da oben auf dem Dach. Siehst du, ich kann das Holz fast mit den Fingern eindrücken.«

»Harrisonburg, Virginia«, sagte Winston, als wir die Kuppe eines breiten Hügels erklommen hatten, der von einer vierspurigen Straße durchschnitten wurde. »Das Shenandoahtal.«

Herbie, der sich nach dem Wohlbefinden des Kreuzes erkundigt hatte, sah ihn von meiner anderen Seite aus mißtrauisch an. Wir marschierten wieder einmal durch leichten, kalten Regen. Diesmal trugen wir grüne Plastikumhänge.

»Was du nicht alles weißt«, sagte er.

Winston funkelte ihn ebenso mißtrauisch an. »Ich lerne jeden Tag eine Lektion vor dem Frühstück«, antwortete er.

»Klar, das mache ich auch so. Zum Beispiel, daß ich wieder einen Tag älter bin und daß es kalt ist. Aber du hast wirklich Ahnung, Mann. Du weißt immer, wo wir gerade sind und wo wir hinwollen, kennst dich mit diesen Amischen Eremiten aus und kannst stundenlang alles mögliche aus der Bibel zitieren. Woher hast du das?«

»Das hört sich ja fast so an, als ob du mich für einen Spitzel hältst«, sagte Winston eingeschnappt. »So haben sie in den Kriegsfilmen immer die Spione enttarnt. Woher wußte er dies, woher wußte er das.«

»Da habe ich es mir auch abgeguckt«, gab Herbie zu.

»Moment mal«, sagte ich und verlagerte das Kreuz von einer Schulter auf die andere. Es rieb mir den Hals wund, wenn ich es zu lange an der gleichen Stelle ließ. Niemand hatte uns vor Harrisonburg in Empfang genommen. Vorbeifahrende Autos schleuderten Wasserfontänen hoch, die Säume unserer Gewänder wurden immer nasser, aber niemand hielt an. »Man kann euch kaum folgen, wenn ihr aneinandergeratet«, sagte ich. »Mir ist dieses Ungetüm im Weg, und ich kann immer nur einen von euch sehen.«

»Wir bohren dir ein Guckloch rein«, sagte Herbie, aber nur nebenbei, er wollte sich nicht aus dem Konzept bringen lassen. An Winston gewandt, hakte er nach: »Na, woher weißt du soviel? Spuck's aus.«

»Ich bin eben ein gebildeter Mensch«, antwortete Winston schulterzuckend. »Der eine hat Bildung, der andere hat was anderes abbekommen. Ich habe Bildung. Ich kenne von jedem einzelnen Bundesstaat der USA die Hauptstadt, ich kenne die Namen und Lebensdaten aller Präsidenten bis zurück zu Präsident Grant, ich kenne...«

»Nicht von denen, die vor Grant kamen?« fragte Herbie rasch.

»Nein«, gab Winston zu. »Ich mußte den Kurs an den Nagel hängen. Wir waren arme Leute, Sir. Aber ich habe es ja schon einmal gesagt, ich hatte große Ziele. Ich wurde nach Winston Churchill benannt, dem Polizeichef von Indianapolis. Ich hätte einen tollen Weißen abgegeben, Mann. Ich habe sogar Richard Nixon gewählt, genau wie Sammy Davis Junior.«

»Und woher weißt du den ganzen Bibelkram?«

»Jeder Farbige kennt die Bibel«, sagte Winston.

»Aber nicht so gut wie du, Freundchen. Wie du es zum Beispiel dem alten Jaye in New York gegeben hast. Wie du ihm einfach mit dem Zitat gekommen bist. Es klang fast so überzeugend, als wäre es auf deinem eigenen Mist gewachsen.«

Ich legte mir das Kreuz auf die andere Schulter, damit ich Herbie sehen konnte, merkte aber, daß nun wieder Winston an der Reihe war, also wuchtete ich es wieder zurück. »Tut mir leid, dieses Herumgehampel«, sagte ich.

Aber nun fing doch Herbie wieder an. Das Kreuz landete erneut auf der anderen Schulter.

»Ich will auf etwas ganz Bestimmtes raus«, sagte er böse. »Woher sollen wir wissen, daß du nicht ein vom eben erwähnten Oliver J. Jaye eingeschleuster Spitzel bist, der aufpassen soll, ob wir den Vertrag brechen?«

»Habe ich ihm oder sonst irgend jemandem etwas von dem *Bumsfidelen Brummi* verraten?« lautete Winstons einleuchtende Gegenfrage. »Mann, wenn ich ein Spitzel wäre, würdest du schon längst wieder vor der Kamera deine ausgeleierten Nutten vögeln, statt hier im schönsten Virginia-Regen den Petrus zu mimen.«

Herbie wußte, daß es darauf keine Antwort gab. »Na schön, dann bist du eben kein Spitzel. Tut mir leid, daß ich dich verdächtigt habe. Entschuldige.«

»Daß du Jude bist, habe ich ihm auch nicht verraten.«

»Nein. Stimmt. Ist ja gut, Mann, ich hab's kapiert.« Ich konnte fast spüren, wie er plötzlich verdattert die Augen zusammenkniff. »Woher weißt du das? Habe ich dir das erzählt? Hast du es von Willy?«

»Von mir hat er es nicht«, sagte ich empört und schwang das Kreuz so scharf herum, daß ich Winston um ein Haar damit getroffen hätte.

»Fuchtel nicht so mit dem Totempfahl herum«, bat Winston geduldig. Herbie ließ nicht locker. »Woher wußtest du das? Schließlich sehe ich nicht wie ein Jude aus.«

»Das Argument kommt mir bekannt vor«, sagte Winston.

Er erhob leicht die Stimme. »Natürlich siehst du jüdisch aus. Ich sehe es dir an. Eine Minderheit durchschaut die andere. Aber mach dir nichts daraus. Am besten denkst du gar nicht daran. Einen Millimeter unter meiner Haut bin ich ein Weißer. Wenn ich im Sommer die Uhr abnehme, habe ich sogar einen helleren Fleck auf dem Arm. An solchen Kleinigkeiten muß man sich hochziehen. Das macht Mut.«

»Weich mir nicht aus«, warnte Herbie ihn. »Ich will wissen, woher du die Bibel so gut kennst. Das sollst du mir jetzt klipp und klar sagen.«

»Okay«, meinte Winston. »Wie schon gesagt, ich habe das Zeug mit der Muttermilch aufgesogen. Jeden Tag hat man es in mich hineingestopft, und weil ich so klein war, mußte ich es schlucken. Ich komme aus einer ziemlich finsteren Gegend, und die guten Worte sollten uns wohl ein bißchen erleuchten. Und in der Schule, in der Schule kamen sie uns auch mit dem Kram. ›In meines Vaters Hause sind viele Wohnungen.‹ ›Selig sind die Sanftmütigen; denn sie werden das Erdreich besitzen.‹ Mein Gott, es klang fast, als wäre das ganze Zeug nur für unser Viertel geschrieben worden.«

Herbie und ich waren beeindruckt. Das einzige, was mir außer dem Orgelpumpen zur Religion noch einfiel, war, daß ich immer meine Kollekte hatte fallenlassen, um der Sonntagsschullehrerin unter den Rock zu linsen. Herbie sagte: »Du kennst dich wirklich aus. Ich weiß von dem ganzen Religionskram überhaupt nichts mehr.«

»Die Juden sind ja auch reicher als die Schwarzen«, erklärte Winston. »Für sie ist Religion mehr ein Hobby. Für uns war sie bitterer Ernst. Das lebendige Brot sollte uns Kraft geben. Das ganz normale Brot aus der Bäckerei bekamen wir nämlich nicht gerade oft zu sehen.«

»Und daran erinnerst du dich bis heute«, sagte Herbie. Seine Streitlust war verflogen. »Als wärst du immer noch ein kleiner Hosenscheißer.«

Winston nickte. »Ich dachte, ich hätte alles vergessen«, sagte er. »Aber als ich diesem Zirkus hier zugeteilt wurde, habe ich mir eine Bibel gekauft und die ganze Jesuszeit noch einmal durchgelesen. Matthäus, Markus, Lukas, Johannes. Es liest sich leicht, und mir ist alles wieder eingefallen. Es ist viermal die gleiche Geschichte, genauso als würde man die Reportage über ein Baseballspiel in vier verschiedenen Zeitungen lesen. Ein Kinderspiel.«

»Ach so«, sagte Herbie ernst. »Das ist natürlich der Käse bei uns Juden. Wir haben die ganzen Propheten und die Sintflut, Adam und Eva, Gott und irgendwelche Typen, die mit irgendwelchen Tussis irgendwelche Söhne zeugen. Es hört und hört nicht auf. Kein Wunder, daß wir uns das nicht alles merken können.«

Vor unserem Aufbruch nach Harrisonburg, Virginia, war etwas Eigenartiges passiert. Von Lancaster aus waren wir Richtung Baltimore gefahren, und als die Häuser der Stadt wie ein überbelegter Friedhof am Horizont auftauchten, bereiteten wir uns wie immer auf unseren »triumphalen Einzug« vor. Nachdem wir das Kreuz vom Dach geholt und die Falten in unseren Gewändern so gut es ging glattgestrichen hatten, waren wir für den letzten Kilometer Straße gerüstet. Da unser Ersatzschuhwerk nie aufgetaucht war, lief Herbie weiter als Petrus in Cowboystiefeln durch die Gegend, und ich pilgerte in meinen braunen Halbschuhen herum.

Da die Helen-J.-Jaye-Stiftung für christliche Nächstenliebe in Baltimore ein halbes Dutzend Kirchen unterhielt, erwarteten wir einen überwältigenden Empfang. Ich hatte unterwegs eine Art heilige Haltung einstudiert, die ich jedesmal, wenn wir in einen neuen Ort kamen, annahm. Ich ließ den Kopf hängen, schlurfte mit den Halbschuhen über den Boden und sah überhaupt sehr fromm und leidend aus. Herbie, der hatte einsehen müssen, daß Petrus nicht ganz der Schwerenöter gewesen war, für den er ihn gehalten hatte, beherrschte sich immerhin so weit, daß man das Zwinkern, das er gelegentlich einer Frau am Straßenrand zuwarf, durchaus für ein tränenvolles Blinzeln hätte halten können. Winston konnte bei Bedarf automatisch die Miene eines Sünders aufsetzen, der sich der Vergebung nicht sicher sein durfte. Auf uns folgte immer Familie Properjohn, die uns rhetorisch und musikalisch begleitete, und der hilflose Hatt trabte hinter den beiden Wohnmobilen her, die bei jedem Einzug von Freiwilligen aus den ortsansässigen Kirchen gefahren wurden.

In verschiedenen kleineren Ortschaften entlang der Route war alles genau nach Plan verlaufen, und in Baltimore stand uns nun der erste wahrhaft »triumphale Einzug« bevor. In den anderen Städten waren die Prozessionen kurz und schmerzlos ausgefallen, eine Gebetsversammlung in einem kleinen Saal oder auf einem Platz, dazu ein, zwei Lieder, eine rasche Predigt von Properjohn, und schon fuhren wir wieder weiter gen Westen.

Aber in Baltimore hatte man uns fünfhundert Sänger und achtzig Sammelbüchsen versprochen.

Wir waren wirklich aufgeregt und freuten uns auf unseren Auftritt. Herbie kratzte sich eifrig den Lehm von den Cowboystiefeln, Reverend Hatt sortierte seine Traktate und übte sein Heilslächeln, und die arme Clare brachte eine halbe Stunde damit zu, den Speichel aus den Löchern ihrer Mundharmonika zu stochern.

Einen Kilometer vor der Stadt warteten wir auf die freiwilligen Fahrer, aber es kam niemand. Schließlich unternahmen wir, wie ein ängstlicher kleiner Heerhaufen, einen zaghaften Vorstoß in unserer gewohnten Formation. Winston und Hattie fuhren »Jesus liebt« und »Jesus lebt«. Hinter jeder Kurve, an jeder Kreuzung erwarteten wir, von weiß gewandeten Jüngern jubilierend in Empfang genommen zu werden, aber nirgendwo stand auch nur ein einziger Chor. Winston überprüfte anhand der Pläne, ob wir uns auch nicht mit dem Datum oder der Uhrzeit vertan hatten. Das hatten wir nicht. Zuletzt standen wir verwirrt und besorgt in einem Vorort der Stadt vor einem Restaurant, das mit fangfrischen Krebsen warb. An der übernächsten Ecke gab es eine Oben-ohne-Bar, ironischerweise direkt neben einer Fleischerei.

Wir gingen weiter. Es war sehr kalt, winzige Schneestäubchen verfingen sich in meinem Bart. Fast genau vor der Oben-ohne-Bar blieben wir schließlich stehen.

»Tja«, sagte Properjohn kläglich. »Hier muß irgend etwas falsch gelaufen sein. Wir sollten doch heute eine große Menschenmenge beglücken. Ich habe die halbe Nacht wach gelegen, um mich in die richtige Stimmung zu bringen.« Er warf Winston einen Blick zu. »Wir sind doch wohl hoffentlich in der richtigen Stadt?«

»Es ist Baltimore«, nickte Winston geduldig. »Es sieht genauso aus wie immer. Vielleicht sollten wir die Freiheitsglocke läuten.«

»Kriegen wir damit die Leute auf die Straße?« fragte Properjohn. »Wenn das wirkt, machen wir es.«

»Nein«, sagte Winston und schüttelte heftig den Kopf. »Das geht nicht so einfach.«

»Was sollen wir nur tun?« jammerte die arme Clare, als ob wir plötzlich als Schiffbrüchige auf einer einsamen Insel gestrandet wären. Sie ließ den Blick fachmännisch über die Löcher der Mundharmonika gleiten, als inspizierte sie das Gebiß eines toten Haifischs. »Dabei sollte es doch heute so ein herrlicher Tag werden.«

»Halt die Klappe, Clare«, fauchte Properjohn. Dann sagte er: »Wir halten einen Gottesdienst ab.« Bei diesem Gedanken hellte sich seine Miene auf. »Ja, das machen wir. Im Zweifelsfall hat ein Gottesdienst noch nie geschadet, so lautet meine Devise. Ein inbrünstiges Gebet, und schon geht es uns wieder besser.«

»Nur wir sieben?« fragte ich, mich umblickend. Der Schnee trieb jetzt in dickeren Flocken zwischen uns hindurch, und die Straße war so gut wie menschenleer, obwohl ich gegenüber der Fleischerei hinter den Scheiben der Slumhäuser einige schwarze Gesichter entdeckte. Während wir uns noch die traurige Umgebung besahen, kam plötzlich die arme Clare Properjohn zu Hilfe. »Ein Gottesdienst!« rief sie fröhlich. »Was für eine großartige Idee. Die kleinen Straßen hier erinnern mich an Wales. Es wird bestimmt ein schöner Gottesdienst.«

Wir stellten uns müde im Halbkreis auf und sangen mit dünnen Stimmen, die nach zwanzig Metern verhallten, »Lobet den Herren«. Ambrosia zupfte mit steifen Fingern die Klaviaturzither, und die arme Clare schob eifrig die Mundharmonika hin und her. Ich klammerte mich krampfhaft an das Balsaholzkreuz. Nach und nach erschienen schwarze Menschen an den Fenstern und Türen der Häuser, hauptsächlich Kinder, Frauen und alte Leute, die uns betont gleichgültig zusahen. Ihre dunklen Kleider, ihre Haut, alles schien mit den schmutzigen Häusern zu verschmelzen. Während Properjohn theatralisch ein Gebet rezitierte, standen sie ausdruckslos im Schnee, der bald wie Perlen auf ihren Köpfen und Gesichtern lag.

Nach dem nächsten Lied flüsterte Properjohn mir zu: »Warum gibt es hier keine Weißen, Willy?«

»Die wohnen woanders«, antwortete ich auf gut Glück.

»Ich dachte immer, die Kaffern leben unten am Mississippi«, zischelt er.

»Sie sind sicher nach Norden gezogen, weil sie sich hier ein besseres Leben versprochen haben«, erklärte ich ihm. Ringsum sah ich in dem Elend nur hoffnungslose Gesichter.

Mit einem Kopfnicken forderte er mich zum Weitersingen auf, da ohne unsere Unterstützung mit dem Lied nicht viel Staat zu machen war. »Eine Kollekte können wir uns wohl sparen, was?« fragte er, als das Lied wieder in Schwung gekommen war.

Ich drehte mich halb um und bemerkte, daß in dem Hauseingang hinter uns jemand stand. Es war eines von den Obenohne-Mädchen, eine üppige Frau mit einem Schal um den Schultern und einem Gesicht, das verschmiert war wie eine Malerpalette und wie Speck glänzte. Sie lehnte am Türpfosten, sang mit uns, und Wimperntuschetränen rannen ihr über die Backen wie ein Bach aus einer Zeche. Während ich sie verstohlen musterte, rutschte ihr der Schal von der Schulter und entblößte eine große, schlaffe Brust.

»Ich glaube nicht, daß uns eine Kollekte viel einbringen würde«, antwortete ich Properjohn etwas spät. Er hatte die Frau nicht gesehen. »Aber wenn wir ihnen etwas geben würden, wären sie vielleicht interessiert.«

»Nein, das geht nicht. Es steht alles in den Büchern. Das Geld muß aufs Konto. Dann lassen wir die Kollekte eben bleiben. Ich finde, wir sollten uns ein paar Weiße suchen. Hier kriege ich es ein bißchen mit der Angst zu tun. Sie wissen ja warum.«

Ich nickte. Wir hörten auf zu singen, packten verlegen das Kreuz weg, stiegen in die Wohnmobile und fuhren schweigend davon.

Properjohn wirkte wie ein geschlagener Mann. »Nein«, sagte er fest, als er sich wieder gefangen hatte. »Nein, ich hätte mich nie als Missionar für Afrika geeignet. Ich wüßte gar nicht, was ich zu denen sagen sollte.«

Winston schwieg, aber Herbie bemerkte einsichtig: »Mit Reue und Buße braucht man diesen Leuten hier wohl gar nicht erst zu kommen. Die haben nicht genug Geld, um zu sündigen. Sogar Sünden muß man sich erst mal leisten können.«

Wir fuhren durch den Schnee und die Stadt und kamen auf der anderen Seite wieder heraus. Properjohn schien vergessen zu haben, daß er eigentlich noch Weiße aufstöbern wollte. Er hockte wie ein häßliches, großes Kaninchen hinter Herbie, der das Wohnmobil fuhr. Anderthalb Kilometer hinter der Stadt, auf der Straße nach Washington, saß Oliver J. Jaye in seiner Limousine am Straßenrand. Eigentlich wartete er nicht bloß auf uns, er lauerte uns auf. Obwohl er nicht ausstieg, sah ich doch, daß er abgehärmter wirkte als in New York. Ein Chauffeur, der wie ein gotischer Wasserspeier aussah, saß auf dem Fahrersitz des Wagens, der hinten einen Aufkleber mit einem Kreuz und dem Wort »Geistlicher« trug. Properjohn und Winston schritten wie zwei Offiziere, die einen Waffenstillstand aushandeln wollten, auf den Wagen zu und sprachen durch das Fenster mit Jaye. Das Gespräch dauerte nicht lange, und als sie sich wieder zu uns umdrehten, zischte der Wagen schon wie ein geräuschloser Blitz vor uns den Highway hinunter. Wir hatten noch keine hundert Meter zurückgelegt, da war er bereits verschwunden.

Properjohn klemmte sich wieder hinter Herbie auf den

Sitz. »Wir fahren nicht nach Washington«, sagte er. »Mr. Jaye will das nicht. Die Veranstaltung fällt aus, meint er. Darum war auch eben kein Mensch da. Der Auftritt vorhin war ebenfalls gestrichen worden.«

Winston sagte: »Ich versteh' das nicht. Wieso sollen wir Washington auslassen? Er will, daß wir statt dessen nach Harrisonburg, Virginia, fahren. Aber was ist denn Harrisonburg im Vergleich zu Washington?«

»Vielleicht sitzt in Washington jemand, den er nicht leiden kann«, meinte Herbie.

»Oder jemand, der ihn nicht leiden kann«, sagte Winston leise.

Wir fuhren also nicht weiter nach Süden, sondern wieder gen Westen, Richtung Winchester. »Willy«, flüsterte Properjohn nach einer Weile. »Was kann denn nur eine Oben-ohne-Bar sein?«

Ich sagte, ich wüßte es nicht, würde mich aber erkundigen.

Es war Properjohns Idee gewesen, daß wir das Kreuz an diesem feuchten Virginia-Abend nach Harrisonburg hineintragen sollten. Er meinte, so könnten wir das verschlafene Städtchen schon einmal auf unseren für den folgenden Tag geplanten triumphalen Einzug einstimmen.

Es war einer von den Tagen gewesen, die selbst froh sind, wenn sie vorbei sind. Die tief hängenden Nachmittagswolken hatten uns den Blick auf die Berge und das herbstlich bunte Shenandoahtal versperrt, obwohl Winston und Herbie sich spontan verbrüderten und uns nach jedem nassen Kilometer mit patriotischer Begeisterung versicherten, daß es sich rings um uns herum in seiner ganzen Schönheit erstreckte. Wir könnten es eben nur leider nicht sehen.

»Genau wie das Himmelreich«, bemerkte ich abwesend, während wir die triste vierspurige Straße entlangzockelten, die hinter der Kuppe in einem abschüssigen Bogen an der Kirche der Christen gegen Kommunisten mit angeschlossenem Naturkostladen vorbeischwenkte und dann mitten in die Stadt hineinführte.

»Was denn?« fragte Herbie.

»Ich wünschte, ihr beide würdet auch ein bißchen an mich denken«, beschwerte ich mich. »Jedesmal, wenn ich etwas sage, muß immer der von euch antworten, den ich gerade nicht sehen kann. Es wäre wirklich wesentlich leichter, wenn der antworten würde, den ich im Blick habe.«

»Okay, also: was denn?« fragte Winston.

»Na ja, alles eben. Genau wie das Himmelreich. Alles herrlich und wunderbar, nur sehen können wir es nicht. Wir müssen einfach daran glauben. Ich meine eure Lobpreisungen auf das Shenandoahtal, von dem wir bei dem Nieselregen leider auch nichts erkennen können.«

Von beiden Seiten des Kreuzes schlug mir verlegenes Schweigen entgegen. Wir trotteten auf die Neonlichter der Stadt vor uns im Tal zu.

»Hmm«, meinte Herbie schließlich wie ein Arzt vor Verkündung der Diagnose. »Vielleicht könntest du das noch einmal wiederholen.«

»Nun stell dich nicht so blöd an. Du hast mich ganz genau verstanden«, sagte ich. »Den Himmel kann man nicht sehen, man weiß aber trotzdem, daß es ihn gibt.«

Wieder wurde ich angeschwiegen, dann meinte Herbie: »Die Kreuzschlepperei ist dir wohl zu Kopf gestiegen.«

»Kann man wohl sagen«, bekräftigte Winston.

»Vor ein paar Tagen wäre es für dich der Himmel gewesen, mal mit Jane Fonda im Clinch zu liegen«, sagte Herbie. Er klang ernsthaft beunruhigt. »Und was hören wir jetzt? Engelsstimmen und Harfengeklimper.«

Ich blieb wütend stehen und wirbelte zu ihm herum. Ich spürte, wie Winston sich duckte, als die obere Kreuzhälfte wie ein Säbel über ihm hinwegzischte. »Red nicht so einen Scheiß«, fuhr ich Herbie an. »Es war lediglich eine Bemerkung. Ich mache mir nämlich Gedanken. Ich lasse mich nicht einfach durchs Leben treiben, von einer Ausschweifung zur nächsten...«

Nun fingen die gemeinen Hunde auch noch an zu singen: »Mein Hirt ist Gott der Herr.« Beleidigt ließ ich sie stehen und marschierte vorneweg, aber das kindische Lied begleitete mich wie Pfiffe und Buhrufe. Ich fuhr wieder herum und sah in ein lachendes, schwarzes Gesicht und in ein grinsendes, haariges, weißes Gesicht. »Jetzt weiß ich, wie Jesus zumute war«, brüllte ich ihnen zu. »Mit zwei Halunken wie euch neben sich.«

Sie fielen einander johlend in die Arme. Rechterhand entdeckte ich eine Tankstelle und daneben ein Haus, an dem in roter Neonschrift »Snackbar« stand. Mürrisch stapfte ich darauf zu, nachdem ich mir kurz entschlossen das Gewand in den Hosenbund gestopft hatte, so daß es nicht mehr unter dem grünen Regenumhang hervorschaute. Ich zögerte, versteckte das Kreuz hinter einer Hausecke und ging hinein. Ein warmer Kunststoffmief schlug mir entgegen. Als ich an die Theke trat, kam Herbie vorsichtig herein, der meinem Beispiel gefolgt war und seine Röcke ebenfalls geschürzt hatte, dicht gefolgt von Winston, der nun nicht mehr lachte, sondern ein ängstliches Gesicht machte.

»Sagt mal, habt ihr eigentlich noch alle Tassen im Schrank?« flüsterte er. »Was wollen wir hier? Wißt ihr eigentlich, was uns das kosten kann?«

»Wir holen uns einen Kaffee«, antwortete ich knapp. »Mir ist kalt, ich bin naß, und ich habe keine Lust mehr, das blöde Holzgestell durch die Gegend zu schleppen. Wir gönnen uns nur einen kleinen gotteslästerlichen Frevel.«

»Was meint ihr, wie ihr erst lästert, wenn euch nur wegen einer Tasse Kaffee die Prämie durch die Lappen gegangen ist«, knurrte Winston. Trotzdem ließ er sich von mir einen Pappbecher in die Hand drücken. Wie Verschwörer drückten wir uns in eine Fensternische, von wo aus wir die Straße im Auge behalten konnten. Ein schwitzendes Mädchen lehnte träge hinter der Theke, und ein schattenhafter Mann huschte im Hintergrund durch die Dampfschwaden. In dem Restaurant konnte man laut Karte zwischen siebenundvierzig verschiedenen Eissorten wählen. Nachdem sich das Mädchen eine Weile gelangweilt hatte, fuhr sie mit dem Finger über die Liste und entschied sich für die Nummer 30, Karamel und

Orange. Während sie sich diese Delikatesse zusammenstellte, wollte Herbie anscheinend überprüfen, ob seine Verführungskünste noch auf dem gewohnten Stand waren. Er fragte sie lässig: »Bist wohl ein kleines Leckermäulchen, was, Schätzchen?«

»Klar«, antwortete sie, ohne ihn auch nur eines Blickes zu würdigen. »Das ist für mich jedesmal der Höhepunkt des Tages. Ich arbeite jetzt dreißig Tage hier und bin schon bis Karamel und Orange gekommen. Wenn ich mich durch die Karte gefuttert habe, verdufte ich.«

»Hoffentlich willst du nicht so schrecklich weit weg«, säuselte Herbie.

»Nehmen Sie mal bloß den Mund nicht so voll, Mister«, sagte sie. »Ihr Unterrock hängt raus.«

Herbie langte nach unten. Wir sahen unter den Tisch und stellten fest, daß sein Gewand tatsächlich unter dem Regenumhang hervorschaute. Hastig vergewisserte ich mich, daß meines noch sicher im Hosenbund steckte. Drei Jugendliche in Motorradkluft, die am anderen Ende der Theke saßen, fingen an, sich für uns zu interessieren. Bis dahin hatten sie nur die Köpfe zusammengesteckt und sich leise unterhalten, aber jetzt sahen sie zu uns herüber und lachten.

»Immer mit der Ruhe«, murmelte Winston und legte Herbie die Hand auf den Arm. »Lohnt sich das?«

»Ich bring' sie um, die Penner«, stieß Herbie halblaut hervor. »Wenn ich mit denen fertig bin, müssen sie sich von einem Schuster wieder zusammenflicken lassen.«

Aber er blieb an seinem Platz, ein lebendes Beispiel für die beruhigende Wirkung des Geldes. Plötzlich wurden wir abgelenkt. Ein großes altes Auto, ein blauer Buick, bog von der Straße ab und kam wie ein galoppierendes Nilpferd auf das Fenster zugerast, hinter dem wir saßen. Kleine Steinchen spritzten wie Kugeln durch die Gegend, als der Wagen zwanzig Zentimeter vor unseren dummen Gesichtern mit quietschenden Reifen zum Stehen kam. Sechs johlende junge Männer sprangen aus dem schweren Wagen und stürmten die Snackbar. Zwei waren lang, zwei waren dick, einer war drahtig, gefährlich und hatte ein Streuselkuchengesicht, der sechste war klein und hektisch, er wollte unbedingt als erster an der Theke sein. Als er das geschafft hatte, machte er sich aufdringlich über das Eis des Mädchens her. Die anderen leckten ebenfalls, als sie es ihnen fügsam und sinnlich hinhielt. Sie brüllten dem Mann im Nebel ihre Bestellung zu und blödelten herum, während sie auf ihre sechs großen, klebrigen Eiswaffeln warteten.

Schließlich verdrückten die sechs ihr Eis im Stehen. Je mehr sie aßen, desto stiller wurden sie, und nachdem sie den letzten Waffelkrümel vertilgt hatten, zogen sie genauso leise wieder ab, wie sie lärmend hereingestürmt waren. Kurz darauf kam das Streuselkuchengesicht an unserem Fenster vorbei, stieg in den Wagen und fuhr ihn um die Ecke. Wir konnten ihn nicht mehr sehen. Ich stand auf und ging zur Tür.

Als ich nach draußen kam, rülpste der Motor und der Buick schoß davon. Ich hatte es geahnt! Entsetzt rannte ich wieder in die Snackbar. »Die miesen Ratten!« brüllte ich. »Die haben unser Kreuz geklaut!«

Herbie und Winston kamen zur Tür gerast, als ob sie mir nicht glaubten oder hofften, das Entsetzliche rückgängig machen zu können. Aber auch ihnen blieb nichts anderes übrig, als ein entgeistertes Gesicht zu machen.

Plötzlich stieß hinter uns jemand einen Schrei aus, die drei Jugendlichen kamen wie Feuerwehrleute auf uns zugestürmt und zogen sich im Rennen die Lederjacken über. Ich machte mich schon auf weitere Scherereien gefaßt, als der erste Motorradfahrer sagte: »Los, Leute. Kommt mit.«

Ich hatte in meinem Leben erst ein einziges Mal auf einem Motorrad gesessen, und das war Jahre her. Als Junge hatte ich einmal starr vor Angst hinter dem wahnsinnigen Mieteintreiber gehockt, der in unserer Nachbarschaft seine Runden drehte und dem es besonderen Spaß machte, kleine Jungen in Angst und Schrecken zu versetzen, die dumm genug waren, sich auf seinen Soziussitz zu wagen. Jetzt klemmte ich mich zu meiner eigenen Überraschung hinter einen feisten Fremden, auf dessen breitem Lederrücken eine Totenkopfflagge prangte. Er trat die Maschine kräftig an, woraufhin sie einen Satz machte und mich voll in die Eier traf. Ich hielt mich fest, Arme und Beine waren starr wie Holz, der Rest so weich wie Wackelpudding. Ich hörte, wie Herbie einen Freudenschrei von sich gab. Wahrscheinlich war er selbst schon einmal Motorrad gefahren, in einem seiner Filme vermutlich, als nackte Ausgabe von Steve McQueen. Winston gab keinen Laut von sich, und als meine Maschine wie der Blitz losschoß, sah ich aus dem Augenwinkel, daß er sich genauso verzweifelt an seinen Fahrer klammerte wie ich mich an meinen.

Als wir losbrausten, konnte ich nur mit Mühe verhindern, daß ich hinten von der Maschine purzelte. Aber die Angst verlieh mir ungeahnte Kräfte, die mich auch nicht verließen, als wir über den nassen Kies auf dem Vorhof der Snackbar schleuderten, wie ein Schnellboot auf die Straße rasten und durch den Nieselregen und den Fahrtwind den Highway entlangpreschten. Ich wußte nicht, ob wir das erste oder das letzte der Motorräder waren. Ich konnte keinen einzigen Gedanken fassen, nicht einmal an das gestohlene Kreuz konnte ich denken, ich konnte mich nur festklammern, als gelte es mein Leben. Wie ein Küken, das bei der Mutter Schutz sucht, drückte ich den Kopf an die Jacke des Jugendlichen. Ich hatte das Gefühl, daß wir hundertfünfzig Sachen machten, als plötzlich Herbie und sein Fahrer in einer langgezogenen Kurve an uns vorbeizischten. Herbie johlte wie ein Wahnsinniger. Wir rasten eine lange Gefällstrecke hinunter, und plötzlich bremste der Fahrer so scharf ab, daß ich nicht anders konnte, als die Namen von Silvie und den Kindern wie eine Beschwörungsformel vor mich hin zu beten.

Nun ging es wieder bergauf, auf einer nicht mehr ganz so gut befestigten Straße, wie mir schien. Aber wenigstens mußten wir hier langsamer fahren. Auf diesem Weg flogen uns die Steine wie Kugeln um die Ohren, und das Wasser spritzte von den gestreiften Ästen. Mein Fahrer knurrte. Hören konnte ich es nicht, nur fühlen. Auf einmal hielten wir an, und ich ließ mich dankbar vom Sitz ins sumpfige Gras kippen.

Obwohl ich am ganzen Körper zitterte, versuchte ich aufzustehen. Ich schaffte es beinahe, fiel jedoch wieder hin, versuchte es erneut und rappelte mich schließlich hoch, um auf wackligen Beinen den anderen hinterherzurennen, die zwischen den Bäumen davongestoben waren. Kurz darauf geriet ich auf eine Lichtung und in einen Kampf. Das Kreuz, das aus dem Fenster eines Wagens ragte, wurde von Herbie und Winston bereits zurückgefordert. Herbie gab Winston einen Schubs, damit er es mit dem Pickelgesichtigen aufnehmen sollte, der die langen, knochigen Arme wie Dreschflegel kreisen ließ. Die Motorradfahrer gaben den Dieben eine tüchtige Abreibung. Offensichtlich handelte es sich nur um ein kleines Scharmützel in einem schon länger währenden Krieg.

Rechts von mir raschelte es im Unterholz, ich fuhr herum und sah einen der Jugendlichen mit einem Holzknüppel auf mich losstürmen. Ich freute mich, daß es der kleinste der sechs Burschen war, denn ich war noch nie ein großer Kämpfer. Nun aber hob ich notgedrungen den Fuß, und zu meiner Überraschung rannte er voll dagegen, er rammte ihn sich in den Unterleib und sackte mit einem überraschten Winseln zu Boden. Ich ging zu ihm, hievte ihn hoch und ließ ihn noch einmal auf die Erde krachen. »So, Freundchen«, hörte ich mich aufgeregt, aber mit berechtigtem Stolz sagen. »Du wolltest also das Kreuz stehlen, was?« Ich blickte mich um, um zu sehen, ob die anderen meine Heldentat beobachtet hatten, aber die waren noch emsig mit Austeilen beschäftigt. Ich ergriff den Knüppel, aber ich kam nicht mehr dazu, meine wie auch immer gearteten Absichten mit dem schmächtigen Kerlchen in die Tat umzusetzen, da plötzlich der zweite seiner fetten Freunde wie ein wilder Eber hinter dem Wagen hervorbrach und auf mich zuhielt. Ich schwang den Knüppel und landete einen sauberen, wenn auch zufälligen Treffer genau auf seinem Schädel. Noch hörte ich mich triumphierend krähen wie ein junger Soldat, der seinen ersten Feind zur Strecke gebracht hat, als er mir auch schon mit einem dumpfen Plumps vor die Füße kippte und liegenblieb.

Als ich von meinem privaten Schlachtfeld hochblickte, sah

ich, daß Winston immer noch wie ein Preisboxer um den langen Jugendlichen herumtänzelte. Ich wollte ihm gerade mit meinen frisch geweckten Kampfeskräften zu Hilfe eilen, da stieß Herbie ihn ungeduldig zur Seite und knallte dem langen Gereck mit der Sandsackfaust einen solchen Haken unter das Kinn, daß er sich rückwärts überschlug. Der Kampf war aus. Ich marschierte zum Wagen, holte das Kreuz heraus und untersuchte, ob es beschädigt war. Dann legte ich die Arme darum und trug es wie eine vor dem Drachen gerettete holde Prinzessin vom Schlachtfeld.

8

Am nächsten Tag schien die Sonne wohlwollend auf Harrisonburg herab. Wir marschierten quer durch die Stadt, schritten einmal um den Marktplatz herum bis zum Woolworth und wieder zurück, bogen nach links zur Post und zum Gericht ab, machten kehrt und zogen durch die Hauptstraße an Kino, Wollgeschäft und Buchhandlung vorbei, aus der porzellangesichtige junge Frauen mit Gazehäubchen auf den Köpfen traten und uns scheu zuwinkten. Eine von ihnen schenkte Herbie ein Buch, das *Spaß mit Jesus* hieß.

In den Gärten wuchsen Weiden, und das bunte Herbstlaub hob sich leuchtend von den weißen Häusern ab, die an den Ecken kleine Spielzeugtürmchen hatten. Die Leute kamen auf die Straße und winkten uns freundlich zu, und zum ersten Mal freute ich mich, daß ich das Kreuz trug. »Gott schütze dich, Jesus«, rief mir ein altes Mütterlein zu.

Vor dem Drugstore standen einige blühend aussehende junge Mädchen, die beschriftete gelbe Pullover und Söckchen trugen. Eine von ihnen kam über die Straße und gab Winston eine Flasche Cola. Er reichte sie an mich weiter, und ich stellte sie für später in das Geheimfach am Fuße des Kreuzes. Es gab nie einen Anlaß, das Walkie-talkie zu benutzen, und außerdem hätte Properjohn es sowieso nicht gemacht. Es war ihm unheimlich, so wie sich ein alter Mensch vielleicht vor einem Telefon fürchtete. Deshalb hatten wir es ausgebaut und in Herbies Nachtschränkchen verstaut.

Die Freundinnen des jungen Mädchens wedelten vieldeutig mit Hot Dogs in unsere Richtung, und ein paar alte Männer und Frauen mit unpraktischen großen Hüten, die auf Bänken vor dem düsteren Rathaus saßen, nickten uns freundlich zu. Der Himmel spannte sich makellos blau bis zu den Blue Ridge Mountains, die in der Ferne auf der faulen Haut lagen. Ambrosia spielte die Klaviaturzither besser als je zuvor, und die arme Clare, die die schwarzen Hauben der älteren Frauen bemerkt hatte, rief immerzu: »Sieh doch nur die Hüte, John. Ach, hier ist es genau wie in Wales.« Properjohn ließ nach allen Seiten Segnungen niederregnen. »Jesus lebt« und »Jesus liebt« wirkten so majestätisch wie Elefanten bei einer Zirkusparade, und Hattie wurde auf einen Schlag hundert Traktate an einen altmodischen Fischhändler los, der ihm versprach, sie unter die Leute zu bringen. Es war einfach ein herrlicher Tag.

Die Versammlung war ebenfalls ein Erfolg. Wir hielten sie in einem kleinen Park unter Birken und Weiden ab, direkt vor dem Friedhof der Stadt, was der ganzen Veranstaltung eine fromme Note verlieh. Hattie, der sich mit Friedhöfen auskannte, ja, der sie gewissermaßen sammelte, besichtigte ihn nach dem Gottesdienst und berichtete, daß er im ganzen Ostteil der Vereinigten Staaten noch keinen Friedhof gesehen hätte, auf dem er sich lieber begraben lassen würde.

Es war kurz vor Mittag, und in dem kleinen Park müssen gut zweihundert Leute zu Gebet und Gesang versammelt gewesen sein. Ich hatte richtig Spaß an der Sache. Ich warf Herbie einen Blick zu, während alle sangen, und sah, daß sein großer Mund auf- und zuklappte wie der eines ausgehungerten Walrosses bei der Fütterung. Winston lächelte kameradschaftlich, und Ambrosia zwinkerte mir zu. Wir hatten das Gefühl, als gehörten wir zur Mannschaft eines über Nacht erfolgreich gewordenen Fußballvereins.

Properjohn hatte das Lied natürlich von allen am lautesten und am inbrünstigsten geschmettert. Jetzt trat er nach vorn, um zu den Menschen zu sprechen. Es war ein Gefühl, als wartete man auf das Abfeuern eines Ehrensaluts. Er stand vor ihnen im Sonnenschein, die schwarze Kleidung schimmerte im strahlenden Mittagslicht, die pomadigen, grauen Haare glitzerten wie ein Silberhelm, und sein hageres Gesicht leuchtete. Alles wartete auf ihn.

»Freunde!« brach es plötzlich aus ihm hervor, als hätte sich dieser Schrei seit Stunden aufgestaut. »Liebe Freunde in Harrisburg!«

»Harrisonburg«, soufflierte Winston rasch.

»Harrisonburg«, brüllte Properjohn. »Prächtige Stadt an einem prachtvollen Herbsttag. Wir bringen euch Liebe und Grüße.«

Sogleich war jegliche Verstimmung über den geographischen Patzer wie weggeblasen. Kinder lächelten zu ihm hoch, Hunde wedelten freundlich mit den Schwänzen. »Rings um uns her«, rief er. »Rings um uns her auf dieser Welt geht es zu wie im Tollhaus, und deshalb freue ich mich, daß ich heute hier bei euch sein darf – wo Frieden herrscht.«

Er holte Luft, so tief atmete er ein, daß ich meinte, er müßte platzen. »Die Menschen«, brüllte er. »Die Menschen auf diesem elenden Planeten haben die Unverfrorenheit zu fragen: Könnte Jesus Christus mit den Problemen der heutigen Welt fertig werden? Das fragen sie tatsächlich! Darüber kann ich mich nur wundern! Wahrscheinlich hält sich der Herr den Bauch vor Lachen, wenn er das hört. Wir stellen die ganze Welt auf den Kopf, und dann haben wir die bodenlose Unverschämtheit zu fragen, ob Jesus wohl modern genug wäre, das alles wieder in Ordnung zu bringen. Das ist ein Witz, liebe Harrisburger... Harrisonburger... ein Witz! Er, der die Berge erschaffen hat und den Himmel, jedes einzelne Schaf auf diesen Bergen und unter diesem Himmel, er soll nicht fähig sein, unsere jämmerlichen Probleme zu lösen? Was für eine idiotische Frage!

Ich will euch etwas sagen, liebe Freunde...« Seine Stimme

hing schwebend über uns allen in der Nachmittagssonne. Mit dem Kreuz im Arm merkte ich, wie ich den Kopf immer mehr verdrehte, um mir auch nicht ein einziges Wort entgehen zu lassen. Herbie stand in der gleichen unbequemen Haltung neben mir. Ich weiß nicht, wie lange die Predigt dauerte. Sie kam mir sehr kurz vor, aber nach diesen wenigen Worten sah die Welt auf einmal ganz einfach und verständlich aus. Reverend Hatt hatte ein bewunderndes Lächeln auf dem verzückten Gesicht, die arme Clare sperrte den Mund mit der fehlenden Kinnlade auf, und Ambrosia sah ihren Vater wie einen Fremden an. Wir alle begriffen es gleichzeitig. Properjohn konnte die Menschen mitreißen.

Das Ende der Predigt kam etwas plötzlich, aber genau zur richtigen Zeit. Wie ein heller Lichtschein unter einer Tür, die gerade leise zugezogen worden war, hielt die Wirkung noch einen Augenblick an. Ein paar Kinder in der Menge fingen an zu klatschen, Kinder oder scheue Erwachsene. Das wurde allgemein als Signal verstanden, in so lauten Beifall und Jubel auszubrechen, daß die Tauben der kleinen Ortschaft erschreckt von Dachrinnen und Erkern hochflatterten. Ich hatte die Arme um das Kreuz geschlungen und klatschte auf der anderen Seite. Herbie warf mir einen Blick zu und fing ebenfalls an zu applaudieren. Winston stand mit einem professionellen Lächeln da, als ob sich ein Wunsch ganz oder doch zum größten Teil erfüllt hätte, und rührte sacht die Hände.

»Ich schätze, wir haben uns einen Star an Land gezogen«, sagte Herbie, als wir zu den Wohnmobilen zurückgingen. Wie bei einem Massenpicknick drängten die Leute noch immer durch den Park. Properjohn huschte wie eine eifrige schwarze Spinne zwischen den bunt gekleideten Menschen hindurch, warf mit Segnungen nur so um sich und schrieb Autogramme auf die Rückseiten der Traktate, die Reverend Hatt erleichtert verteilte.

»Er hat das gewisse Etwas«, nickte ich. »Sogar ich habe ihm geglaubt. Und dabei weiß ich doch, wie er wirklich ist.«

»Der hat das Zeug zum Star«, sinnierte Herbie. »Entweder

man hat es, oder man hat es nicht. Und er hat es. Der könnte sogar einen Striptease hinlegen, und es wäre interessant. Wirklich ein Jammer, daß er sich für diesen Käse verausgabt.«

Die unerwartete Euphorie dieses wunderbaren Tages ließ uns nicht mehr los, bis wir uns am Abend wieder auf den Weg machten. Durch den aprikosenfarbenen Sonnenuntergang fuhren wir gen Westen durch das Shenandoahtal. Nach einer Weile führte die Straße über einen langen, grasbewachsenen Hang hinweg, an dessen Fuß Buchen und Birken am Fluß standen, die wie Menschen die letzten warmen Sonnenstrahlen auskosteten. Die Blue Ridge Mountains schienen den Himmel mit einer Hand über der friedvollen, ruhigen Landschaft zu halten.

Hinter uns gab »Jesus liebt« zwei kurze und zwei lange Huptöne von sich, das Signal zum Anhalten. Nachdem wir rechts rangefahren waren, kam Ambrosia leichtfüßig wie ein Kind zu uns nach vorne gelaufen und rief ihrem Vater zu: »Können wir nicht hier Rast machen, Dad? Sieh doch nur, wie herrlich es hier ist.«

»Herrlich würde ich nicht gerade sagen«, antwortete Properjohn nachdenklich, wie ein Kapitän, der einen Ankerplatz untersuchte. »Aber sehr hübsch und ruhig.«

»Können wir nicht zum Wasser runterfahren?« bat sie. »Sollen wir da unten unser Lager aufschlagen? Heute abend koche ich für alle.«

»Gott schütze uns!« rief Properjohn wie ein gutmütiger viktorianischer Vater, und wir mußten lachen. Sie steckte den Kopf zum Fenster herein.

»Das mache ich, Ehrenwort«, sagte sie. »Ich habe in Harrisonburg Fisch gekauft, und er ist sogar in unsere Traktate eingewickelt. Heute gibt es Fisch und Fritten.«

»Da vorne zweigt ein kleiner Weg ab«, sagte ich. »Wenn Sie möchten, sehe ich mal nach, ob wir da mit den Wagen hinunterkommen.«

»Einverstanden, mein Junge«, sagte Properjohn gnädig. »Gegen Fisch und Fritten hätte ich nichts einzuwenden.«

»Ich komme mit«, sagte Ambrosia eilig. Sie lief dunkelrot an und sprang vom Trittbrett wieder auf die Straße. »Nur eine Frau kann beurteilen, ob sich die Stelle als Lagerplatz eignet.«

Ich sah, wie Herbie auf diesen Vorschlag reagierte. Ich zögerte noch, aber da sagte Properjohn zu meiner Überraschung: »Ja, mir soll's recht sein. Geht ruhig, ihr zwei. Geht schon.« Er drohte uns spielerisch mit dem Zeigefinger. »Aber keine neckischen Spielchen da unten.« Er kugelte sich vor Lachen über seinen kindischen Witz und schlug mir ächzend auf die Schulter. »Braver Junge. Braver Junge.«

Ambrosia lief bereits über das buschige Gras der Straßenböschung, ihr draller kleiner Po steckte stramm in den Jeans, und das prächtige schwarze Haar fiel ihr locker über den Rücken. Sie sah sich um, wurde langsamer, blieb stehen und wartete.

»Na, hast du auch schulfrei gekriegt?« spöttelte sie, als ich sie eingeholt hatte. »Hat dir der liebe Lehrer frei gegeben?«

»Nur weiter so, dann lege ich dich gleich übers Knie«, sagte ich.

»Immer diese leeren Versprechungen«, seufzte sie. Mir war so, als wollte sie noch etwas hinzufügen, doch da erstarb das Leuchten in ihren Augen und sie trabte weiter. Sie lief den steinigen Weg hinunter, der sich in steilen Kurven zwischen den Wiesen bergab schlängelte, bis er in einen Treidelpfad am Fluß mündete.

»Meine Mutter weint die ganze Zeit«, sagte sie unterwegs. »Sie sagt, alles erinnert sie an Wales.«

»Die arme Clare«, sagte ich.

»Das sagt jeder über meine Mutter«, meinte sie. Wie zufällig ergriff sie meine Hand, doch rasch ließ sie sie wieder los. »Die arme Clare, sagen sie. Da kann sie machen, was sie will. Selbst wenn sie im Toto gewinnen würde, wäre sie immer noch für alle ›die arme Clare‹. Und wahrscheinlich hätten sie sogar recht damit, weil sie das Geld ja doch nie in die Finger kriegen würde.«

»Wer denn dann?« fragte ich.

»Der letzte Hinterbliebene, mein Vater oder ich.«

»Die arme Clare«, sagte ich.

»Die arme Clare«, nickte sie. »Für sie ist es hier überall wie in Wales. Die Sache hat nur einen Haken, wenn sie nämlich in Wales ist, dann weint sie sich die Augen aus, weil sie unbedingt weg will. Sie sagt, es regnet Kohlenstaub, wo wir wohnen. Weiß Gott, wieso sie findet, daß es hier so ähnlich aussieht, ich weiß es jedenfalls nicht. Soviel schönes, weiches Grün.« Sie bückte sich nach einem dicken Moospolster und zupfte ein Büschel ab, das sie sich wie ein Stück kostbaren Stoff gegen die Wange legte.

»Ich hätte selbst nichts dagegen, hier zu leben«, sagte sie. Wir kamen jetzt in das ebene Flußtal. Die Strömung war stärker, als es die sanfte Landschaft vermuten ließ. Das Wasser floß wirbelnd zwischen den bewaldeten Ufern dahin.

»In Amerika?« fragte ich.

»Genau hier. An dieser Stelle.« Sie trat ein Stück Gras los, als ob sie einen Claim abstecken wollte. »Nicht zu weit vom nächsten Ort entfernt und noch nicht einmal sonderlich weit von New York, obwohl wir ewig lange bis hierher gebraucht haben. Am Wochenende könnte ich ordentlich die Sau rauslassen und in der Woche gemütlich hier leben.«

»Manchmal hörst du dich nicht gerade wie eine Predigertochter an.«

Sie setzte sich und schien den Fluß genau zu betrachten. Mit den Augen folgte sie einer Strömung hinüber auf die andere Seite, die schließlich hinter einer Biegung verschwand. »Das geht dich gar nichts an«, flüsterte sie. »Manchmal siehst du auch nicht gerade wie der typische Kreuzträger aus, Freundchen. Du guckst mir doch andauernd auf die Brust, genau wie Herbie, der hinterhältige Lump. Immer wenn ihr meint, es merkt keiner.«

»Bilde dir bloß nichts ein«, sagte ich gelassen. »Wenn wir dich angucken, Kindchen, dann höchstens, weil du auf deiner Zither danebengegriffen hast oder weil dir was aus der Nase hängt.«

»Du gemeiner Hund«, fauchte sie. »Ich weiß ganz genau, wieso ihr mich anglotzt. Sonst könntet ihr ja genausogut meine Mutter ins Visier nehmen. Sie spielt andauernd falsch, und ihr hängt auch ständig was aus der Nase. Aber die glotzt ihr nicht an, oder?«

»Wir gehen wohl lieber wieder zurück«, meinte ich. »Zum Streiten bin ich nicht hergekommen.«

Sofort beruhigte sie sich wieder. »Ich auch nicht«, sagte sie achselzuckend. »Jedenfalls nicht mit dir.« Ich stand auf, aber sie blieb im Gras sitzen und sah zu mir hoch. »Möchtest du mal einen Blick riskieren?« fragte sie ruhig. »Auf meine Dinger? Wenn du willst, zeig' ich sie dir.« Sie klang wie ein Kind, das ein eifersüchtig gehütetes Spielzeug teilen wollte.

»Nein«, antwortete ich, nahm ihre Hand und half ihr auf die Beine. »Mit so was wollen wir gar nicht erst anfangen.«

Sie griff sich an den Blusenausschnitt und machte sich am obersten Knopf zu schaffen, bis der Anfang ihres tiefen Brusttales zu sehen war. Die Ansätze der jungen Puddingbrüste quollen fingerbreit heraus.

»Willst du sie wirklich nicht sehen?« fragte sie ernsthaft. Die Kluft zwischen uns schien eintausend Jahre zu betragen.

»Nein, Ambrosia«, sagte ich. »Wirklich nicht. Aber trotzdem, vielen Dank.«

Sie machte sich die Bluse wieder zu, und wir traten gleichmütig den Rückweg an. Man hätte meinen können, sie hätte mir lediglich angeboten, mir ein paar Familienfotos anzusehen. Als wir fast oben waren und schon »Jesus lebt« und »Jesus liebt« auf der Straße sehen konnten, sagte sie: »Ich glaube, sie hätten dir gefallen.«

»Ganz bestimmt«, antwortete ich. Um ein Haar hätte ich hinzugefügt: »Ich kenne sie schon.«

Nach diesem wunderschönen Tag kam am Abend am Fluß ein neuartiges Gefühl wohliger Zufriedenheit über unsere kleine Schar. Ambrosia bereitete Fisch und Fritten auf dem Kocher in »Jesus liebt« zu und brachte uns das Essen ans Lagerfeuer heraus. Wir saßen unter dem Sternenhimmel, langten tüchtig zu, tranken jeder ein genehmigtes Gläschen Apfelwein und ließen uns vom Feuer warm über das Gesicht streicheln und vom Nachtwind den Rücken kraulen. Einen solchen Seelenfrieden, ein solches Wohlbehagen hatte ich seit Jahren nicht mehr gekannt, zuletzt vielleicht als Kind. Plötzlich herrschte zwischen uns eine besondere Art der Freundschaft, der Kameradschaft, ja sogar, Gott helfe uns, das Gefühl, gemeinsam für eine gute Sache zu streiten. Wir redeten und erzählten aus unserem Leben, dachten uns Geschichten aus, sangen und sagten Gedichte auf, führten Zaubertricks vor, tanzten und amüsierten uns prächtig.

Properjohn sah im Feuerschein wie ein liebenswerter alter Opa aus, und die fehlende Kinnlade der armen Clare war vergessen. Sie tanzte eine flotte Polka mit Herbie, der sich im Laufe seiner Schauspielerkarriere wahrhaftig einige ausgefallene Fachkenntnisse angeeignet hatte. Winston gab mit kohlschwarz glänzendem Gesicht lustige Anekdoten über die Madison Avenue, Indianapolis und einen Ort namens Reddish Knob zum besten, der offenbar ganz in der Nähe lag. Herbie mußte von allen Seiten Sticheleien einstecken. Wir forderten ihn auf, sich den Bart abzunehmen, weil wir sehen wollten, ob sich dahinter ein Mensch verbarg. Ambrosia, die uns mit fettigem Gesicht bediente, ließ zwischendurch witzige Bemerkungen fallen wie eine mittelalterliche Küchenmagd, und ich sang drei Rugbylieder. Jedesmal gelang es mir in letzter Sekunde, die anzüglichen Ausdrücke durch harmlose auszutauschen.

Reverend Hatt, der sich unser Herumgealbere wie ein gutmütiger Pfadfinderleiter mit angesehen hatte, stand plötzlich auf und gab ein paar Parodien zum besten. Unter anderem imitierte er Grace Kelly, Carmen Miranda und Eartha Kitt, wofür er stürmischen Beifall erntete und sich von Herbie, Winston und mir ein verdutztes Stirnrunzeln einhandelte. Jeder kam auf seine Kosten. An dem Abend am Fluß fanden wir Frieden. Ich glaube, jeder von uns hätte alles für den anderen getan.

Winston lehnte sogar den Joint ab, den Herbie ihm freundlich anbot. Er meinte, er wäre auf Peter Stuyvesant umgestiegen.

Während des bunten Treibens am Feuer hatte Properjohn eine Zigarette nach der anderen gequalmt und die Kippen vor sich ausgedrückt. Er hockte, natürlich ganz in Schwarz, wie ein Geier nach Feierabend im Schneidersitz auf dem Boden. Plötzlich erhob er sich mit steifen Knien von seinem Ehrenplatz, schob den Kippenhaufen mit dem Fuß beiseite und baute sich, als wäre sein großer Augenblick endlich gekommen, mit geschwellter Brust vor uns auf.

»Clare«, kommandierte er, »Ambrosia. Die Instrumente.«

Mutter und Tochter standen folgsam auf und holten Klaviaturzither und Mundharmonika aus »Jesus liebt«. Jede von ihnen durfte, nachdem sie von Properjohn wie von einem altertümlichen Varietéconférencier angekündigt worden war, eine Melodie vortragen. Als die arme Clare mitten im »Londonderry Air« den Melodiefaden verlor und versuchte, ihn durch hektisches Kauen auf der Mundharmonika wiederzufinden, half er ihr mit lautem Brummen und schwungvollem Dirigentengefuchtel auf den rechten Weg zurück. Den dankbaren, liebevollen Blick, mit dem sie ihn über den kleinen Blechhorizont ihres Instruments ansah, als sie die Melodie wieder im Griff hatte, werde ich nie vergessen.

Danach spielte eine engelhafte Ambrosia im rosigen Licht eine alte, walisische Volksweise. Während sie sacht die Saiten der Zither zupfte, hielt sie das Gesicht mit einem glückseligen Lächeln nach oben gedreht, als ob sie hoffte, einen Nachtvogel über sich hinweggleiten zu sehen. Sie konnte tatsächlich ausgezeichnet spielen, wenn sie nur wollte. Perlend schwebten die Noten über den versonnen plätschernden Fluß und die dunklen Wiesen hinaus. Irgendwo fing ein Hofhund melancholisch zu heulen an, was die sanfte Wildheit des Liedes noch zu unterstreichen schien und das leise Lächeln des Mädchens, das ganz in sich versunken war, vertiefte.

Am Ende bedankte sie sich mit einem gespielt schüchternen Knicks für unseren Applaus. Sie trug einen langen grünen Rock und eine lockere Rüschenbluse. Wenn ich sie so ansah, konnte ich kaum glauben, daß dieses in sich selbst ruhende Mädchen dasselbe sein sollte, das mich erst vor kurzem so provoziert hatte.

Ihr Vater verbeugte sich vor ihr, und dann betrat er die Bühne im Feuerkreis. Er brauchte Frau und Tochter gar nicht erst um musikalische Begleitung zu bitten, denn die beiden stimmten ungefragt »Moon River« an, in das Properjohn nach ein paar Takten einfiel. Schmachtend trug er das zuckersüße Lied vor, mit geschlossenen Augen, mit zuckender Nase, mit weit ausgebreiteten Händen, wie der schmalzigste Schnulzensänger, der je im Rampenlicht gestanden hat. Wir staunten nicht schlecht. Nachdem er das Lied mit einem angemessen traurigen Schlenker beendet hatte, winkte er der armen Clare und Ambrosia wie Frank Sinatra mit dem Zeigefinger, woraufhin diese eine außerordentlich zähe Version von »Get your Kicks on Route Sixty-Six« zum besten gaben. Breitbeinig und mit weit von sich gestreckten, zitternden Händen ruckte und zuckte er vor den Flammen wie ein dunkler Teufel hin und her, bis ihm die klebrigen Haare ins Gesicht hingen. Als er fertig war, mußten wir laut klatschen, um unsere Verlegenheit zu kaschieren. Winston rief ihm tapfer zu: »Hej, Rocker, wir sind hier aber auf der Route Eighty-One, nicht auf der Sixty-Six.« Woraufhin Properjohn mit aufgesetzter Spontaneität noch einmal kurz mit den Hüften wackelte und improvisierte: »Get your fun on Route Eighty-One!«

Wir alle gaben vor, von seinem Einfallsreichtum tief beeindruckt zu sein, was sich allerdings als böser Fehler erwies, weil er sich dadurch nur noch mehr ermutigt fühlte. Er kippte rasch ein Glas Apfelwein, sein erstes, und rief: »Die Löffel! Die Löffel!«

Wie die Assistentin eines Zauberkünstlers holte die arme Clare hurtig zwei Eßlöffel hervor, die sie irgendwo am Körper getragen haben mußte. Ihr Mann begrüßte sie wie zwei alte Freunde und ließ sie ein paarmal gekonnt am Arm hinauf- und am Bein hinunterklappern, bevor er vor dem Feuer in die Hocke ging wie ein Karatekämpfer vor dem entscheidenden Sprung. Ambrosia und die arme Clare gaben ihm einen Akkord vor, und dann gab es für ihn kein Halten mehr. Mit aberwitzigem Tempo löffelte er an Armen und Beinen hinauf und hinunter, trommelte sich auf die Schuhsohle und schlug sich sogar gegen die Stirn. An der Virtuosität der Darbietung konnte es keinen Zweifel geben, und Properjohn steigerte sich wie im Rausch in seinen Auftritt hinein, bis ihm der Schweiß über das Gesicht lief und in seinen Augen fast ein Schimmer der Besessenheit glomm. Als er geendet hatte, machte sich entgeistertes Schweigen breit, dann brach donnernder Applaus los, falls man das überwältigte Klatschen von sechs Menschen so bezeichnen kann. Properjohn tänzelte vor dem Feuer herum, schwitzend verbeugte er sich und breitete die Hände aus, dankbar zeigte er auf die arme Clare und Ambrosia, sein Hintergrundorchester, als ob er seinen Triumph in der Carnegie Hall und nicht am Ufer des Shenandoah River errungen hätte.

Erst dann liefen die Dinge auf groteske Weise aus dem Ruder. Ich wollte Winston nach vorne schieben, damit er ein Negerspiritual oder sonst etwas zum besten gab, um Properjohn zum Abtreten zu bringen, aber Winston zögerte zu lange, und bevor er etwas unternehmen konnte, bot der irre Waliser schon die nächste Nummer dar. Diesmal versuchte er sich an einem jämmerlichen Al-Jolson-Akt, und Ambrosia mußte sich auf den Schoß ihres Vaters setzen und Sonny Boy mimen. Nachdem er sich durch das verträumte Lied geschmachtet hatte, begann er ein erschreckend ernstes Selbstgespräch über Ambrosia, sein kleines Mädchen, das er so lieb hatte, das er nach der Speise der Götter benannt hatte, das gut und brav war, das seinen Vater und, bis zu einem gewissen Grad, auch seine Mutter liebte und ehrte.

Starr vor Verlegenheit hörten wir ihm zu, und das Mädchen, dessen Gesicht mittlerweile so rot war wie ein Nikolausapfel, mußte auf dem Schoß des Vaters ausharren, während er sinnierte: »Weißt du noch, Ambrosia? Als du ein kleines Mädchen warst, habe ich dir immer Gutenachtgeschichten erzählt. Manchmal bis Mitternacht. Wie gemütlich es war. Du in der Besucherritze zwischen deiner Mama und mir. Und wie wir auf den Kohlenhalden spazierengegangen sind und uns die Grubenponys angesehen haben, die auf der Weise verschnaufen durften. Und was wir alles gespielt haben, Kind. Ach, was für schöne Spiele...«

In diesem Augenblick spürte ich, daß etwas passieren würde. Seine Augen leuchteten erinnerungsselig, er war erhitzt von seinem Herumgehopse und noch aufgewühlt von seiner wilden Löffelei. Nun gingen seine Gefühle offenbar völlig mit ihm durch. Mit spitzem Gesicht versuchte Ambrosia ihrem Vater von den Knien zu rutschen, aber er hielt sie mit seinen großen Pranken fest und sagte: »Erinnerst du dich nicht mehr an die Spiele? Ach, was hatten wir damals für einen Spaß!«

»Nein!« japste sie ängstlich. »Nein. Nein, das darfst du nicht. Das kannst du nicht machen.«

»Stell dich nicht so an«, fuhr er wie besessen fort. »Dieses Kunststück kennst du bestimmt noch. Als du noch ein kleines Mädchen warst...«

Im nächsten Moment hatte er ihr die Arme um die Hüften geschlungen, riß sie hoch und wirbelte sie durch die Luft, wieder und wieder im Kreis herum. Er strahlte vor Vergnügen. Jedesmal, wenn das Gesicht des Mädchens an uns vorbeiflog, konnten wir sehen, daß sie vor Angst wie gelähmt war. Sie wußte, was ihr als nächstes bevorstand.

Er packte sie energisch unter den Armen und stellte sie mit einer komplizierten, aber geschickten Bewegung auf den Kopf. Gröhlend vor Lachen hielt er sie an den Fußgelenken fest, wie es vielleicht ein Vater mit einem sehr kleinen Kind machen würde. Ihr langer Rock schlug herunter und fiel ihr über den Kopf, die weißen Beine waren bis hinauf zum rosa Schlüpferdreieck für jedermann zu sehen. Plötzlich kamen wir uns an unserem Feuer wie in einem Zigeunerlager vor. So wild und grotesk war der Anblick, daß wir nur wie die Ölgötzen dasitzen konnten.

Properjohn johlte wie ein Wahnsinniger. Unter dem Rock drangen Ambrosias erstickte Schreie hervor. Die arme Clare, die vor Schreck nicht ganz so gelähmt war wie wir, tutete halb klagend, halb protestierend wie eine Spielzeuglokomotive vor sich hin.

Der hünenhafte Mann stand im Feuerschein, lachte wie ein Betrunkener und hielt die molligen, weißen Beine an den Knöcheln fest. Sie zuckten, als das Mädchen sich losreißen wollte. Nun fing Properjohn wieder an, sich zu drehen, langsam zunächst, dann immer schneller, bis die arme Ambrosia im hohen Bogen durch die Luft wirbelte. Ihre Schreie schwollen an und ab, je nachdem wie weit sie auf ihrer Flugbahn von uns entfernt war. Properjohn juchzte »jippiiiiii!« durch die zusammengebissenen Zähne.

»Aufpassen! Das Feuer!« Mehr fiel mir in meiner Ratlosigkeit nicht ein, und vom Boden kam ich auch nicht hoch.

Wie ein Karussell nach beendeter Fahrt wurde er immer langsamer, bis er schließlich ganz stehenblieb. Ambrosia hing immer noch kopfüber vor ihm herunter. Er hatte wirklich Bärenkräfte. Vorsichtig ließ er sie auf die Erde gleiten, wo sie wie ein schluchzendes Häufchen Elend liegenblieb. Ihr rosa Hinterteil ragte wie der Höcker eines kleinen Kamels in die Höhe, und ihr Kopf lugte gerade unter dem Rocksaum hervor. Wir standen alle auf, ganz langsam, als wollten wir damit die Vorstellung für beendet erklären, während Properjohn strahlend wie ein Honigkuchenpferd dastand, als hätte er eine Meisterleistung vollbracht. Wegen des ausbleibenden Beifalls und des nicht enden wollenden Schluchzens seiner Tochter merkte er schließlich doch noch, daß etwas nicht stimmte. Er kniete sich neben Ambrosia und hob ihr behutsam den Rock vom Gesicht. Sie hatte einen knallroten Kopf, wahrscheinlich nicht nur vor Verlegenheit, sondern auch vor Anstrengung. Dicke Tränen kullerten ihr über die nassen Wangen zum Mund.

»Ambrosia«, jammerte Properjohn. »Ach, Ambrosia, mein Schatz, was hast du denn? Was ist denn los?«

»Du...« brach es aus ihr heraus, aber sie beendete den Satz nicht. Sie vergaß nie, daß sie Angst vor ihm hatte.

»Es war doch nur Spaß«, tröstete Properjohn. »Nur ein Spiel. So wie früher.« Er legte ihr die Hand auf die Schulter, woraufhin sie, wie von einem elektrischen Schlag getroffen, aufsprang, noch etwas Unverständliches schluchzte und wie ein rasendes Nachtgespenst davonrannte.

»Sie will zum Fluß«, rief Winston und sprang los.

»Der Fluß! Der Fluß!« kreischte die arme Clare.

»Der Fluß?« fragte Properjohn, als ob er sich nichts darunter vorstellen könnte. Aber ich war der einzige, der ihn noch hörte, und auch ich hetzte bereits hinter Winston her. Herbie hatte sich wie eine Dampfwalze an die Spitze gesetzt, Hattie trippelte quietschend hinter ihm her, und die arme Clare wedelte im Laufen mit den Armen wie ein vorsintflutliches Fluggerät vor dem Start. Noch bevor ich sie eingeholt hatte, tasteten sie sich bereits etwas langsamer am dunklen Flußufer entlang und gurrten vorsichtig: »Ambrosia, Ambrosia.«

Ich fand sie in einer kleinen Bucht, an der die anderen vorbeigegangen waren. Sie lag im seichten Wasser platt auf dem Bauch, trat wütend um sich und knirschte mit den Zähnen.

»Ertrinken kannst du da nicht«, sagte ich und kniete mich ans Ufer.

»Ich weiß«, knurrte sie. »Darum bin ich schließlich hier reingesprungen. Was dachtest du denn? Ich bin doch nicht bescheuert.«

Sie sah zu mir hoch. Sie lag gut einen Meter unter mir im schlammigen Wasser und gab ein jämmerliches Bild ab. »Bist du allein?«

»Die anderen suchen dich weiter flußabwärts«, sagte ich.

»Dieser Mistkerl«, seufzte sie. »Eines Tages bringe ich ihn um. Haben meine Beine furchtbar ausgesehen? Als ich auf dem Kopf stand?«

»Nein«, antwortete ich ehrlich. »Ich fand sie gar nicht übel.«

»Nicht zu dick?«

»Nein. Ich fand sie gerade richtig.«

»Gott sei Dank, daß ich eine saubere Unterhose anhatte«, fuhr sie fort.

»Die sah auch nicht übel aus«, sagte ich. Sie trat sich gegen den Knöchel. »Ist es nicht kalt da unten?« fragte ich.

»Arschkalt«, bestätigte sie. »Aber das Schwein soll denken, daß ich ertrunken bin.«

»Dann zieht er eben bei der Beerdigung eine große Show ab«, meinte ich.

»Zuzutrauen wär's ihm«, gab sie zu. Sie drehte den Kopf ein wenig zur Seite und sah aus dem strudelnden Schlamm zu mir hoch. »Hör mal, Willy«, sagte sie. »Tust du mir einen Gefallen? Komm zu mir ins Wasser, damit du naß wirst, und dann klettern wir wieder ans Ufer und du kannst so tun, als ob du mich gerettet hättest.«

»Wozu?« fragte ich.

»Der Mistkerl soll sehen, wie ich reglos am Ufer liege und du Mund-zu-Mund-Beatmung bei mir machst. Er soll denken, ich hätte tatsächlich ins Gras gebissen. Den Schrecken hat er wirklich verdient.«

»Einverstanden.« Während ich mich über die lehmige Böschung hinunterließ, kam mir der Gedanke, daß ich zum Glück mein Gewand nicht anhatte. Es ist schon komisch, wie man sich an manche Dinge gewöhnt.

Erst als ich bis zu den Knöcheln im Wasser stand, merkte ich, worauf ich mich eingelassen hatte. Es war eisig, es schwappte mir gurgelnd in die braunen Halbschuhe. Dann kniete ich mich hin, und es stieg mir kühl an den Beinen hoch.

»Du mußt dich richtig reinlegen«, drängte sie. »Los, mach schon.«

»Teufel, ist das kalt!« stöhnte ich.

»Wem sagst du das?« Sie zitterte. Plötzlich richtete sie sich halb auf und riß mir mit erstaunlicher Kraft die Beine weg, so daß ich auf den Bauch fiel. Ich schluckte einen Schrei herunter und schlug hilflos in dem fünfzehn Zentimeter tiefen Wasser um mich. »Komm wieder raus. Schnell. Bitte.« Ich schüttelte mich. Daraufhin packte sie mich am Hals und zwang mir einen nassen, brutalen Kuß auf. Ihr großer, nasser Busen schwappte mir entgegen, und sie strampelte mit den Beinen wie eine Halt suchende Krake. Ich stieß sie weg und keuchte: »Sie kommen zurück.«

Bevor wir endlich wieder festen Boden unter den Füßen

hatten, rutschten wir noch zweimal von der glitschigen Böschung ab und landeten wieder im Fluß. Erst beim dritten Versuch schaffte ich es, sie hinter mir hochzuziehen.

Zitternd lagen wir am Ufer und ich beugte mich über sie und begann mit der Mund-zu-Mund-Beatmung. Wie eine Schlafende öffnete sie die Lippen, doch dann steckte sie mir unverfroren die Zunge in den Mund. Ich zuckte zurück. »Untersteh dich«, sagte ich drohend. »Sonst überlasse ich dich deinem Schicksal. Da kommen sie.«

»Entschuldige, Willy«, flüsterte sie. Sie machte die Augen zu und wurde schlaff wie eine Gummipuppe. Schon tauchten die anderen auf, sogar die arme Clare war dabei, die sich furchtbar abgestrampelt haben mußte, um mit Herbie Schritt zu halten.

»Sie ist tot!« heulte Properjohn und fiel neben Ambrosia auf die schwarzen Knie. »Ich wußte es, sie ist tot!« Sein Gesicht, seine Stimme, seine gefalteten Hände, alles hob sich gen Himmel, und er begann lauthals für die Seele der armen Verblichenen zu beten.

»Nicht doch, John, nicht doch«, flehte die arme Clare. »Immer mit der Ruhe. Vielleicht ist sie ja gar nicht tot.«

»Ist sie auch nicht«, sagte ich, den nassen Mund von den schlabberigen Lippen des Mädchens lösend. »Ich tue mein Möglichstes. Ich glaube, ich kann sie retten.«

Herbie packte mich bei den Schultern und riß mich mit kräftiger Hand zurück. »Laß mich mal ran«, sagte er. »Du bist hier schließlich nicht beim Luftballonaufblasen. Wenn du so weitermachst, fliegt sie uns noch weg. Ich zeig's dir.« Mit stierem Blick scheuchte er mich weg und kniete sich an meiner Stelle neben Ambrosia auf die Erde. Dann drückte der Saukerl ihr mit den Händen ein paarmal auf die Brust, bevor er ihr seinen haarigen Mund aufdrückte. Winston zappelte um ihn herum und ließ durchblicken, daß er auch mal ranwollte, aber Herbies rauhe Behandlung veranlaßte das Opfer rasch, die Augen wieder aufzuschlagen.

»Na, also«, sagte Herbie und blies ihr noch eine letzte Luftration ein. »Das war's. Ich glaube, sie ist über den Berg.«

Ambrosia warf ihm einen finsteren Blick zu. Was sie damit ausdrücken wollte, ließ sich mühelos an ihrer trotzigen Kopfhaltung ablesen. Aber dann brach sie zusammen und stöhnte: »Ich will tot sein... tot... für immer.«

»Zeitlich begrenzt geht es schließlich kaum«, knurrte Winston. Er war enttäuscht, weil er nicht mehr an die Reihe gekommen war. Als Reverend Hatt, der nur wenige Meter entfernt ergänzende Stoßgebete vor sich hingemurmelt hatte, sah, daß Ambrosia sich aufsetzte, fiel er überwältigt auf die Knie und sagte Dank für die rasche Hilfe. Vor diesem Hintergrund stieß Properjohn ein heulendes Reuegeschrei aus und warf sich über seine von den Toten wieder auferstandene Tochter. Auch die arme Clare stürzte sich unter wildem Flügelschlagen so heftig auf sie, daß Herbie Ambrosia vor ihren Eltern retten mußte. »Sie braucht Luft! Sie braucht Luft!« brüllte er. Die Properjohns gehorchten, nahmen das arme Mädchen in die Mitte und schleppten es unter nicht versiegen wollenden Tränenströmen, Danksagungen und Freudenrufen zum Lager zurück. Wir folgten der Prozession. Ein scharfer Wind pfiff mir durch die nasse Hose. Ambrosia hing mit gesenktem Kopf zwischen Properjohn und der armen Clare. Sie kam mir vor wie eine Gefangene.

»Du hast sie nicht aus dem Fluß geholt«, sagte Herbie plötzlich, als wir längst im Bett lagen. Ich stemmte mich hoch und deutete warnend auf Reverend Hatt, der in der Koje unter mir lag. Es gab gerade soviel Licht, daß Herbie mich sehen konnte.

»Der schläft«, sagte Herbie, aber immerhin flüsterte er jetzt. »Hat sein Nachtgebet gesprochen und war weg.« Er wartete einen Augenblick, dann wiederholte er seinen Vorwurf: »Du hast sie nicht rausgeholt.«

»Doch«, antwortete ich wahrheitsgemäß.

»Na schön. Dann hast du sie also rausgefischt. Aber wie tief war sie drin? Das hätte ich gern gewußt, du Held.«

»Wie tief? Was meinst du damit? Sie war mitten im Fluß. Sie trieb schon ab. Wenn ich sie nicht gepackt hätte, wäre sie mittlerweile schon fast bis ins Meer abgetrieben worden.«

»Quatsch«, sagte er leise. »Quatsch mit Soße. Hör mal, Mann, auf dem Rücken war dein Hemd noch nicht mal naß.«

»Es trocknet schnell.«

»Und die Kleine war genausowenig bewußtlos wie ich. Bei den Dreharbeiten zu *Sex im Swimmingpool* wäre uns eine Kollegin um ein Haar wirklich abgesoffen. Ihr Partner war so in seine Arbeit vertieft, daß er nicht mehr daran dachte, daß sie dabei den Kopf unter Wasser hatte. Es stand auf Messers Schneide. Als wir sie rausgefischt hatten, sah sie ein bißchen anders aus als unsere Ambrosia. Und dann will ich dir noch was sagen. Eine halb ertrunkene Frau steckt einem nie und nimmer die Zunge in den Mund, wenn man sie beatmet.«

»Sag bloß, das hat sie gemacht«, meldete sich Winston verschlafen aus der Koje unter Herbie zu Wort.

»Und ob.«

»Meine Herren«, seufzte Winston. »Wieso kommen wir Schwarzen eigentlich immer zu kurz?«

»Sie wollte nur ihrem Vater einen Schrecken einjagen«, sagte ich achselzuckend. »Und das kann man ihr ja wohl nicht verübeln, oder?«

Ich hörte im Dunkeln, wie Herbie den Kopf schüttelte. »Nein, das kann man nicht«, stimmte er mir zu. »Wirklich nicht.«

»Der Mann ist total verrückt«, sagte ich. »Versteht ihr das, wie sich ein Mensch, der am Nachmittag eine so tolle Veranstaltung wie die in Harrisonburg über die Bühne bringt, am selben Abend etwas so Gemeines leisten kann? Das kapier' ich einfach nicht.«

»Ist schon komisch«, sagte Herbie. »Ich schätze, er macht eben immer nur das, was ihm gerade in den Kopf kommt.«

»Stimmt genau«, pflichtete Winston ihm aus der unteren Koje bei. »Der Mann läßt sich einfach treiben, je nachdem, aus welcher Ecke der Wind weht. Und dazu benutzt er alles, was ihm gerade in die Finger kommt, ob es nun seine ihn liebende Tochter ist oder eine Predigt, die Erzbischof Todd letzten Monat vor zehntausend Leuten in Dallas gehalten hat.«

Wir ließen uns diese Enthüllung einen Augenblick durch den Kopf gehen. Schließlich fragte ich: »Dann war die Predigt gar nicht auf seinem Mist gewachsen?«

»Ach, ihr dürft mich nicht mißverstehen. Wie er sie an den Mann gebracht hat, das war Properjohn, wie er leibt und lebt. Ich glaube kaum, daß Erzbischof Todd sie wiedererkannt hätte. Aber Properjohn hat sie aus dem *Time Magazine* vom vierzehnten Oktober. Das weiß ich, weil ich sie ihm gezeigt habe. Angeblich soll sie eine der ganz großen Predigten des Jahrhunderts sein.«

»Und Properjohn hat sie geklaut«, staunte ich.

»Genau, er hat sie abgekupfert«, antwortete Winston. »Ich habe sie ihm gezeigt, weil er nicht wußte, was er den Leuten hier drüben erzählen sollte. Er brauchte Hilfe. Ich dachte mir, er könnte vielleicht die eine oder andere Idee daraus verwerten. Statt dessen hat er die ganze Predigt verwurstet. Wir haben da wirklich einen ganz schönen Schlawiner am Hals.«

»Liest denn in Harrisonburg kein Mensch das *Time Magazine*?« fragte Herbie.

»Doch, bestimmt«, antwortete Winston. »Aber ich glaube, sie war wirklich kaum wiederzuerkennen. Er hat sie richtig schön aufgepeppt. Ich habe es selbst erst gemerkt, als er schon halb durch war.«

»Ich auch«, meldete sich Reverend Hatt hellwach unter mir zu Wort. »Die Predigt stammt übrigens aus *Newsweek*, nicht aus dem *Time Magazine*. Und es war die Ausgabe vom achtzehnten Oktober, mein Freund.«

9

Es gab Zeiten, da kam ich mir, ehrlich gesagt, wie der einzige zurechnungsfähige Mensch auf dem ganzen Kreuzzug vor. Ambrosia hüllte sich nach der Nacht der Abenteuer am Shenandoah River in schmollendes Schweigen, das sie nur gelegentlich mit einem Knurren brach. Ihre Mutter erkannte auch weiterhin in allem und jedem Wales wieder, in Bergen, Tälern, Kirchen, Städten, sie weinte vor Heimweh und spielte Melodiefetzen von heimatlichen Volksliedern auf der Mundharmonika. Als wir einmal an einem adretten, weißen Kirchlein vorbeikamen – adrett und weiß waren sie übrigens alle, und sie hatten alle das gleiche schnuckelige Türmchen, als wären sie aus demselben Bausatz zusammengebastelt worden – die den Namen »Cardiff Baptist Church« trug, wurde sie derartig vom Kummer übermannt, daß Herbie, der an diesem Tag »Jesus liebt« fuhr, anhalten mußte, damit sie emotional wieder eingerenkt werden konnte. Sie steigerte sich so verbissen in ihren Heimwehschmerz hinein, daß für sie schließlich sogar eine nach Ketchup stinkende Hamburgerbude wie ein heimatliches Fischrestaurant duftete.

Reverend Hatt war wenigstens auf eine unaufdringlichere Weise verrückt. Entlang der Route sammelte er Friedhöfe und Krematorien, die er aufsuchte, wenn es sich irgendwie einrichten ließ. Er klapperte, ein munteres Liedchen pfeifend, die ländlichen Verbrennungsöfen ab und plapperte traurige Verse und Grabinschriften vor sich hin. Manche schrieb er sich in ein Notizbuch ab. In Troutville konnte er sich vor Begeisterung kaum halten, als er neben einem Unfallwagengebirge einen malerischen Gottesacker entdeckte, der fast wie eine Reklame für den Schrottplatz wirkte.

Bei Properjohn kamen die Ausbrüche von Wahnsinn immer noch schubweise wie bei einem Vulkan. Mit seinen weltlichen Gesängen auf der Straße und mit seinen phänomenalen Patzern fügte er den Beziehungen zwischen Großbritannien und einem Dutzend ehrbarer amerikanischer Kleinstädte nicht wiedergutzumachenden Schaden zu. In Staunton, einer unverbildeten kleinen Ortschaft an einer Flußschlaufe, hielt er vor dem Stonewall Jackson Hotel eine Rede, in der er zur großen Verwunderung der Bevölkerung den amerikanischen Präsidenten Woodrow Wilson, der dort geboren worden war, mit dem britischen Premierminister Harold Wilson verwechselte, von dem die meisten Leute noch nie etwas gehört hatten. In Lexington zog er aus heiterem Himmel im Fernsehen über die Gewerkschaften her. Es gab wohl kaum einen Menschen, der so leicht einen Tumult vom Zaun brechen oder alles um sich herum zum Schweigen bringen konnte.

Ungefähr zur gleichen Zeit drehten auch Winston und Herbie durch. Das kann jeder bestätigen, der in der Kneipe in Bristol, an der Grenze zwischen Virginia und Tennessee, die Auseinandersetzung um die alte Fregatte mit angesehen hat. An dem Abend setzten sie alles aufs Spiel.

Ich selbst fand mich immer besser in die Rolle des Jesus hinein. Bei jedem triumphalen Einzug setzte ich eines meiner vier perfekt einstudierten Gesichter auf, immer leicht variiert, je nachdem, auf welcher Seite des Balsaholzes ich den Kopf hatte und auf welchem Gehsteig die meisten Einwohner der Stadt standen. Waren sie gleichmäßig verteilt, schritt ich abwechselnd hundert Meter mit dem Kreuz auf der rechten Schulter und der Leidensmiene nach links und die nächsten hundert Meter mit dem Kreuz auf der linken Schulter und der Leidensmiene nach rechts. Meine Halbschuhe sahen nach dem Bad im Shenandoah River erfreulich mitgenommen aus, und das staubige Gewand schlabberte mir überzeugend um den Körper. Mit jedem Tag sah ich mehr wie Jesus aus.

Während ich auf einer kurzen, nächtlichen Wanderung in der Nähe von Ronoake gerade an ein paar neuen Gesichtsausdrücken herumfeilte, ereignete sich der Unfall mit dem Kreuz. Ronoake, ein von Hügeln umgebenes Zentrum der Sanitär- und Klempnereibedarfsindustrie, ist für den großen, leuchtenden Stern berühmt, der auf einer der Anhöhen steht. Properjohn war natürlich überzeugt, daß man ihn nur uns zu Ehren aufgestellt hatte. Deshalb machte er auch auf der Versammlung und der anschließenden Pressekonferenz viel Wirbel darum, bis ihn ein Zeitungsreporter behutsam darauf hinwies, daß der Stern eine feste Einrichtung war und immer dann leuchtete, wenn in der Gegend niemand im Straßenverkehr ums Leben gekommen war. Ausgeschaltet wurde er nur, wenn es Opfer zu beklagen gab. An dem bewußten

Abend hätten wir der Stadt beinahe Stromkosten für eine ganze Woche erspart.

Wir waren auf Spähtrupp unterwegs, wie Properjohn diese Ausflüge zu nennen pflegte, obgleich es sich in diesem Fall eher um ein Nachhutgefecht handelte, da wir in der Stadt längst unsere Lieder gesungen, unsere Gebete aufgesagt und die Kollekte eingesammelt hatten. Ich freute mich immer über solche nächtlichen Abstecher, weil ich die Gelegenheit nutzen konnte, meine Kutte rasch auszuziehen, Herbie und Winston das Kreuz anzuvertrauen und mich mit schlechtem Gewissen in einen der Nachtclubs zu schleichen, in denen ich noch immer Nachforschungen über meine Frau anstellte. In Ronoake fand ich sie zwar nicht, aber im Tip-Tap-Club verriet mir ein Mädchen mit einer Boa-constrictor-Nummer immerhin, daß im vergangenen Jahr eine englische Tänzerin in einem Lokal in Bristol aufgetreten war. Wir kehrten um und trotteten, leise »She was Poor but She was Honest« vor uns hinsingend, über die dunkle, verlassene Straße.

Wir waren so mit uns selbst beschäftigt, daß wir nicht auf die Straße achteten, sondern erst wieder zu uns kamen, als zwei Scheinwerferkegel hinter einer unübersichtlichen Kurve hervorschossen und mich und mein Kreuz im weißen Licht festbannten. Der Wagen geriet ins Schleudern und kam auf unsere kleine Schar zugerast, der nichts Besseres einfiel, als mitten auf der Straße hinter dem Balsaholzkreuz in Deckung zu gehen. Zwanzig Meter, bevor es zu einem spektakulären Zusammenprall gekommen wäre, sprang der Wagen mit quietschenden Reifen von der Fahrbahn, als ob er sich vor uns erschreckt hätte. Er hechtete links von uns über die Böschung und rollte einen steilen Abhang hinunter, wobei er wie ein Bulldozer Büsche und kleine Bäume vor sich herschob. Fünfzig Meter tiefer hauchte er mit einem metallischen Krachen, einem Wimmern und einem langen, traurigen Zischen den Geist aus.

»Teufel auch«, sagte Herbie.

»Los, kommt«, rief ich und lief schon los.

In Amerika sind die Schuldkomplexe phänomenal. Statt

mir zu folgen, rannten Herbie und Winston, die mich völlig mißverstanden hatten, wie Flüchtlinge in die entgegengesetzte Richtung. Erst als ich wütend hinter ihnen herbrüllte, kamen sie nach kurzem Zögern zurückgeschlichen. Wie Touristen am Krater eines Vulkans starrten wir den zerpflügten Abhang hinunter. Mit dem Kreuz im Arm kletterte ich hinab. Als mir die Unsinnigkeit meines Tuns klar wurde, mußte ich erst wieder hinaufsteigen und es oben ablegen.

Stocksteif vor Bourbon und Schock saßen der Fahrer mit seinem marmorierten Schädel und seine Frau reglos in ihren Sitzen. Sie starrten durch die zersplitterte Windschutzscheibe, als ob sie jeden Augenblick damit rechneten, noch weiter in die Tiefe gerissen zu werden. Sie wußten, daß wir neben dem Wagen standen, aber sie sahen uns nicht an. Nachdem wir ein paarmal zaghaft ans Fenster geklopft hatten, ging Herbie, der gemeine Kerl, nach vorne, steckte sein Petrushaupt durch die zerborstene Scheibe, machte ein Kreuzzeichen und sagte: »Friede sei mit euch.«

»Sie sprechen Englisch«, murmelte der Mann seiner Frau zu.

Ich trat neben Herbie und sah zu ihnen hinein. Sie hatten große Angst vor mir. Dem Mann stand der graue Haarkranz rings um die Glatze zu Berge. Schließlich beugte sich die Frau, ein drahtiges Persönchen mit einer häßlichen Beule auf der Stirn, nach vorn.

»Er hat nur ein paar Gläschen getrunken«, begann sie, als ob sie ihm unbedingt eine weiße Weste bescheinigen müßte. »Nur ein paar Gläschen.«

»Alles in Ordnung mit Ihnen?« fragte ich.

Der Mann schien mit seinen Gedanken ganz woanders zu sein. »Wir haben nur ein bißchen gefeiert«, sagte er abwesend. »Normalerweise führe ich ein gottgefälliges Leben, das stimmt doch, Martha?«

»Das stimmt, Henry«, bestätigte Martha. »Ein wirklich gottgefälliges Leben.«

Sie wollten nicht, daß wir ihnen halfen oder jemanden verständigten. Sie sagten, sie würden lieber noch ein Weilchen sitzenbleiben und sich ausruhen. Als wir sie verließen, schauten sie noch immer versonnen durch die kaputte Windschutzscheibe. Oben nahmen wir das Kreuz wieder auf und gingen weiter.

»Schwester Anna«, sagte ich zu Herbie. »Sie übernehmen das Banner.« Im dunklen Hinterhof des Bristoler Nachtclubs übergab ich ihm das Kreuz.

»Vergiß nicht, daß ich eingeschriebener Jude bin«, meinte er.

»Na schön«, sagte ich. »Dann bist du eben Schwester Hannah. Halte es trotzdem mal eben fest. Ich muß das Maxikleid loswerden.«

»Ich hatte noch nie Angst, in einen Nachtclub zu gehen«, flüsterte Winston. »Aber jetzt habe ich wirklich die Hosen voll.«

Herbie meinte, Winston wäre wirklich ziemlich blaß um die Nase. Winston nickte kläglich. Seine großen Augen leuchteten weiß im Dunkeln. »Mir ist richtig schlecht«, gab er zu. »Ich habe mein Geld schon in ziemlich noblen Läden ausgegeben, aber noch nie hätte es mich einen Riesen kosten können, einfach nur den Kopf durch die Tür zu stecken.«

Ich hatte das Gewand ausgezogen, zusammengefaltet und in dem Geheimfach am Fuß des Kreuzes verstaut. Nun versuchte ich mir die Falten in Anzug und Hemd glattzustreichen. Herbie sagte zu Winston: »Paß auf, wir wissen alle, daß es uns eine Menge Kohle kosten kann, wenn wir entdeckt werden. Aber wir haben es einstimmig beschlossen. Entweder wir machen mal richtig einen drauf, oder wir bleiben zu Hause und leisten dem armen, alten Hattie bei seinen Selbstkasteiungen Gesellschaft.«

»Es kann nichts passieren«, sagte ich beruhigend. Ich hoffte bloß, daß ich recht hatte. »Wir sind doch gerade erst in die Stadt gekommen.«

Ich warf einen besorgten Blick auf das Kreuz, das zwischen ein paar Holzkisten und anderem Abfall an einer Mauer im Hof lehnte. Winston sagte: »Da steht es gut.«

»Wenn es nicht wieder geklaut wird«, sagte ich.

»Wir könnten es ja auch mitnehmen«, meinte Herbie gereizt. »Oder wir parken es am Straßenrand, wie ein Auto. Dafür handeln wir uns schlimmstenfalls ein Strafmandat ein.«

Er ließ uns stehen und ging hinaus auf die Straße, wo die Lichter des Lokals einladend blinkten. Wir folgten ihm. Aber ich machte mir immer noch Sorgen um das Kreuz. »Wenn es bloß nicht so unhandlich wäre«, sagte ich zu Winston.

»Stimmt«, antwortete er. »Dann hätte dein Vorgänger es auch leichter gehabt.«

Das Lokal wirkte nicht wie ein von Menschenhand errichtetes Gebäude, sondern eher wie eine zerklüftete, aus dem Felsen geschlagene Höhle. Kerzen blakten in düsteren Nischen, und eine Kapelle duckte sich in einen dunklen Winkel. Der Barkeeper huschte wie ein Gerücht hinter der langen Theke herum. Froh über die schummerige Beleuchtung, machten wir es uns bequem und genehmigten uns den ersten Drink der Woche. Winston zahlte.

Die etwa handtuchgroße Bühne wurde schwach von unten angestrahlt. Ich versuchte mir vorzustellen, wie Silvie darauf langsam ein Rad schlug. Der Platz hätte ihr gereicht. Zu Hause hatte sie es mir einmal um Mitternacht vorgeführt, in unserem kleinen Badezimmer. Und auf einer Party hatte sie einmal in einem Kleiderschrank einen Flickflack gemacht. Bei Platzmangel war sie besonders gut. Aber Amerika war ein sehr großes Land.

»Wo fängt denn Tennessee an?« fragte Herbie den Barkeeper.

»Gleich auf der anderen Straßenseite«, sagte der Mann. »Hier duftet es noch süß nach Virginia, da drüben mieft es schon nach Baumwollstaub.«

»Ist bei Ihnen vielleicht in letzter Zeit mal eine englische Tänzerin aufgetreten?« platzte ich heraus. »Klein, dunkler Typ. Tolle Figur?«

»Für mich haben die Bienen alle eine tolle Figur, Mister«, sagte der Barkeeper. »Man muß sich bloß erst dran gewöhnt haben.« Als er sich nach ein paar Gläsern bückte, legte er den

Kopf auf die Theke. Es sah aus, als ob er auf ein heruntersausendes Fallbeil wartete. »Eine Engländerin«, murmelte er in seine Ellbogenbeuge. »Eine Engländerin. Doch, na klar. Ich glaube, ich kann mich an eine erinnern.« Dann war er sich sicher. »Natürlich, wir hatten eine Engländerin hier. Tolle Möpse.«

Mein Lächeln gefror. »Sie war... nackt?« fragte ich. Winston sah mich forschend an, und daß Herbie dreckig grinste, entging mir trotz der trüben Beleuchtung nicht.

»Nackt?« wiederholte der Barkeeper. »Aber sicher doch. Nicht nur nackt, splitterfasernackt!« Ein Blick sagte ihm, daß er zu weit gegangen war. »Na ja, kann schon sein, daß sie ein paar Federn anhatte und die eine oder andere Perle. Perlen, ja genau. Sie hatte Perlen. Aber hauptsächlich waren es Schweißperlen.« Er lachte heiser. Dann fragte er besorgt: »Sie ist doch nicht etwa Ihre Schwester oder so?«

»So eine Schwester hätte wohl jeder gern«, sagte ich ausweichend.

»Seine Frau«, mischte Herbie sich brutal ein. »Sie ist seine Frau.«

»Tja, tja, tja«, sagte der Barkeeper. »Sie schicken Ihre Frau als Nackttänzerin auf die Bühne?«

»Nein«, gab ich gekränkt zurück. »Ich habe sie nicht losgeschickt. Sie ist von selbst gegangen. Ihr macht die Arbeit Spaß.« Ich zögerte. »Wie ging es ihr? Wie war sie?«

»Gut«, sagte er achselzuckend. »Ich glaube, sie war richtig toll. Aber wir hatten damals eine flaue Woche. Es hat an einem Stück geregnet, und es ließ sich kaum Kundschaft blikken. Schließlich mußten sich die Jungs aus der Küche vorne hinsetzen und applaudieren. Sie wollten sie sowieso sehen, und sonst hätte der Laden wie ausgestorben gewirkt. Genau wie damals, als wir den japanischen Komiker hatten. Hat man so was schon gehört? Einen japanischen Komiker. In Bristol. Sein Agent hat sich erschossen.«

Wir bestellten uns den nächsten Drink und gleich noch einen hinterher. Der Club füllte sich allmählich, und sogar die Musiker, die bis dahin einsam nebeneinander hergespielt hatten, verständigten sich schließlich doch noch auf eine gemeinsame Linie. Rechts von mir setzte sich ein paar Barhocker weiter eine Frau an die Theke. Ich konnte sie nur aus dem Augenwinkel sehen, doch Herbie drehte seinen Sitz ein Stück herum, damit er sie voll ins Visier nehmen konnte. Zunächst aber hatte er es auf mich abgesehen.

»Sag mal, Kumpel«, quatschte er mich lässig von der Seite an. Er trank aus und bestellte das nächste Glas. Vor unserem Aufbruch hatten wir uns auf zwei Drinks pro Person geeinigt, für die Winston aufkommen mußte. Wir konnten ihm das Geld erst wieder zurückgeben, wenn wir die Prämie in die Finger bekamen. »Sag' mal, was glotzt du denn so triefäugig auf die Bühne? Stellst dir wohl vor, wie Silvie einen Handstand macht, was?«

»Mehr oder weniger«, sagte ich. »Stört dich das?«

»Natürlich stört mich das«, antwortete er. Mehr als drei Schnäpse vertrug er nicht, ohne bockig zu werden. »Du hättest dir lieber schon vor Jahren in England Gedanken machen sollen, statt dich jetzt hier in deinem Kummer zu suhlen wie eine Sau im Mist. Schluchz, schluchz, ich habe meine mich liebende Ehefrau verloren. Du hättest an deine dich liebende Ehefrau denken sollen, als sie noch dir gehörte. Aber du mußtest ja die treusorgenden Ehefrauen anderer Kerle aufs Kreuz legen.«

»Halt die Klappe, du fieses Stinktier«, sagte ich.

»Genau, halt die Klappe, du fieses Stinktier«, wiederholte die Frau, die hinter mir saß. Wir sahen sie an. Sie trug ein schwarzes Kleid, hatte schwarze Haare und schwarze Ringe unter den Augen. Sie rauchte. Affektiert inhalierte sie tief und blies den Qualm in unsere Richtung. Als er zwischen uns hindurchschwebte, gebärdete Winston sich wie ein Seelöwe und versuchte, ein Wölkchen mit dem Mund aufzufangen. Herbie vergaß mich. Er baute sich neben der Frau auf.

»Mann o Mann«, sagte er, auf sie hinunterblickend. »Ist doch kaum zu glauben, was manche Leute alles anstellen, um ein bißchen Gesellschaft zu bekommen.« Sie sah nicht zu ihm hoch.

»Immer noch besser, als ein Taschentuch fallen zu lassen«, meinte sie achselzuckend. »Du siehst mir eher aus wie einer von der Sorte, der es einstecken und einer anderen zu Weihnachten schenken würde.«

»Schon gut, schon gut«, nickte Herbie, besänftigt und umgänglich zugleich, weil sie eine Frau war. Der Ausschnitt an ihrem Kleid ging noch tiefer, als ursprünglich vorgesehen. Obwohl es in ihrem Dekolleté ungefähr so einladend wie in einem Topf mit eingetrockneten Essensresten aussah, beugte Herbie sich so dicht zu ihr, daß er sie fast mit den Koteletten gekitzelt hätte. »Du hast gewonnen«, lächelte er breit. Er drehte sich großmütig zu mir um. »Tut mir leid, Willy, altes Haus, es war nicht so gemeint.«

»Du könntest mir eigentlich einen Drink spendieren«, schlug die Frau vor.

»Du sagst mir deinen Namen, und ich spendier' dir einen Drink«, säuselte Herbie. Wenn man sah, wie er die Frau bearbeitete, konnte einem übel werden.

»Schatz«, sagte die Frau. »Hier nennt man mich Schatz.«

»Weil du die Teuerste bist«, platzte Herbie heraus. Er schüttete sich aus vor Lachen. Die Frau verzog keine Miene. »Volltreffer«, antwortete sie. »Wodka mit Eis.«

»Autsch«, sagte Herbie ernüchtert. Mit einem dümmlichen Grinsen wandte er sich an Winston. »Kann ich ihr einen Drink ausgeben?« fragte er.

»Wer ist das denn?« fragte Schatz. »Dein Kindermädchen?«

»Er hat das Geld«, erklärte Herbie trübselig. »So was nennt man Black Power.«

Winston bezahlte geduldig den Wodka. Schatz rang sich ein mattes Lächeln für ihn ab, doch sogleich hatte sie nur noch das breite Gesicht und die ausladende Brust von Herbie vor Augen, der sich, keinen Meter von ihr entfernt, auf einen Barhocker pflanzte. Für uns hatte er von nun an keinen Blick mehr übrig, er war zu sehr damit beschäftigt, die Frau anzuschmachten. Ich staunte, daß diese Form der Anmache nicht zusammen mit Akne und versteckten Kondomen ausgestorben war. Schatz betrachtete Herbie mit angewidertem Amüsement.

»Baby«, nuschelte er schließlich durch den Bart und den Whiskey. Wir verdrehten alle drei die Augen, der Barkeeper tat es uns nach.

»Ja, Baby«, antwortete Schatz pflichtbewußt.

»Warum verschwinden wir nicht von hier? Komm, wir gehen schnell über die Straße und verziehen uns da drüben in das Motel.«

»Dagegen gibt es ein Bundesgesetz«, antwortete sie ruhig. »Man darf keine Minderjährigen zu unmoralischen Zwecken über eine Staatsgrenze bringen.«

Der Barkeeper und Winston fielen einander brüllend vor Lachen über die Theke hinweg in die Arme. Als der Groschen bei mir endlich auch gefallen war, lachte ich ebenfalls los. Herbie wirbelte auf dem Hocker herum und kippte noch sein Glas dabei um. Von jäher Wut gepackt, röhrte er auf und knöpfte sich zuerst mich vor. Er verpaßte mir einen schlecht plazierten Fausthieb auf den Wangenknochen, der mich spinnenbeinig auf die Bretter schickte. Als ich wieder zu mir kam, saß ich vor einem Tisch am anderen Ende des Raumes mit dummem Gesicht auf den Füßen einer Fremden. Obwohl der Nachtclub heftig hin und her zu schaukeln schien, konnte ich noch sehen und hören, wie Herbie auf Winston losging.

Winston war flink und leichtfüßig. Zwei Haken zischten über seinen Kopf hinweg, aber dann beging er den Fehler, ebenfalls in Rage zu geraten und sich zu wehren. Ich rappelte mich hoch, entschuldigte mich vielmals bei der Frau, auf deren Füßen ich gehockt hatte, und sah gerade noch, wie Winston sich gegen den nächsten Ansturm des wütenden Herbie wappnete. Ich zuckte zusammen, die Leute an den Tischen ringsum zuckten ebenfalls zusammen. Sie zogen die Köpfe ein, was Winston besser auch getan hätte. Herbie walzte geradewegs auf ihn zu. An diesem Abend hätte es in Bristol ohne weiteres zu Rassenunruhen kommen können, wenn Schatz nicht eilig ihr Glas ausgetrunken und Herbie mit einem gut gezielten Wurf genau hinter dem Ohr getroffen hätte, bevor er unserem farbigen Freund den tödlichen Schlag versetzen konnte. So bekam Winston ihn nicht mit voller Wucht ab. Obwohl die geballte Riesenfaust ihn nur streifte, sah er seinen Fehler ein und brachte sich mit einem ungraziösen Hechtsprung hinter der Theke in Sicherheit. Sein schwarzer Kopf tauchte wieder auf. »Du haarige Weißwurst!« piepste er. »Weißwurst!«

Herbie blieb stehen. »Weißwurst?« sagte er gefährlich ruhig. »Weißwurst?«

Wie bei einer oft geprobten Szene im Kasperltheater kam Winstons kleiner Krauskopf erneut hinter der Bar hoch. »Weißwurst«, wiederholte er bestimmt, aber mit einem Zittern in der Stimme.

»Soso, soso«, ächzte Herbie, der breitbeinig auf der anderen Seite der Theke stand. Ich kam mir vor wie in einem Western.

»Soso«, wiederholte er, als ob er seinen Text vergessen hätte. »Weißwurst.« Er seufzte tief. »Jetzt habt ihr Nigger euch also doch noch eine Beleidigung ausgedacht. Hat ja auch lange genug gedauert, was? Noch nicht einmal Bleichgesicht ist euch eingefallen. Da mußten erst die Indianer drauf kommen. Wir hatten immer die besseren Schimpfworte auf Lager. Nigger, Kaffer, Hottentotte, Kanake, alles schöne, einfache Ausdrücke. Da konntet ihr nicht mithalten. Aber jetzt habt ihr euch selber was ausgedacht. Weißwurst.«

Ich setzte mich im selben Moment in Bewegung wie Herbie. Im Hinterkopf hatte ich nur den einen Gedanken, daß keiner von uns die Prämie bekommen würde, wenn Herbie Winston bei einer Nachtclubschlägerei umbrachte. Etwas wackelig auf den Beinen von dem Schlag, den ich bereits eingesteckt hatte, wollte ich Herbie den Weg verbauen. Ich kam um einen Sekundenbruchteil zu spät, er hatte die Theke bereits erreicht. Wie ein Wahnsinniger rannte er dagegen an, ein Brüllen wie aus einem Brennofen entfuhr ihm, und es war, als schlügen ihm Flammen aus dem Bart. Winston lugte vorsichtig über die Holzplatte und sah den Beginn des Sturms auf die Barrikade. Mit einem erschreckten Quieken zog er den Kopf wieder ein. Die Theke erbebte, als Herbie sich, wüst mit den Fäusten um sich dreschend, halb mit dem Oberkörper hinüberwälzte.

In diesem Augenblick warf ich mich ins Getümmel. Zu meinem Glück kamen mir der Barkeeper und auch Schatz mutig zur Hilfe, die sich auf eine Weise an ihn klammerte, die ihm unter anderen Umständen sehr gefallen hätte. Ich hatte seinen dicken, stacheligen Hals im Schwitzkasten, und der Barkeeper, ein schwerer, bulliger Kerl, kniete auf der Theke und drückte ihn mit seinem ganzen Körpergewicht auf die Platte. Winston tauchte auf, krallte sich in Herbies Mähne und riß daran wie ein Zirkusarbeiter an einem Zeltseil. Herbie wehrte sich wie ein Besessener. Ich konnte mich kaum halten, so heftig wurde ich hin und her geschleudert. Schatz rutschte spektakulär an seinem linken Bein nach unten und nahm dabei einen Teil seiner Hose mit. Der Barkeeper, der die volle Wucht von Herbies Gegenwehr aushalten mußte, hüpfte auf und nieder wie ein stürmischer Liebhaber.

Trotz allem glaube ich kaum, daß es uns gelungen wäre, das Ungetüm zu bändigen. Er fluchte und schimpfte, er schüttelte den Kopf, den Winston halb über die Theke gezogen hatte und den er nun, ob er wollte oder nicht, auch nicht mehr loslassen konnte. Nur Zentimeter von dem furchterregenden Gesicht des blutdürstigen Mannes entfernt hinter der Theke kauernd, krallte er sich verzweifelt in Herbies Zottelhaar.

Einem unbeteiligten Menschen, genauer gesagt, der Dame, auf deren Füßen ich gelandet war, blieb es überlassen, den Kampf zu beenden. Als sie sah, daß wir zu viert bei Herbie nicht viel ausrichten konnten, kam sie zielstrebig durch den Raum marschiert, nahm eine Flasche billigen Fusel aus dem Regal und zog sie ihm über den Schädel, daß es dumpf dröhnte. Sofort wurde er ruhig. Der Flasche war nichts passiert. Die Dame stellte sie an ihren Platz zurück und setzte sich wieder an ihren Tisch.

Herbie lag so reglos da, daß ich einen Augenblick überlegte, wie sie sich wohl bei einer Mordanklage verteidigen wollte. Aber er gab ein ermutigendes Stöhnen von sich, als wir ihn wie einen erlegten Wal von der Theke hievten. Schatz, der Barkeeper und ich bereiteten ihm eine sanfte Landung auf dem Fußboden. Aus der häßlichen Wunde, die der Schlag mit der Flasche hinterlassen hatte, quoll Blut. Winston, der wie eine Gespenstheuschrecke zitterte, kam hinter der Theke hervorgekrabbelt. Er blickte völlig verängstigt um sich und murmelte: »Ich sage nie wieder Weißwurst. Nie, nie wieder.«

Herbie sah grauenhaft aus. Während Schatz geistesgegenwärtig einen Kübel Eis von einem der Tische holte, starrte der Barkeeper verdattert auf den haarigen, blutigen, bewußtlosen Mann hinunter.

»Was ist denn das für einer?« fragte er. »Ein Stuntman vielleicht? Oder womöglich ein Catcher?«

»Nicht ganz«, antwortete ich geistesabwesend. »Eigentlich ist er eher ein Wanderprediger.«

Es sagt einiges über Herbies Konstitution aus, daß er imstande war, zu Fuß zum Lager zurückzulaufen. Allerdings war es eine wackelige Angelegenheit. Winston buckelte das Kreuz, und ich stützte Herbie, der sich ein niedliches, von Schatz gestiftetes Spitzentaschentuch auf die Beule preßte.

Der abenteuerliche Tag war aber für uns noch lange nicht zu Ende. Wir hatten die Wohnmobile auf dem Parkplatz eines aufgelassenen Autokinos abgestellt, der so groß war wie ein Fußballplatz. Wie Grabsteine auf einem Soldatenfriedhof standen die Lautsprecherhalter in Reih und Glied auf dem verlassenen Gelände, an dessen einem Ende die riesige, an manchen Stellen durchlöcherte Leinwand aufragte.

Als wir mit Herbie, der wie ein Schlafwandler keuchte, die letzte Steigung genommen hatten, mußten wir feststellen, daß Properjohn wieder einmal ausgerastet war. »Jesus liebt« und »Jesus lebt« standen mit voll aufgeblendeten Scheinwerfern in der Mitte des leeren Parkplatzes und strahlten die Leinwand an. Properjohn, auf dessen großem Kopf sich die klebrigen Haare wie ein Hut türmten, tobte mit rudernden Armen auf der Bühne herum. Sein Schatten prangte in gigantischer Größe auf der Leinwand. Es war ein ungeheuerliches, beängstigendes Bild, wie er, sechs Meter hoch und mit gespreizten Fingern, nach dem Himmelszelt zu greifen schien. Er posaunte seine übliche Predigt vor sich hin, aber an diesem Abend erzielte er die gewohnte Wirkung ausnahmsweise einmal nicht durch seine Lautstärke, sondern nur durch seinen überwältigenden Anblick. Seine Stimme quäkte durch das helle Scheinwerferlicht und drang bis in die dunkle Ecke vor, in der wir wie festgewurzelt standen. Zaghaft gingen wir weiter.

Als wir ins Scheinwerferlicht traten, wurde plötzlich der Schatten des Kreuzes dramatisch auf die große Leinwand geworfen. Properjohn, der uns längst bemerkt hatte, schlachtete diesen Zufall nach besten Kräften aus. Ambrosia und die arme Clare, die zusammen mit Reverend Hatt auf Campingstühlen vor der Bühne saßen und uns nicht hatten kommen sehen, stießen erschreckte Schreie aus, die nichts Gutes für ihr Schicksal beim Jüngsten Gericht verhießen. Die Frauen sprangen in panischer Angst auf, und der gleichermaßen verstörte Hattie klammerte sich an sie. Mit fassungslosen Gesichtern standen sie eng aneinandergedrückt mitten auf dem leeren Platz unter den Schatten von Properjohn und dem Kreuz.

Properjohns gackerndes Lachen zuckte wie ein Blitz durch die Nacht. Er stieg von der Bühne und brüllte: »Nur eine Probe. Nur eine kleine Probe.«

Ambrosia drehte sich leichenblaß zu mir um und zischte wütend: »Mach so was bloß nicht noch einmal. Du hast mich zu Tode erschreckt. Ich dachte schon fast, der Alte hätte womöglich doch recht.«

10

Auf den ersten Etappen unserer Reise waren wir vom Wetter verwöhnt worden. Die Landschaft rings um uns her schien sich wohlig in der Herbstsonne zu räkeln, und die Bäume, die so zerbrechlich aussahen wie Löwenzahnschirmchen, schüttelten die letzten Blätter ab.

In Tennessee schlug das Wetter um. Als wir am Morgen nach der unglückseligen Nachtclubkeilerei aufwachten, nieselte es. Herbie entschuldigte sich bei niemandem, aber wir waren schon zufrieden, daß er noch Tage später mit eingezogenem Kopf durch die Gegend lief, damit man seine dicke Beule nicht sah. Ich hatte eine böse Schramme auf dem Wangenknochen, was meine neue Leidensmiene, die ich an diesem Tag gleich bei zwei triumphalen Einzügen ausprobieren konnte, noch besser zur Geltung brachte. Wenn Winston etwas abbekommen hatte, sah man es ihm nicht an. Der ganze Vorfall wurde jedenfalls nie wieder erwähnt.

Der Highway führte zwischen Tabakfeldern und kleinen, ärmlichen Farmen hindurch, die Wolken senkten sich mit ihren dicken Bäuchen immer tiefer über die Hügel und verschluckten sie schließlich. Dann öffnete der Himmel die Schleusen, was die arme Clare an den letzten Augustsonntag vor dem Krieg in Porthcawl erinnerte. »Wir haben uns alle in die Unterstände am Strand geflüchtet«, erinnerte sie sich. »Wir standen da mit unseren nassen Butterbroten, und der Regen lief an uns herunter und hinaus auf die Straße. Aber dann haben wir ein Liedchen gesungen, und ein Junge aus Cardiff hat mich in dem Gedränge geküßt.«

»Das höre ich heute zum ersten Mal«, sagte Properjohn mit einem häßlichen Grollen in der Stimme.

»Du weißt doch, daß wir im August immer nach Porthcawl an die See gefahren sind«, antwortete sie beunruhigt. »Jedes Jahr.«

»Ach was«, knurrte er. »Ich meine doch die Küsserei. Davon hast du mir noch nie etwas erzählt, Clare.«

»Aber John«, sagte sie nervös. »Damals war ich doch erst acht Jahre alt.«

»Und wie alt war er?«

»Ungefähr genauso alt, nehme ich an. Acht. Er hat es doch nicht böse gemeint, John. Sicher hat er es nur gemacht, weil es geregnet hat.«

»Ja, bestimmt«, sagte er bitter. »Aber ich finde, es ist eine Schande, daß wir jetzt so viele Jahre verheiratet sind und du es noch nie für nötig gehalten hast, mir davon zu erzählen. Und jetzt rückst du vor wildfremden Menschen damit heraus. Ich möchte nicht, daß wir Geheimnisse voreinander haben. Wer weiß, wie viele Leichen du noch im Keller hast.«

Er schmollte den Rest des Vormittags, bis die Sonne wieder herauskam, Wiesen und Felder zu dampfen begannen und Winston uns erzählte, daß Davy Crockett in dieser Gegend geboren worden war. Daraufhin brummte Properjohn prompt das Davy-Crockett-Lied vor sich hin. »Ein schönes weltliches Lied«, nickte er zum Schluß. »Ein herrlicher Text.« Er sang eine Strophe. »So eine Mütze hätte ich auch gern«, sagte er.

»Eine Waschbärenmütze«, sagte Winston, der genauso froh war wie wir anderen, daß er endlich aufgehört hatte, Trübsal zu blasen.

»Ja, genau«, sagte Properjohn. »Ich finde es so nett, wie hinten dieser Schwanz runterhängt. Aber ich verstehe nicht, wieso man die Dinger Waschbärenmützen nennt. Ich kann mir nicht vorstellen, das man so einen Pelz einfach in die Maschine stecken kann.«

Ich hoffte, daß Winston nicht darauf eingehen würde. Er schwieg. Wir wurden allmählich alle durch Schaden klug. Properjohn fragte: »Dann stammt Davy Crockett also von hier?«

»Richtig«, antwortete Winston. »Oben in den Bergen ist er geboren, in der Nähe von Morristown.«

»In Wales gibt es auch ein Morristown«, sagte die arme Clare betrübt.

»Halt die Klappe«, schnauzte Properjohn sie an. »Wir reden hier über Davy Crockett.« Er summte ein paar Takte und dann sang er laut: »Der Mann mit der Mütze, mit der Waschbärenmütze...« Wir fielen alle ein und sangen das Lied mit ihm. Gegen den Mann war einfach kein Kraut gewachsen.

Mittlerweile drangen wir immer tiefer nach Tennessee vor. Brücken spannten sich über den Cherokee Lake und den Tennessee River, Wellblechhütten standen zwischen Müllkippen und Unkraut, niedrige Hügel sprenkelten den Horizont, und die Flagge der Konföderierten flatterte über Jolly Joes Fabrik für Feuerwerksartikel im Wind. Wir waren in den Südstaaten.

Properjohn geriet über Wegweiser, auf denen Namen wie Salem, Damascus, Adams, Lebanon und Palestine standen, genauso aus dem Häuschen, wie sich die arme Clare über den heimatlichen Klang von Cardiff und Newport begeistern konnte. Er war zutiefst bewegt, als wir auf riesige Plakatwände stießen, die uns mit großen Lettern aufforderten: »Besuchen Sie die Heilige Stadt in Ruby Falls.«

Winston murmelte: »Das könnte sich fast lohnen, bei der Reklame.« Aber Properjohn freute sich und sagte: »Ich glaube, wir kommen jetzt in einen wirklich frommen Teil Amerikas.«

In den meisten Städten absolvierten wir einen triumphalen Einzug und eine Andacht, brachten Predigt und Kollekte hinter uns und zogen dann weiter. In einem dieser Orte fiel uns zum erstenmal der lauernde Schatten von Oliver Jaye auf. Herbie entdeckte ihn in Sneedville, Winston und ich erspähten ihn in Mascot. Er lehnte an einem Waffenladen, und zwischen den Gesichtern der Farbigen, die durch das kalte Herbstlaub stapften, stach sein weißes Gesicht wie das eines Sklaventreibers hervor. Er nahm keinen Kontakt mit uns auf, aber er war da, und wir wußten, daß er uns beobachtete.

»Vielleicht glaubt er, wir wollen die Kollekte stehlen«, sagte Herbie eines Abends in Knoxville.

»Die paar Kröten?« meinte Winston. »Die sind ihm doch total egal. Das Geld für den Kreuzzug kommt von großen Tieren, von reichen Leuten, die der Meinung sind, die Helen-

J.-Jaye-Stiftung für christliche Nächstenliebe hätte Eintrittskarten für das Himmelreich zu verteilen. Sie denken wahrscheinlich, daß Oliver Jaye den Vorverkauf regelt, weil er die Schecks einkassiert. Nein, er will sich nur überzeugen, daß wir noch unterwegs sind und nicht zu den Baptisten übergelaufen oder so. Wir ziehen hier nur eine kleine Show ab, Mann, wir beweisen, daß sich etwas tut. Wir sind gewissermaßen das Flaggschiff des ganzen Unternehmens, wir halten das Kreuz hoch. Die Gemeinden, die von der Stiftung ihre Dollars bekommen, marschieren und singen in jeder Stadt brav mit uns mit, und die, die das Moos lockermachen, können sehen, daß sie damit tatsächlich etwas bewirken. So viele Leute werden mobilisiert, die nur für Helen J. Jaye und Jesus J. Christus auf die Straße gehen. Es steht in der Zeitung, es wird im Fernsehen gezeigt. Und die Geldquellen sprudeln weiter.«

»Wenn wir doch bloß von dem warmen Regen etwas abbekämen«, knurrte Herbie. Er warf mir einen Blick zu. Seine kriminelle Ader machte sich bemerkbar.

»Warum haben wir Washington ausgelassen?« fragte ich Winston.

»Ich kann dir verraten, warum wir Washington ausgelassen haben«, antwortete er. »Oder zumindest kann ich dir sagen, wie ich es mir erkläre. Ich glaube, wir haben Washington ausgelassen, weil dort ausgerechnet jetzt ein Kongreßausschuß tagt, der dubiose Sekten und deren Finanzgebaren untersucht. Wenn wir uns laut singend mit unserem Kreuz in Washington oder Baltimore oder irgendeinem Nachbarort hätten blicken lassen, wären die Abgeordneten sofort hinter ihren verschlossenen Türen hervorgeschossen gekommen und hätten sich uns an die Fersen geheftet. Wir hätten über jeden Cent und über jedes Halleluja Rechenschaft ablegen müssen. Und das hätte Oliver J. Jaye sicher nicht besonders gefallen.«

Herbie runzelte wieder einmal die Stirn und zog mißtrauisch die buschigen Brauen hoch. »Mensch, du bist aber wirklich ein kluger Kopf«, staunte er. »Ich wüßte nur zu gern, woher du das alles weißt.«

»Ich kenne mich eben aus«, antwortete Winston. »Ich bin zwar schwarz, aber trotzdem ziemlich helle.«

Wir reisten weiter durch den tiefen Süden, durch Tabakfelder und Baumwollplantagen, von den Bergen hinunter in die Tiefebene, wo die Flüsse die Wälder verschlangen und die Bäume so hoffnungslos dastanden wie Männer, die bis zu den Knien im Treibsand versunken waren. Jede Stadt hatte ihr Elendsviertel auf, je nach der Wetterlage, sandigem oder schlammigem Boden, und jede Stadt hatte ihre genau abgezirkelten besseren Wohngegenden mit Oleandersträuchern, gepflegten Rasenflächen, Grillöfen, Basketballkörben und grinsenden Negerfiguren in den Vorgärten. Stolz tat jeder Ort am Stadtrand seinen Namen kund, und manchmal war auf dem Schild auch eine Liste der ansässigen Kirchen aufgeführt, als müßte die Rechtschaffenheit der Bewohner unter Beweis gestellt werden. Und jedesmal mußte sich die Straße früher oder später einen Weg durch die Ausstellungsflächen von Gebrauchtwagenhändlern bahnen, zwischen Tankstellen, Reifenlagern und Schrottplätzen hindurch, an Ölwechsel-, Auspuff- und Bremsenstationen vorbei, so daß man den Eindruck gewann, jede Stadt könnte zumindest auf einen sicheren Gewerbezweig bauen, auf die Branchen nämlich, die sich um das kurze Leben und den plötzlichen Tod des Automobils verdient machten.

Manchmal kamen verschmierte Männer, wie Soldaten aus Bunkern und Bombentrichtern, unter aufgebockten Wagen hervorgekrabbelt, um sich unseren triumphalen Einzug anzusehen. Nach mir und dem Kreuz reihte sich unser übliches Gefolge ein, danach kamen die Geistlichen des jeweiligen Orts, die Kapellen und Chöre. Ich hatte das Gefühl, daß der Kreuzzug vielleicht doch etwas Gutes bewirkte. Ich gab mir wirklich die größte Mühe mit meinen Leidensmienen und der Art, wie ich das Kreuz hielt, Herbie war sowieso ein begeisterter Schauspieler, und Properjohns Auftritte ließen nie zu wünschen übrig. Hattie war überzeugt, daß wir auf unserem Weg, wenn nicht gar ein flammendes Licht, so doch zumindest manch einen Funken in den Herzen entzündeten, wie er sagte, und sogar ich war der Meinung, daß der Anblick des Kreuzes dem einen oder anderen einen heilsamen Schock versetzte. Womit nicht gesagt sein soll, daß ein Mann, der sich gerade über seines Nachbarn Weib hermachen wollte, plötzlich von ihm abließ, sich die Hose wieder hochzog und heim zu seinem eigenen Weib ging, aber wenigstens gab es ihm zu denken.

Das sagte ich auch zu Ambrosia, als wir wieder einmal zusammen einkaufen waren. Properjohn hatte mich als Lastenträger auserkoren, weil er seine Tochter Herbie offensichtlich nicht anvertrauen wollte und auch Winston nie mit ihr gehen ließ. Nur Hattie durfte sie manchmal begleiten. Die arme Clare, so verkündete er, durfte auf keinen Fall ein Geschäft betreten, da sie sonst nur ihre Zeit mit dem Kauf von Lippenstiften und Illustrierten vertat.

An diesem Tag hatten wir ausgemacht, daß »Jesus liebt« und »Jesus lebt« in die nächste Stadt vorausfahren sollten, wo Ambrosia und ich mit dem Bus zu ihnen stoßen wollten. Mir machte das Einkaufen Spaß. Irgendwie kam man sich dabei nach dem frommen Lebenswandel, den wir ansonsten führen mußten, wie ein freier Mensch vor. Außerdem brauchte ich mein Gewand nicht anzuziehen und das Kreuz nicht mitzuschleppen, weil es in einem Supermarkt nur im Weg gewesen wäre. Ambrosia, die auf diesen Exkursionen lieb und schnukkelig war, genoß die Freiheit genauso wie ich, und sie machte sich vor, wir wären ein junges Ehepaar, das die Wochenendeinkäufe erledigte.

Wir waren zusammen in einer Dreidollarabsteige, als ich ihr erzählte, daß der Kreuzzug meiner Meinung nach etwas Gutes bewirkte. Ich saß in einem sperrigen Sessel neben dem Waschbecken, und sie hockte auf dem Bett. Wir waren in Knoxville, und ich weiß noch, daß auf der gegenüberliegenden Straßenseite ein Schild mit der Aufschrift »Räumungsverkauf – Kosmetika – Alles muß raus!« hing.

»Was?« rief sie entsetzt und rutschte auf dem Bett ein Stück auf mich zu. »Was redest du da?«

»Tja«, sagte ich verlegen. »Es wäre doch möglich, daß auch ein Schwindel oder von mir aus ein Betrug dem einen oder anderen Menschen etwas bringt. Ich meine, es könnte die gleiche Wirkung haben wie etwas Wahres, Echtes. Schließlich weiß ja keiner, daß nichts dahinter ist. Vielleicht wartet der eine oder andere nur darauf, daß man ihn ein bißchen...« Ich stockte, weil sie mich so komisch ansah.

»Herrgott im Himmel«, stöhnte sie ungläubig. Dann fügte sie scharf hinzu: »Und damit ist nicht dein Vater gemeint, Willy Turpin. Du hörst dich genauso an wie mein Alter, der große Heuchler.«

»Das ist aber nicht sehr nett von dir.«

»Wieso sollte ich zu ihm nett sein?«

»Na ja, natürlich ist er ein Spinner und so weiter, aber er ist schließlich auch dein Vater...«

»Du sollst deinen Vater und deine Mutter ehren, auf daß du lange lebest in dem Lande, das dir der Herr, dein Gott, geben wird«, höhnte sie. »Entweder du liebst Mama und Papa, oder du stirbst.«

»So schlimm ist er doch gar nicht«, sagte ich kläglich. Ich fragte mich, was wir eigentlich in diesem gammeligen Zimmer wollten. Daß wir hier herumsaßen, war ihre Schuld.

»Du kannst ihn nicht so hassen wie ich«, meinte sie. »Ich hatte siebzehn Jahre Zeit, es zu lernen.«

»Hör mal zu«, sagte ich und beugte mich so weit vor, daß der klapprige alte Sessel ächzte. Plötzlich war ich ihr so nah, daß ich riechen konnte, wie sauber und angenehm sie duftete. »Hör mal zu«, wiederholte ich. Dann stockte ich wieder, ihre Nähe schnürte mir die Luft ab. Sie schmunzelte, weil sie genau wußte, wie es um mich stand. Ihre Brüste hingen wie ein Überraschungspaket genau unter meiner Nase.

»Ich höre ja zu«, sagte sie etwas sanfter.

»Na gut, dann hör aber auch zu«, warnte ich sie gereizt. »Ich sehe doch, wie du zu ihm hochblickst, wenn er auf der Bühne steht und predigt. Genau wie wir anderen auch. Und dann siehst du nicht so aus, als ob du ihn haßt. Oder du hast eine verdammt komische Art, deinen Haß zu zeigen.«

Während des Kreuzzugs hatte ich mir das Fluchen ziemlich abgewöhnt, aber jetzt hatte ich gerade das Wort »verdammt« mit voller Absicht in den Mund genommen, um mich auf ihr Niveau hinabzubegeben, genauer gesagt, auf das Niveau des Bettes, auf dem sie so anmutig kauerte. Der Rock war ihr über die glatten, runden Knie nach oben gerutscht. Es war ein verregneter Nachmittag in einem Zimmer in Knoxville, und wir hatten noch drei Stunden totzuschlagen, bis der Bus kam.

Ohne mich aus den Augen zu lassen, nahm sie den Gesprächsfaden wieder auf. »Der Kerl fasziniert mich«, sagte sie knapp. »Ich kann einfach nicht glauben, daß es so einen wie ihn überhaupt gibt und daß er ausgerechnet mein Vater ist. Manchmal komme ich mir vor wie das Kind eines Einbrechers, das seinem Vater bei einem Diebeszug zuschaut.« Sie zog die Schultern hoch, und wir schwiegen uns eine gute Minute an. Dann sagte sie: »Es ist kalt. Ich dachte immer, unten im Süden, in Tennessee wäre es warm. Es ist wirklich eisig hier drin, findest du nicht? Ich glaube, ich packe mich ein bißchen ein.«

Wie ein Kind, das spät abends ins Bett kriecht, krabbelte sie auf allen vieren ans Kopfende, schlug die Tagesdecke zur Seite, gönnte mir noch einen Blick auf Oberschenkel, Schlüpfer und Hinterteil, drehte sich um und schlüpfte unter die Dekke. Eine gute Minute starrte ich sie schweigend an. Es war sehr eigenartig, so dazusitzen. Einer von uns mußte etwas sagen.

»Weißt du eigentlich, was wir hier wollen?« fragte ich sie leise.

»Ich dachte schon, das würdest du mich nie fragen«, kam es gedämpft unter der Bettdecke hervor.

»Was wollen wir also hier?« hakte ich nach. »An einem verregneten Nachmittag in einem schäbigen Zimmer in Knoxville, Tennessee, oder wo auch immer? Das übersteigt fast die menschliche Vorstellungskraft.«

Sie riß sich die Decke vom Gesicht. Es war so rot wie an dem Abend, an dem ihr Vater sie hatte baumeln lassen. »Wir sind hier«, antwortete sie schmollend, »weil es ein verregneter Nachmittag in dem blöden Knoxville, Tennessee, ist. Und weil der nächste beschissene Bus in den Nachbarort erst um fünf

Uhr geht. Ich hatte keine Lust, drei Stunden an der Haltestelle zu stehen.«

Ich blieb in meinem Sessel, sie lag angespannt im Bett. Ich kam mir vor wie ein Arzt, der mit einer Patientin stritt.

»Wir hätten einen Einkaufsbummel machen können«, sagte ich. »Oder ins Museum gehen.«

»Ich finde es sehr schwierig, mich drei Stunden bei Woolworth aufzuhalten«, sagte sie spitz. »Und Museen kann ich nicht ausstehen. Ich habe von Kindesbeinen an in einem Museum gelebt.«

»Hier gibt es schließlich auch Kinos«, sagte ich steif.

»Mein Vater sieht es nicht gern, wenn ich mit fremden Männern ins Kino gehe«, antwortete sie.

»Aber mit ihnen auf ein Zimmer gehen darfst du!« polterte ich los. »Daran ist nichts auszusetzen, nein?«

»Schließlich sind wir hier nicht in einem Vergnügungsbetrieb«, schnaubte sie beleidigt. »Das kannst du nun wirklich nicht behaupten. Mein Vater will nicht, daß ich mit fremden Männern in Vergnügungsbetriebe gehe. Das hat er mir oft genug vorgekaut. Aber von Zimmern hat er nichts gesagt.« Sie starrte traurig an die Decke. Dann sagte sie: »Ich weiß überhaupt nicht, wieso du dich so anstellst. Schließlich habe ich die drei Dollar bezahlt. Du hättest ja nicht mitzukommen brauchen.«

»Du hast gesagt, wir könnten uns hier unterstellen«, sagte ich giftig.

»Wir können uns hier ja auch unterstellen«, sagte sie. »Oder wirst du etwa naß? Jedenfalls nicht nasser, als du schon bist.«

Plötzlich überkam mich eine billige Wut, ich sprang auf und stürmte ans Bett. »Hör zu«, fauchte ich sie an. »Du weißt ganz genau, was uns blüht, wenn man uns hier zusammen entdeckt. Meinst du etwa, irgend jemand würde uns glauben, daß wir uns nur unterstellen wollten? Ich dachte, wir wollten nur in der Halle sitzen und fernsehen. Ich wollte nicht auf ein Zimmer gehen.«

Sie starrte mich an. »Du«, sagte sie, das Wort wie Kaugummi in die Länge ziehend. »Du bist wahrscheinlich der größte Rotzlöffel, der auf der Welt rumläuft. Ein Rotzlöffel bist du, Turpin, ein verklemmter, verlogener Rotzlöffel!« Tränen stiegen ihr in die Augen. »Du bildest dir wohl wirklich ein, du wärst Jesus mit deinem Kreuz, dabei hast du ein Gesicht wie ein Bluthund.« Sie zitterte vor Wut und Trauer. »Und die ganze Zeit hast du nur die Hosen voll wegen deiner Scheißprämie. Ansonsten ist dir doch alles egal.« Sie weinte, und weil sie flach auf dem Rücken lag, rollten ihr die Tränen in gleichmäßigen Bahnen rechts und links vom Gesicht.

»Wein doch nicht«, sagte ich. »Hör auf zu weinen, bitte.«

»In Ordnung«, sagte sie. »Wenn du dich nicht mehr wie ein Rotzlöffel aufführst.«

»Abgemacht«, nickte ich.

Wir schwiegen eine Weile und rührten uns nicht. Dann sagte sie: »Du hast doch nicht im Ernst geglaubt, wir wären zum Fernsehen hier, oder?« Es klang fast flehentlich. Ich hatte tatsächlich nichts derartiges gedacht. Als sie mich in die Dreidollarabsteige schleppte, wußte ich ganz genau, worauf es hinauslaufen würde. Ich wußte es. Aber ich ließ es geschehen und redete mir ein, wenn etwas passierte, wäre es nicht meine Schuld. Sie hatte mich durchschaut. Ich war ein Rotzlöffel.

»Es tut mir leid«, sagte ich dumpf. »Ich habe das nicht so gemeint. Irgendwie brauche ich anscheinend für alles eine Ausrede.«

»Ich auch«, schniefte sie. »Nur leider fällt mir nicht immer schnell genug eine ein. Mir fällt noch nicht mal eine gute Erklärung dafür ein, warum wir eigentlich hier sind. Der Regen allein genügt nicht. Regnet es noch, Willy?«

Ich stand auf und ging zum Fenster. Ich kam mir vor wie James Cagney oder Humphrey Bogart, als hätte ich mich in einem billigen Zimmer verkrochen und hielte nun nach der Bande Ausschau, die mir an den Kragen wollte. »Es gießt noch«, sagte ich und sah über die Straße auf den Kosmetikladen. »Kein Mensch zu sehen.«

»Die sind alle in Dreidollarabsteigen«, kicherte sie. Man hörte ihr immer noch an, daß sie geweint hatte.

»Irgendwie kann man sich nie vorstellen, daß es im Ausland genauso regnet wie zu Hause«, sagte ich. »Da draußen ist es genauso kalt und naß wie an einem Märztag in Manchester. Tennessee klingt so schön nach Wärme, nach Flüssen und Blumendüften.«

»Wie schön«, sagte sie. Ich hörte, wie sie herumzappelte, und vermutete, daß sie sich auszog. »Du gibst manchmal ganz ungewöhnliche Sachen von dir. Taugst du was als Schriftsteller?«

»Wenn ich gut wäre, hätte ich wohl kaum den Überlandtransport eines Kreuzes übernommen«, sagte ich. »Ich glaube, daß ich schreiben kann, aber mit dieser Ansicht stehe ich ziemlich allein da. Und die Aufträge, die ich kriege, Broschürentexte für Schädlingsvertilgungsmittel und Korbmöbel, geben für poetische Ergüsse nicht sonderlich viel her. Die Korbmöbel sind nicht so schlimm, aber bei Schädlingsvertilgungsmitteln hat man überhaupt keinen künstlerischen Freiraum.«

Sie hatte aufgehört zu strampeln. Ich drehte mich um, ging zum Bett und setzte mich auf die Kante. Nur durch die Decke getrennt, berührten sich unsere Beine. Sie wandte mir das hübsche, runde, tränenverquollene Gesicht zu. Ich wußte, daß sie nackt unter der Decke lag und daß ich den nächsten Zug machen mußte. Ich stupste sie mit dem Zeigefinger freundlich am Kinn.

Flüchtig kam mir die Erinnerung an den Abend in Bethlehem wieder in den Sinn, an dem ich sie in dem Gasthaus beobachtet hatte. Ihre Finger kamen unter der Bettdecke hervor wie Stoßtrupps an den Flanken einer Geheimarmee. Sie kamen an beiden Seiten nach oben und krallten sich in den oberen Saum der Decke. So selbstverständlich, als ob sie nur ein Bett frisch bezog, schlug Ambrosia langsam die Decke zurück und zeigte mir ihre bleichen, großäugigen Brüste. Ich erkannte sie sogleich. Und ich freute mich über das Wiedersehen.

»Hallo«, sagte ich. »Wen haben wir denn da?«

»Rotzlöffel«, lächelte sie. »Das weißt du doch ganz genau.«

Ich konnte fast hören, wie das Kreuz die Betontreppe zur Hölle hinunterkrachte, gefolgt von einem Sack mit Dollars. Ich legte ihr die Zunge an die Brustwarze und blieb so, als wäre ich völlig in das Anlecken einer Briefmarke vertieft. Ich hörte, wie sie den Kopf nach hinten warf und aufstöhnte. Ich beugte mich über sie, nahm die andere Brust in beide Hände und knetete sie. Dann berührte ich auch sie mit der Zunge.

Als ich aufstand, sah ich, daß sie sich mit dem Kopf gegen das hölzerne Kopfteil des Betts stemmte und die Augen fest zusammenkniff. »Mach das um Gottes willen noch einmal, Willy«, murmelte sie. »Bitte. Ich will mich daran gewöhnen.«

Ich ließ sie einen Augenblick zappeln, während ich mich auszog. Ich hatte fast vergessen, wie eine Erektion aussah. Sie öffnete die Augen und sah mir zu. Als ich nackt war, streckte sie die Patschehändchen aus, packte mich bei der Wurzel und zog mich zu sich.

»Darauf habe ich mich gefreut«, sagte sie mit einem Blick nach unten. »Wie verrückt habe ich es mir gewünscht.«

»Es gehört dir«, sagte ich. Ich warf mich wieder über sie und schleckte ihre blinden Brustwarzen ab.

»Ich bin dick«, flüsterte sie, als hätte sie es gerade erst bemerkt.

»Babyspeck«, tröstete ich sie und kuschelte mich mit der Wange an ihre Brüste wie an ein Kopfkissen. »Du bist jung und hübsch und mollig.«

»Gefällt dir das?«

»Ja. Ich könnte mich daran gewöhnen.«

»Du bist ein alter Lustmolch.«

»Eines Tages kommt es hoffentlich dazu. Momentan bin ich erst fünfundzwanzig.«

»Stimmt. Das hatte ich ganz vergessen. Irgendwie stehe ich anscheinend auf ältere Männer.«

Ich wollte schon ihrem Vater die Schuld geben, doch dann hielt ich ausnahmsweise den Mund. Nun küßte ich sie auf die Lippen, ein frisches, süß duftendes Gefühl. Ihr feines Haar kitzelte mich an der Stirn, an Augen und Nase, so dicht beugte ich mich über sie. Dann rückte ich von ihr ab und betrachtete sie. Ihr Gesicht war verkrampft und blaß, die Augen schimmerten und ließen nicht von mir ab. Die Schultern waren weiß und teigig, die Arme genauso. Da sie flach auf dem Rücken lag, ragten ihre Brüste, die am Ansatz etwas in die Breite gingen, stramm in die Höhe. Sie merkte, daß ich sie mir ansah. »Sind sie in Ordnung?« fragte sie besorgt, als handelte es sich um ein medizinisches Problem.

»Also, ich finde sie ganz ordentlich«, antwortete ich.

»Ich habe einmal mit meinem Vater in Cardiff einen alten Kapitän besucht«, erzählte sie im Plauderton. »Und dieser Mann hatte ein Paar Schiffskaraffen auf seiner Anrichte stehen. Sie waren unten sehr breit und rund – damit sie bei einem Sturm nicht umkippen konnten – und nach oben zum Stöpsel hin wurden sie spitzer. Ziemlich genau wie meine Möpse. Mein Alter hat sie die ganze Zeit so komisch angestiert, bis er es schließlich nicht mehr aushalten konnte und den Kapitän bitten mußte, wenigstens eine Karaffe auf einen anderen Tisch zu stellen. Nur um sie zu trennen. Ich war damals erst dreizehn, aber ich habe trotzdem schon verstanden, was in ihm vorging.«

»Also, dieses Pärchen hier wollen wir schön zusammenhalten«, sagte ich und küßte sie noch einmal auf die Brüste.

»Warum kommst du nicht ins Bett?« meinte sie aufmunternd. »Ich verspreche dir auch, daß ich dir nicht die halbe Zimmermiete berechne. Es ist jetzt schön warm. Auf jeden Fall, wo ich liege. Ich rutsche rüber ins Kalte, und du kannst die warme Seite haben. Du sollst dich doch jetzt nicht erkälten, nachdem ich dich endlich an Land gezogen habe.«

Ihre Bemerkung klang ein wenig nach Eroberung, nach Dauer, was mir nicht sehr behagte. Ich hatte vergessen, daß wir noch fünfzehnhundert Kilometer Straße vor uns hatten. Aber sie schlug die Bettdecke zurück, damit ich hineinklettern konnte, und bot mir ihren weißen Körper an. Ich legte mich zu ihr. Ich schmiegte mein dürres Gestell an ihre gemütlichen Rundungen, und wir umarmten uns, erst sachte, dann immer ernster, bis wir uns fast zerquetscht hätten. Ihre Hände faßten meinen Lümmel.

»Wetten, daß du nicht weißt, wozu das gut ist?« sagte ich.

»Ich könnte ja mal raten«, sagte sie.

Sie fühlte sich kuschelig an. Ihre glatte Haut war samtig warm vom Bett, ihr Bauch war wie ein Wackelpudding, aber das Gesäß war stramm und die Beine fest. Die Muschilöckchen fühlten sich genauso herrlich an wie die Haare auf ihrem Kopf. Ihr Busen erhob sich wie ein gerundeter Schutzwall zwischen Gesicht und Bauch. Seit ich zu ihr ins Bett gestiegen war, hatte sie meinen Bengel nicht losgelassen. Sie hielt ihn mit beiden Händen fest wie eine Köchin einen besonders heißen und wichtigen Topf. Und sehr behutsam war sie auch nicht. Sie quetschte ihn wie wild, und je mehr meine Erkundungsstreicheleien sie erregten, desto fester drückte sie zu.

»Wäre es vielleicht möglich, daß du meinem Schwanz ein bißchen Luft gönnst?« erkundigte ich mich endlich. »Es geht hier nicht darum, den letzten Tropfen Zahnpasta aus einer Tube zu pressen.«

Sie warf mir einen besorgten Blick zu, dann lachte sie und ließ ihn los. »Ich wollte nur auf Nummer Sicher gehen, daß er mir nicht entfleucht«, sagte sie. Sie schmiegte sich an mich, fast wie eine Ehefrau. »Ich glaube, wir werden noch viel Spaß miteinander haben, Willy. Was meinst du?«

»Versuchen wir es«, sagte ich zweideutig. Ich schob ihr behutsam die Beine auseinander und ging zur Sache. Es war sehr einfach. Nachdem wir uns ineinander gefügt hatten, stieß sie einen süßen Seufzer aus und mir kam plötzlich eine deutliche Erinnerung wieder. Sex ist für mich wie ein Geschmack, ich kann mich vom einen zum anderen Mal nie genau daran erinnern.

Nach dem Ankoppeln bewegten wir uns nicht, sondern lagen einfach nur ineinandergeschmiegt da. Ihr Fleisch hielt mich, beherbergte mich, klebte an mir, überall. Merkwürdigerweise war es nun, da wir so weit gekommen waren, irgendwie, als ob wir nicht mehr weiterwüßten. Ich rührte mich ein wenig und fühlte ihren Bauch gummiartig gegen meinen rubbeln.

»Nicht«, flüsterte sie. »Halt mal einen Augenblick still,

Schatz. Bei mir ist es jetzt ein Jahr und eine Woche her, und ich will mich erst wieder daran gewöhnen. Bis der Bus fährt, haben wir noch über zwei Stunden Zeit.«

»Wir verpassen den Bus schon nicht«, antwortete ich. »Aber was soll das heißen, ein Jahr und eine Woche?«

»Wetten, du hast gedacht, ich hätte es noch nie gemacht?« sagte sie. »Das stimmt doch, gib's schon zu. Du dachtest, ich wollte dir meine Jungfräulichkeit aufhalsen.«

»Nein, nein«, log ich. »So habe ich es auf jeden Fall nicht gedacht. Aber daß du noch Jungfrau bist, habe ich schon geglaubt.«

»Als ich sie noch hatte«, sagte sie nachdenklich, »meine Unschuld, meine ich, konnte ich es gar nicht erwarten, sie loszuwerden. Ich wollte sie nicht einfach nur verlieren, ich wollte sie richtig in Grund und Boden stampfen.«

»Also, ich hätte wirklich gedacht, du wärst noch Jungfrau«, sagte ich.

»Ich war zweimal Jungfrau«, sagte sie. »Erst war ich es, dann war ich es nicht mehr, dann war ich es wieder, und jetzt bin ich es Gott sei Dank nicht mehr. Mal habe ich es getrieben, mal habe ich es nicht getrieben. Es zu treiben, ist besser.«

»Willst du es jetzt treiben?« fragte ich. »Ich glaube nicht, daß ich noch lange so still liegen kann.« Ich war schon immer dafür, eine Sache zum Abschluß zu bringen.

»Ja, jetzt«, beschloß sie. »Du darfst es mir jetzt besorgen, Schatz. Ich bin soweit.«

Manche Frauen sind schmal, manche Frauen sind locker, manche sind eng, manche sind weit. Ich habe Frauen gekannt, die ein ganzes Schlafzimmer brauchten, um zum Höhepunkt zu kommen, inklusive Bett, Fußboden, Wand, Frisierkommode, Hocker, Waschbecken und Fensterbank. Andere sind ordentlich und rationell, sparen an jeder überflüssigen Bewegung. Ein Mädchen zum Beispiel, das ich von der BBC kannte, hätte es bis zum Exzeß auf einer Streichholzschachtel treiben können. Aber Ambrosia war die erste, die dabei völlig abwesend blieb. Kaum hatte ich angefangen, war sie einfach weg. Ihr Körper machte alles mit und veranstaltete die verschiedensten Übungen zur gleichen Zeit, aber gefühlsmäßig war sie nicht mehr da, hatte sie sich verabschiedet. Ich stützte mich auf die Hände und sah auf sie hinunter. Sie hatte die Augen zusammengekniffen, so wie an ihrem einsamen Abend in Bethlehem, und sie machte ein verschlossenes Gesicht. Sie bewegte sich rasch und rhythmisch, und ihre großen Brüste, die nun hin und her hüpften, schienen mich zu verfolgen. Plötzlich erkannte ich, daß sie sich wieder in das Zimmer in Bethlehem davongestohlen hatte und in hundert andere leere Zimmer und daß sie es sich selbst besorgte. Ich war nur der Ersatz für eine Selbstbefriedigung! Ambrosia war wirklich ein verspieltes Mädchen, nur spielte sie leider am liebsten mit sich selbst.

Ihr Höhepunkt war wie ein Vulkanausbruch, während ich eher der Höflichkeit halber kam. Hinterher schwiegen und schwitzten wir ein Weilchen vor uns hin. Dann rutschte ich an ihrem Körper entlang im Bett nach unten und rollte mich in der Nähe ihres entgegenkommenden Bauchs zusammen. Ich spürte, wie sie wieder zu sich kam und mich über ihre Brustgipfel hinweg ansah, und ich konnte mir vorstellen, daß ihr die Frage »Bist du noch da?« ins Gesicht geschrieben stand.

»Herrlich«, flüsterte sie. »Einfach herrlich, Willy. Ich fühle mich so richtig befriedigt.«

»Wenn du Pech hast, bist du nicht nur befriedigt«, nuschelte ich in ihren Bauch. »Dann bist du schwanger.«

»Ach«, sagte sie leise. »Da unten macht sich doch nicht etwa einer Sorgen? Jetzt ist die Katze schon den Bach hinab, Willy.« Sie legte mir die Hand auf den Kopf und tätschelte mich, als ob sie mir für meine bescheidene Hilfe danken wollte. »Keine Bange«, sagte sie. »Sobald ich wußte, daß wir verreisen, habe ich mir als allererstes die Pille verschreiben lassen. Und ich mußte kilometerweit mit dem Bus nach Cardiff fahren, um sie zu kriegen. In unserem Tal wissen alle, wer die Pille nimmt. Unser Apotheker ist nämlich eine Klatschbase.«

»Das nenne ich Weitblick«, sagte ich. Ich rutschte im Bett

wieder nach oben und legte den Kopf neben ihr auf das Kissen; sie nahm mich mit ihrem molligen Arm in den Schwitzkasten.

»Ich war fest entschlossen dazu«, fuhr sie fort. »Ich wollte es unbedingt. Ich hatte nicht vor, hier drüben nur auf meiner Klaviaturzither zu spielen, das kannst du mir glauben.«

»Du bist erstaunlich«, sagte ich tief beeindruckt. »So engelhaft, wie du aussiehst.«

Sie lachte laut. »Das mußt du gerade sagen, ausgerechnet du«, sagte sie.

Ich begriff, worauf sie hinauswollte. »Wahrscheinlich hast du recht. Keiner von uns ist das, was er zu sein vorgibt, richtig? Nicht einer.«

»Winston schon«, meinte sie. »Es sei denn, er entpuppte sich noch als Chinese. Er weiß, daß es nur ein Job ist. Wir verkaufen etwas, woran wir selber nicht glauben.«

Mir fiel ein, daß Oliver Jaye sich ebenfalls in diesem Sinne geäußert hatte. »Darauf wollte ich ja vorhin hinaus«, sagte ich. »Die Sache ist doch die, daß wir es vielleicht genausogut oder sogar besser verkaufen als mancher, der tatsächlich daran glaubt. Vielleicht bringt es nichts, wenn echte Christen den christlichen Glauben unter die Leute bringen, weil sie einfach zu engagiert sind. Vielleicht braucht man dazu Leute wie uns.«

»Ich glaube, deshalb hat mein Vater auch soviel Erfolg«, stimmte sie zu. »Er ist ein Heuchler, aber er ist ein echter Heuchler, wenn du verstehst, was ich meine. Ihm ist es wirklich ernst mit dem, was er sagt, aber er glaubt nicht daran.«

»Er muß immerzu schauspielern«, sagte ich.

»Immer. Ach Gott, und wie eitel er ist. Weißt du, Willy, vor ein paar Tagen ist er in Tränen ausgebrochen, als er das Bild eines amerikanischen Erzbischofs in einer Illustrierten gesehen hat. Und weißt du auch warum? Das will ich dir sagen. Weil dieser Erzbischof so jung aussah, daß er sich uralt vorkam.«

»Normalerweise soll es einem doch nur so gehen, wenn die Polizisten immer jünger werden«, sagte ich. »Aber dafür hat er sich ja dann revanchiert, was? Indem er dem Erzbischof die Predigt geklaut hat.«

»Das stimmt«, antwortete sie, ohne sich zu wundern, daß ich darüber Bescheid wußte. »Während er den Predigttext aus der Illustrierten abgekupfert hat, hat er auch das Bild gesehen.« Sie schwieg, als ob sie etwas mit sich erörtern müßte. Dann kam sie zu einem Entschluß: »Ich will dir noch etwas anvertrauen«, sagte sie. »Aber kein Sterbenswörtchen zu irgendwem. Wenn du es verrätst, sage ich meinem Vater, du hättest mich vergewaltigt. Einverstanden?«

»Jetzt hast du meine Achillesferse getroffen«, meinte ich. »Rück schon raus damit.«

»Er heißt gar nicht Properjohn«, flüsterte sie. »So nennt er sich erst, seit er in Religion macht. Er fand, es hörte sich besser an.«

Ich war überrascht, sagte aber nur: »Er meinte wohl, der Name würde sich in Leuchtschrift besser machen.«

»Genau. Als er in Aberavon noch Sänger war, nannte er sich Johnny Jerome. Ich habe viele alte Fotos und Zeitungsausschnitte von ihm gesehen. Aber in Wirklichkeit heißt er mit Nachnamen einfach nur John, ein schöner, alter, walisischer Name. Mit Vornamen heißt er auch John. John John. Sein Vater hatte nicht viel Phantasie, obwohl er immer geschworen hat, daß er den Nachnamen im Standesamt nur noch einmal wiederholt hätte, weil er dachte, der Beamte wäre schwerhörig. Und der Mann hätte es dann zweimal aufgeschrieben.«

»Die Herkunft von Familiennamen. Theologie«, sinnierte ich und schmiegte mich an sie. »Worüber die Leute sich nach dem Sex so alles unterhalten.«

Damit hatte ich sie anscheinend an etwas erinnert. Eine Hand glitt hinunter zwischen ihre Beine und sie fing an, die Finger zu bewegen. »Ich wünschte, das Zimmer wäre schöner«, sagte sie traurig. »So wie das Zimmer in dem alten Gasthaus in Bethlehem. Weißt du noch? Das Zimmer mit dem großen alten Bett in der Mitte?«

Ich nickte.

»Da war es schön«, sagte sie genüßlich, als ließe ihr die Erinnerung an einen längst verzehrten Schweinebraten noch einmal das Wasser im Mund zusammenlaufen. »Da fand ich es herrlich. Ich träume manchmal, daß ich mich mit meinem Geliebten in so einem Zimmer treffe, überall Spinnweben, Staub und Mondlicht, wir tanzen, und dann legt er mich aufs Bett und vögelt mich nach Strich und Faden durch.«

Ihre Finger bewegten sich jetzt schneller. Ich lag einen Augenblick lang tatenlos da, dann zog ich ihre Hand weg. »Komm, ich helfe dir«, sagte ich.

Ihre warmen, feuchten Finger führten mich an die richtige Stelle, und ich machte da weiter, wo sie aufgehört hatte. So etwas hatte ich noch nie gemacht. Ich machte es wirklich gern, und das Leuchten auf ihrem jungen Gesicht gefiel mir. »Schneller, schneller jetzt«, bat sie mich am Ende, und ich gehorchte. Die Wirkung war verblüffend. Wir hatten mal eine gebrauchte Waschmaschine, die beim Schleudern genauso auf und ab hüpfte wie Ambrosia jetzt. Als sie fertig war, lag sie da und keuchte sich die Seele aus dem Leib, während ich sie anlächelte. Sie erholte sich soweit, daß sie mich küssen konnte.

»Tut mir leid, daß ich gesagt habe, du wärst ein Rotzlöffel«, murmelte sie. »Du bist wirklich kein Spielverderber.«

Obwohl der Bus so selten fuhr, waren wir die einzigen Fahrgäste, als er in Knoxville abfuhr. Wir setzten uns auf die Rückbank. Unterwegs stiegen nur noch zwei Nonnen und ein Automechaniker mit einem Schraubenschlüssel zu, die anscheinend zusammengehörten. Sie nahmen ganz vorne Platz.

»Ich hatte mal ein Kind«, sagte Ambrosia im Plauderton, als wir aus der nassen Stadt auf das schlammige Land herauskamen. Als ich mich zu ihr umdrehte, muß mein Gesicht Bände gesprochen haben.

»Junge oder Mädchen?« fragte ich.

»So weit kam es gar nicht«, murmelte sie. »Eigentlich war es gar kein Kind, es war eine Abtreibung.«

»Warst du deshalb in Bristol?« fragte ich.

»An was du dich alles erinnerst«, sagte sie anerkennend. »Deshalb bist du wohl auch Schriftsteller geworden. Bristol, genau. Meine Mama ist mitgekommen, und da haben wir es wegmachen lassen.«

»Deine Mutter. Himmel, jetzt bin ich aber platt.«

»Hat ihren Sparstrumpf dafür geplündert«, sagte sie.

»Dann muß sie dich wohl sehr lieb haben.«

»Nein. Aber sie liebt meinen Vater. Er sollte nichts davon erfahren.«

»Und er weiß wirklich nichts?«

»Natürlich nicht. Er würde mir die Kehle durchschneiden. Vor allem, weil es einer von den durchreisenden Laienpredigern war. Ich war fünfzehn und lag mit einer bösen Erkältung im Bett, dicker Kopf, Schnupfen, Fieber, einfach alles. Dieser Mann wohnte bei uns, während er die verschiedenen Kirchen in der Gegend abklapperte. Und eines Morgens, als Mama und Papa nicht da waren, kommt er mit einer Schüssel Milchreis in mein Zimmer, ›Ambrosia für Ambrosia‹, sagt er. Haha. So hieß das Zeug nämlich, Ambrosia-Milchreis. Er besteht darauf, es mir einzuflößen, und bevor ich weiß wie mir geschieht, flößt er mir noch etwas anderes ein.«

»Großer Gott«, sagte ich entsetzt. »Das ist ja ungeheuerlich.«

»Genau das hat er auch gesagt«, antwortete sie. »Aber da war es schon zu spät, und mir hatte es wahnsinnig Spaß gemacht. Und zur Krönung war hinterher meine Erkältung wie weggeblasen. Ich war immer hinter ihm her, weil ich noch mehr von ihm wollte. Jedesmal, wenn er in der Nachbarschaft oder auch weiter weg gepredigt hat, saß ich in der ersten Reihe und wartete darauf, daß er mit Gott fertig wurde und mit mir anfing. Brynglas, Pontyllewellyn, Dinas, Mountain Oak, überall. Einmal haben wir es sogar in einem verfallenen Schweinestall hinter dem Pfarrhaus in Cwm-Corner getrieben. Ich glaube, an dem Tag habe ich es mir eingefangen. Mein Alter hat sich wahnsinnig gefreut, daß ich ständig zu irgendwelchen Gebetsstunden und Gottesdiensten gepilgert bin. Er dachte, ich wäre endlich auf den Trichter gekommen.

Als ich gemerkt habe, daß mir was in den Trichter gekommen war, habe ich es meiner Mutter erzählt.«

Der Bus kam an »Jesus lebt« und »Jesus liebt« vorbei, die auf einer schlammigen Lichtung neben der Straße parkten. An der nächsten Haltestelle stiegen wir aus und liefen das Stück zurück durch den Nieselregen. »Wir machen das doch irgendwann noch mal, ja?« fragte sie plötzlich besorgt. Als ich nickte, grinste sie. »Schließlich ist es jetzt auch schon gehupft wie gesprungen, was?«

11

»Sag mal, was war eigentlich gestern in Knoxville los? Wo habt ihr so lange gesteckt?«

»Wir waren einkaufen«, sagte ich.

Inmitten treibender Nebelfetzen marschierten wir auf Nashville zu.

»Ich kann es mir denken«, bohrte Herbie weiter. Manchmal konnte er wirklich lästig sein.

»Ich habe es schon einmal gesagt, wir waren einkaufen.« Ich mußte es zu ihm hinüberrufen, weil ich wie üblich das Kreuz auf der falschen Schulter hatte. Sehen konnte ich nur den stoisch dahinstapfenden Winston, dessen nasser, kleiner Kopf wie eine traurige Schildkröte aus dem Regenumhang lugte. Winston konnte sehr jämmerlich aussehen, wenn er naß war.

»Einkaufen«, wiederholte ich, als ich das Kreuz auf die andere Seite gewuchtet hatte. Ich hätte schwören können, daß es schwerer wurde. Aber ich weiß nicht, ob es sich nach den vielen Kilometern nur so anfühlte oder ob sich bei dem Regen das Balsaholz mal wieder vollgesogen hatte.

»Sechs Stunden, um für zehn Dollar Sachen einzukaufen«, sinnierte Herbie. Er sah mich nicht an, er reckte das Gesicht nach vorne in den Nebel und Nieselregen wie ein Entdecker, der jeden Augenblick erwartete, ein unbekanntes Land am Horizont auftauchen zu sehen.

»Kann ich was dafür, daß der Bus nur zweimal am Tag geht?« fragte ich. »Wir haben einfach irgendwie die Zeit totgeschlagen.«

Wir trotteten weiter. Ich hatte gehofft, Herbies Neugier wäre nun gedämpft, aber ich sah mich getäuscht. »Sechs Stunden, um für zehn Dollar Sachen einzukaufen«, pfiff er durch die Zähne. »Da wart ihr aber ganz schön wählerisch.«

»Jetzt paß mal auf, du Oberidiot«, sagte ich. »Wenn du es ganz genau wissen willst, wir waren im Kino, wir haben uns einen Film angesehen, aber das muß unter uns bleiben, weil Properjohn nicht will, daß sie mit Männern ins Kino geht.«

»Und was habt ihr gesehen?« fragte er wie ein forscher Detektiv. »Was für einen Film?«

»Ach, nun mach aber mal halblang«, zischte ich wütend. »Was soll das? Worauf willst du hinaus?«

»Nun hab' dich nicht so, Kumpel«, sagte er und wedelte beschwichtigend mit der Hand. »Es hätte mich nur mal interessiert, was für Streifen gerade in Knoxville laufen. Ist denn das so schlimm?«

»*Der Fluch der alten Dame*«, raunzte ich.

»Ach nein«, grinste er. »Scheint ja ein ziemlich weit verbreiteter Film zu sein. Vielleicht verfolgt er dich. Weißt du noch, den hast du doch schon in New York gesehen, im Wartezimmer von Bonapartes Refugium.«

»Ach, deshalb kam er mir so bekannt vor«, murmelte ich. Manchmal haßte ich ihn richtig.

Das Eintreffen von »Jesus liebt« und »Jesus lebt«, die von freiwilligen Helfern gefahren wurden, bewahrte mich vor weiteren Peinlichkeiten. Sie stoppten, und die Properjohns schlossen sich uns zusammen mit Reverend Hatt für den letzten Kilometer des triumphalen Einzugs nach Nashville an.

»Ein großer Empfang erwartet uns!« brüllte Properjohn uns zu. Ich gönnte mir einen Blick auf Ambrosia, den sie aber nicht erwiderte. Sie zupfte ein paar Takte auf der Klaviaturzither, und die arme Clare klopfte auf dem Vorderrad von »Jesus lebt« die Spucke aus ihrer Mundharmonika.

Einer von uns mußte Properjohn antworten. »Bei dem Regen?« rief ich. »Der kommt ziemlich ungelegen.«

»Das ist alles geregelt!« brüllte er aufgeregt. »Massengebete gestern und dann noch mal heute morgen für eine Wetterbesserung. Bis wir da sind, ist die Sonne rausgekommen.«

So war es dann auch. Mit offenem Mund sahen wir, wie sich die Prophezeiung vor unseren Augen erfüllte. Die Wolken zogen sich folgsam zurück, der Nebel verkroch sich im Tal des Cumberland River, und vom dunstigen Himmel strahlte die Sonne über das Land und die näherrückende Stadt.

Auch der Empfang entsprach Properjohns Erwartungen. Dicht an dicht standen Chorsänger in langen Gewändern und Zuschauer auf der Brücke über dem Fluß. Eine uniformierte Kapelle mit einem Sousaphon blinkte und blitzte im Sonnenschein. In den Fenstern des Postamts, des Gerichts und des Hauptquartiers der Baptistischen Sonntagsschulunion hingen die Schaulustigen. Auf dem Fluß ließ ein Schlepperkapitän die Sirene auftuten, als ich das Kreuz über die Brücke in die Stadt trug. Es war zwölf Uhr; auf den Gehsteigen und unter den Bäumen drängten sich die Leute, die Mittagspause hatten. Wir hatten vor der Stadt unsere Regenumhänge ausgezogen, und ich sah in meiner reisemüden Robe und den ausgetretenen Halbschuhen so sehr wie der wahre Jesus aus, daß ich auf dieser Welt keine Konkurrenz zu fürchten hatte. Es war der triumphalste Einzug, den wir bisher erlebt hatten, und es war auch der größte.

Herbie kam ebenfalls auf seine Kosten. Er taxierte die blutjungen Chorsängerinnen wie auf einem Sklavenmarkt. Hattie streute seine Traktate aus wie ein Sämann die Saat. Ich sah mehrere Leute, die sich daraus Papierhüte gebastelt hatten, weil die Sonne für die Jahreszeit außergewöhnlich heiß brannte. Als wir auf der anderen Seite der Brücke am Ufer haltmachten, schienen wir von Hunderten von Menschen umringt zu sein. Von erhöhten Plattformen aus wurden wir mit Fernsehkameras gefilmt, und Winston wieselte zwischen

Zeitungsreportern hin und her. Plötzlich kam, wie eine Ratte aus einer leckeren Torte, Oliver J. Jaye aus der Menge hervor.

Es war ein lächelnder, leutseliger Oliver J. Jaye, dessen Grabsteingesicht glücklich leuchtete. Einem Mann wie ihm fiel es mit Sicherheit nicht leicht, Glück auszustrahlen, und ich konnte mir vorstellen, daß er diese Miene irgendwo am Rande des Gedränges solange krampfhaft einstudiert hatte, bis sie etwas einigermaßen Freudiges zum Ausdruck brachte, bevor er sich durch die Menge und die Sänger wagte. Er ruderte wild mit den Armen, Properjohn ließ die Arme fliegen, und wie zwei lange getrennte Zwillingskrähen stürzten die beiden Erzschwindler aufeinander zu.

»Hosianna! Hosianna!« schrie Properjohn.

»Halleluja! Halleluja!« brüllte Jaye.

»Ach du Scheiße, ach du Scheiße«, wisperte Herbie neben mir.

Aber für alle anderen Menschen ringsum, für die Ahnungslosen, die nur aus Neugier oder Frömmigkeit gekommen waren oder weil bei ihrer Kirchengemeinde demnächst eine neue Finanzspritze fällig war, für sie alle war es ein freudiger Augenblick. Überwältigt von ihren Gefühlen, stimmte die arme Clare inbrünstig »God Save the Queen« an, und Ambrosia fiel mit ihrer Zither ein, doch sogleich stahl ihnen die Nashviller Kapelle mit »Anchors Aweigh« die Schau.

Properjohn und Oliver Jaye schlangen die Arme umeinander und drückten sich so leidenschaftlich, daß sich die meisten Filmliebespaare an ihnen ein Beispiel hätten nehmen können. Bei diesem Anblick gerieten die Emotionen sowohl in der Menge als auch in unserem Gefolge in Wallung. Reverend Hatt kniete mit gefalteten Händen auf einem Packen seiner Traktate wie auf einem Gebetsteppich und sandte Worte gen Himmel. Als die Menge auf ihre beiden Anführer losstürmte, brandete sie rücksichtslos über ihn hinweg und trampelte ihn in blinder Begeisterung nieder. In Ambrosias Augen bemerkte ich einen tränenfeuchten Schimmer. Es gab keinen Zweifel. Sie weinte. Die ganze Familie bestand aus waschechten Heuchlern.

Hallelujas und Hosiannas flogen zwischen Properjohn und Oliver Jaye, die sich nun aus ihrer Umklammerung gelöst hatten, hin und her, und noch immer brüllten sie wie Bieter auf einer Rinderauktion. Winston schüttelte lachend einem Mann mit Kopfhörern die Hand. Reverend Hatt krabbelte unbeholfen zwischen den Beinen der blutjungen Chorsängerinnen hervor, was Herbie mit neidischen Augen beobachtete. Die arme Clare tat zwar so, als spielte sie zusammen mit der Kapelle »Anchors Aweigh«, schnappte dabei aber zwei Zentimeter vor den Mundharmonikalöchern hilflos mit den Lippen. Ambrosia beugte sich glücklich über ihre Zither. Ich klammerte mich an mein Kreuz wie ein Verirrter an einen Wegweiser.

»Freunde!« heulte Oliver J. Jaye in dem Getöse. »Liebe Freunde.« Sofort hörte die Kapelle auf zu spielen und der Lärm flaute ab.

Eines stand fest: Der Mann besaß Ausstrahlungskraft. »Liebe Freunde in Nashville, Tennessee.« Alles brach in Jubel aus, so daß die Vögel in panischer Angst flußabwärts flüchteten. Man hätte meinen können, daß damit endlich, nach langen Jahren der Unsicherheit, über die geographische Lage der Stadt entschieden worden wäre. »Liebe Freunde in Nashville«, wiederholte er. »Tennessee.« Er stellte sich auf die Zehenspitzen und mußte sich recken, um über ihre Köpfe hinwegbrüllen zu können. Fünf junge Farbige in weißen Hosen und weißen Hemden, auf denen der Name einer Kirche prangte, eilten herbei, knieten sich vor ihm auf den Boden und bildeten eine menschliche Plattform. Er hatte genug Sinn für PR, sich die Schuhe auszuziehen, bevor er hinaufstieg.

Nach seinem beklommenen Blick zu urteilen, war es nur die Angst vor dem schwankenden Boden unter seinen Füßen, die Oliver Jaye endlich dazu brachte, das zu sagen, was er zu sagen hatte. »Freunde in Nashville«, sagte er erneut. »Tennessee. Ich bringe euch Grüße im Namen des Herrn von der Helen-J.-Jaye-Stiftung für christliche Nächstenliebe.«

»Wir grüßen zurück, Sir«, rief ein Mann aus der Menge, der offenbar von der Helen-J.-Jaye-Stiftung besonders gut behandelt oder bezahlt worden sein mußte. Seinem Ausruf folgte der nächste Beifallssturm. Ich hielt nach den Vögeln Ausschau, aber sie kreisten noch immer mißtrauisch über dem anderen Ufer.

»Heute«, fuhr Jaye fort, »haben wir das Kreuz Jesu in eure schöne Stadt getragen, und wir hoffen, daß euch unser Einzug beeindruckt hat mit seiner Schlichtheit...«

»Und Billigkeit«, murmelte Winston mir ins Ohr.

»Unsere kleine Scharade...«

»Gut gesagt«, flüsterte Winston.

»...Parade wird von unseren Brüdern und Schwestern im Herrn angeführt, die von weither über das Meer angereist sind – von Reverend John C. Properjohn, seiner Frau und seiner Tochter aus Wales.« Mit einer großspurigen Handbewegung umfing er die gesamte Properjohnfamilie. »Ein Engländer, Willy Turpin, ein demütiger, gottesfürchtiger Mensch trägt das Kreuz...« Ich verbeugte mich nur kurz, da ich nicht damit gerechnet hatte, vorgestellt zu werden.

»Begleitet werden sie von drei amerikanischen Mitbürgern.« Er deutete mit dem Kopf auf Reverend Hatt, der so heftig errötete, daß man es sogar in der strahlenden Mittagssonne sah, und auf Herbie, der wie immer fromm mit dem Kopf nickte. Dann zeigte er vorsichtig auf Winston, der die Vorstellung nur mit einem kleinen Winken würdigte, wie ein kleiner, bescheidener Boxer.

Oliver Jaye begann mit einem reißerischen Bericht über unsere Reise und die Zuschauermassen, die wir angelockt hatten; ein Pfad des Lichts, so sagte er, zöge sich quer durch Amerika, der Millionen von Menschen Liebe und Erleuchtung brächte.

Als Oliver Jaye ans Ende seines Sermons gekommen war, bot er Properjohn an, seinen Platz einzunehmen, was dieser aber zur allgemeinen Verwunderung ablehnte. Dieser Entschluß brachte ihm von der menschlichen Plattform dankbare Blicke und von Oliver Jaye ein finsteres Stirnrunzeln ein. Properjohn begnügte sich damit, auf Zehenspitzen stehend zu verkünden, daß um sechs Uhr am Abend ein großer Gottesdienst am Flußufer geplant war. Es wurden noch ein paar Lieder gesungen und eine gründliche Kollekte abgehalten, bevor sich die Menge zerstreute. Dann fanden wir uns alle in »Jesus liebt« ein.

Wir hockten schon unbehaglich auf Betten und Hockern, und Ambrosia kauerte irgendwo unter dem Dach in ihrer Koje, während Oliver Jaye noch schwerfällig auf einem Stuhl Platz nahm. Sein Lächeln war wie weggewischt, und seine Miene finster, wie üblich. Schweigend und gespannt saßen wir da, als ob wir darauf warteten, daß der Geber endlich die Karten verteilte.

»Properjohn«, knurrte Jaye schließlich. »Wieso haben Sie sich geweigert, zu den Leuten zu sprechen? Was war denn um Gottes willen los mit Ihnen?«

»Ich habe ein Loch in der Socke«, sagte Properjohn kläglich.

Herbie, Winston, Ambrosia und ich sahen uns der Reihe nach an, als ob wir die Versuchung loszulachen an den Nebenmann weitergeben müßten.

»Ein Loch in der Socke?« raunzte Jaye ungläubig. »EIN LOCH IN DER SOCKE?!« Nun stand ihm blanke Wut ins Gesicht geschrieben. Die fliehende Unterlippe der armen Clare fing an zu zucken, und ich dachte, sie würde jeden Moment in Tränen ausbrechen. Hattie machte ein Gesicht, als versuchte er krampfhaft, sich schnell ein paar Gebete auszudenken.

»Ja«, nickte Properjohn nervös. »Das stimmt, Mr. Jaye. Ein Loch. Wenn ich den Negern auf den Rücken gestiegen wäre wie Sie, hätte ich mir doch die Stiefel ausziehen müssen, nicht wahr? Und das konnte ich nicht machen, weil ich wußte, daß mein dicker Onkel vorne rausguckt, und dann hätten es doch alle gesehen.«

Jetzt fing die arme Clare tatsächlich an zu weinen, dicke Tränen kullerten ihr über das zerfurchte Gesicht. Während sie weinte, schluchzte sie: »Meine Schuld, Mr. Jaye, meine Schuld.«

»Sie soll aufhören«, befahl Jaye Properjohn, als bräuchte

man nur auf einen Knopf zu drücken, um sie abzustellen. »Sie soll aufhören.«

»Hör auf, Weib«, schnauzte Properjohn seine Frau an. Clare versuchte es, sie vibrierte wie ein scharf abgebremster Lastwagen. Es schien ihr zu gelingen, und sie hob das rote, gezeichnete Gesicht mit den schrecklichen, verlorenen Augen und der furchtbaren, fehlenden Kinnlade. Aber als sie unsere Blicke sah, überkam sie der nächste Weinkrampf, haltlos quollen die Tränen und die Selbstvorwürfe aus ihr hervor: »Meine Schuld ... meine Schuld ...«

»AUFHÖREN!« Oliver Jaye fuhr zu ihr herum und brüllte sie an: »AUFHÖREN MIT DEM GEPLÄRRE!«

Unter dem Dach hörte man eine rasche, wütende Bewegung, und schon hing Ambrosia mit hochrotem Kopf aus ihrer Koje, als wollte sie sich mit ihrem beträchtlichen Körpergewicht jeden Augenblick auf ihn plumpsen lassen. »So reden Sie nicht mit meiner Mutter, Sie mieser Geier«, sagte sie drohend. Oliver Jaye klappte die Kinnlade herunter. Mit dem knochigen Finger zeigte er nach oben, als hätte er den Leibhaftigen im Gebälk entdeckt.

»Das ist mein voller Ernst«, fauchte sie. »Wenn Sie den Alten da drüben oder diese Waschlappen hier zusammenstauchen, ist mir das egal. Ich weiß, was das für Typen sind.« Mit einem verachtungsvollen Blick umfing sie uns alle. »Aber wenn Sie noch einmal meine Mutter schikanieren, komme ich runter zu Ihnen und ziehe Ihnen die Nase lang, bis sie doppelt so lang ist wie jetzt, und das will was heißen, Freundchen.«

Ein verdutztes Schweigen machte sich breit. Dann brüllte Oliver Jaye: »Freundchen?!« Diese Bezeichnung schien ihn mehr zu entsetzen als ihre Drohung. »Freundchen?!«

»Nenn Mr. Jaye nicht Freundchen«, sagte Properjohn kläglich zu dem Mädchen.

»Nicht Freundchen, nicht Freundchen«, schluchzte die arme Clare in ihre roten Hände. »Meine Schuld, meine Schuld. Ich stopfe das Loch. Ich stopfe es ... Ehrenwort.«

Wie ein Faultier im Baum hing Ambrosia aus ihrer Koje.

»Jetzt hören Sie mir mal gut zu«, sagte sie zu Jaye. »Sie brauchen uns viel nötiger als wir Sie, Mister. Wenn Sie sich nicht ein bißchen am Riemen reißen, könnte es durchaus sein, daß ich mich bei einem dieser ekelhaften Fernsehauftritte vergesse und aufs Klavier kotze. Kapiert? Und dann wollen wir doch mal sehen, wie sich das in der Zeitung macht.«

Erstaunlicherweise hatte Oliver Jaye tatsächlich kapiert. Ambrosia hatte ihm gedroht, und wahrscheinlich war das die Sprache, die er am besten verstand. Er stand hastig auf. »Ich gehe«, verkündete er. »Ich fühle mich hier nicht sicher.« Als er zur Tür marschierte, dachten wir, wir könnten den ganzen Kreuzzug begraben. Aber statt dessen sagte er: »Ich kann Ihnen nur raten, heute abend beim Gottesdienst eine anständige Show abzuziehen.« Damit ging er hinaus. Wir waren also immer noch im Geschäft.

»Wir können das nicht jeden Nachmittag machen.«

»Nur wenn wir einkaufen.«

»Aber es kostet dich ein Vermögen. Sogar bei nur drei Dollar das Zimmer. Ich habe überhaupt kein Geld. Herbie und ich müssen immer Winston anpumpen.«

»Das geht schon in Ordnung. Ich zweige was vom Einkaufsgeld ab. Wer soll das schon merken?«

»Was für ein gräßliches Zimmer«, sagte ich. »Noch schlimmer als das in Knoxville.«

»Schließlich sind wir hier nicht auf einer Musterhausausstellung«, sagte sie. »Mach einfach die Augen zu, und laß dich überraschen, was im Bett liegt.«

»Ich weiß, was im Bett liegt.«

»Kannst du es finden, Schatz?«

»Ich suche noch.«

»Ich weiß. Ist es so richtig?«

»Das müßtest du mir sagen.«

Sie kicherte. »So fühlt es sich schön an. Bleib einfach so. Ich will dich nur fühlen.«

»Ich weiß aber nicht, ob ich es lange so aushalte – nur mit dem Schnäuzchen drin.«

»Versuch es doch. Probieren wir mal, wie lange wir es schaffen.«

»Jetzt müssen wir auch noch Spielchen spielen.«

»Wir können uns ja unterhalten. Ich würde mich gerne unterhalten, während er nur so hereinlugt.«

»Na schön. Worüber möchtest du denn reden?«

»Fang du an«, sagte sie. »Am besten über irgend etwas Allgemeines, nicht über Sex, sonst kommt es uns womöglich doch noch. Ich glaube, wir können es so ganz schön lange aushalten.«

»Also, ich hätte wirklich etwas Allgemeines auf Lager. Herbie ist dahintergekommen, daß wir in Knoxville irgendwas getrieben haben.«

»Ach du lieber Himmel, das ist ja mal wieder typisch.« Sie war beunruhigt. »Der alte Lüstling. Was hast du ihm erzählt?«

»Ich habe ihm gesagt, daß wir im Kino waren.«

»O nein, dann hättest du ihm auch gleich sagen können, daß wir zusammen im Bett waren, du Dummerchen. Wenn mein Vater spitzkriegt, daß ich mit dir im Kino war...«

»Irgend etwas mußte ich ihm schließlich sagen. Er verrät uns nicht. Er ist mein Kumpel, und außerdem habe ich viel zuviel gegen ihn in der Hand.«

»Was denn zum Beispiel?«

»Das verrate ich nicht.«

»Okay. Du kannst es für dich behalten. Was für einen Film haben wir denn gesehen? Das muß ich ja wohl wissen.«

»*Der Fluch der alten Dame*.«

»Wie passend.«

»Tut mir leid, mir ist auf die Schnelle nichts Besseres eingefallen.«

»Sollen wir jetzt loslegen?« fragte sie.

»Ein bißchen halten wir schon noch durch. Es ist wirklich mal was Neues.«

»Für mich ist fast alles neu, Willy. Ich bin noch eine ziemliche Anfängerin auf dem Gebiet. Das darfst du nicht vergessen. Schließlich hatte ich bis jetzt bloß einen einzigen, einsamen Laienprediger in den walisischen Bergen. Er kannte nur eine Stellung, ich kannte nur eine Stellung. Zum Glück war es die gleiche.«

»Bestimmt die Missionarsstellung«, sagte ich.

»Ach, deshalb kannte er sie bestimmt. Aber sie war sehr wirkungsvoll. Sehr.«

»Es muß schlimm sein, einen Vater zu haben, an den man sich nicht wenden kann, wenn man in Schwierigkeiten steckt.«

»Nun tu doch nicht so brav. Millionen von Vätern wissen noch nicht einmal, daß ihre Tochter die Regel hat. Mein Alter würde denken, ich spräche über die Zehn Gebote.«

»Ja, das wäre ihm zuzutrauen. Kann ich ihn jetzt reinschieben?«

»Nun warte doch noch ein bißchen.«

»So ähnlich habe ich mich mal als Kind gefühlt, als ich vor dem Kino der letzte in der Schlange war und Angst hatte, daß man mich nicht mehr reinläßt.«

»Du kommst schon rein, keine Angst. Zur Not kriegst du einen Stehplatz.« Ich glaube kaum, daß sie das als Witz gemeint hat, denn sie lachte nicht, sondern sagte: »Wo waren wir gerade?«

»Bei deinem Vater.«

»Ach ja. Er hätte sich lieber keine Tochter anschaffen sollen, sondern einen Hund. Früher ist er mir auf die liebevolle Tour gekommen, mein Herzchen, mein Täubchen, und dieser ganze Schmu. Das war noch zu der Zeit, als er mich immer auf den Kopf gestellt hat.«

»Die Zeiten sind noch nicht vorbei«, sagte ich.

»Und ob. Wenn er das noch einmal versucht, bring' ich ihn um. Nein, er hat mir die Hucke vollgesäuselt und gesagt: ›Ambrosia, wenn du irgendwann in Schwierigkeiten gerätst, mein Schatz, ganz egal, wo du bist, ganz egal, was los ist, dann brauchst du bloß zum Telefon zu greifen.‹«

»Dagegen ist doch nichts auszusetzen«, sagte ich. »Das könnte jeder Vater sagen.«

»Stimmt, aber er meinte, ich bräuchte bloß zum Telefon zu greifen und die Polizei anzurufen.«

Ich lachte, und sie fiel ein. »Was will man mit so einem Menschen machen?« fragte sie. »Er ist einfach übergeschnappt.«

»Heute habe ich fast geglaubt, du wärst auch durchgedreht«, sagte ich. »Oliver Jaye so an den Kragen zu gehen.«

»Ich dachte mir schon, daß du davon anfängst. Aber was sollte ich denn machen, als er meine Mutter so angeschnauzt hat? Die Ärmste hat schon genug auszuhalten, auch ohne ihn. Und ihr sitzt alle da wie die Ölgötzen und macht den Mund nicht auf.«

»Du hast ja keinen zu Wort kommen lassen.«

»Quatsch. Du hättest sowieso nichts gesagt. Du hast die Hosen voll wegen deiner Prämie. Du taugst zu gar nichts – na gut, zu einer Sache schon, und damit könntest du jetzt endlich mal anfangen.«

»Wenn du mir so kommst, verzichte ich.«

»Ach, sag doch nicht so was, Willy. Ich habe das nicht so gemeint. Und schließlich habe ich das Zimmer bezahlt. Komm schon, Schatz, enttäusch' mich jetzt nicht. Ich freue mich schon so darauf.«

Als wir hinterher noch eine Weile dalagen und uns den Schweiß trocknen ließen, fragte sie: »Suchst du deine Frau immer noch?«

»Ja«, sagte ich.

»Hoffentlich findest du sie nie«, sagte sie.

12

Unsere groß angekündigte Abendveranstaltung lockte genau sieben Leute an, von denen drei wieder gingen, als der Regen zu heftig wurde. Am späten Nachmittag hatte es angefangen zu regnen, und diesmal war es kein hauchzartes Geniesel, sondern ein handfester Wolkenbruch. Der Cumberland River gurgelte unter der Brücke wie ein Vielfraß, und wir gaben in unseren grünen Regenumhängen ein klägliches Bild ab. Die Gemeinde, die armen vier Seelen, die unter einer einzelnen Plane Schutz fanden, kauten lustlos ein paar Lieder durch. Es dauerte nicht lange, und die Plane senkte sich wie ein schwangerer Bauch auf die Köpfe der drei Männer und der einen Frau hinab.

Oliver J. Jaye war zurückgekommen. Er saß in seiner Limousine, und sein vom Fenster eingerahmtes Gesicht sah wie ein mißgelauntes Porträt aus. Schon nach ein paar Minuten ließ er den Chauffeur wieder abfahren. Der Wagen preschte mit einem solchen Satz davon, daß man sich gut vorstellen konnte, in welchem Ton er mit dem Fahrer gesprochen haben mußte. Wir standen da und beteten vor uns hin, während Gott das Wasser aus Kübeln über uns kippte. Keiner brachte es über sich, eine Kollekte abzuhalten.

»Wir müssen etwas unternehmen«, knurrte Properjohn aus der zerknitterten Regenkapuze heraus. Man hätte meinen können, die Stimme käme aus dem Herzen eines nassen Wirsings. »Wir können doch nicht einfach so aufgeben. Los, Freunde, marschieren wir ein Stück.«

Um ihn aufzuheitern, marschierten wir die in allen Städten immer wieder gleiche, hier allerdings überflutete Hauptstraße hinunter. Vor dem Eingang zu einem Etablissement, das mit einem Cadillac und der dazugehörigen Reklameschrift »Der Wagen, in dem Hank Williams starb« um Kunden warb, blickte uns ein Mann unter der Krempe seines Cowboyhuts hervor nach. In einem Wachsfigurenkabinett hätten wir uns lebensgroße Figuren ansehen können, die in ihre eigenen Sachen gekleidet waren. Souvenir- und Schallplattenläden, aus denen die unterschiedlichsten Country- und Westernlieder auf die verregnete Straße hinausplärrten, leuchteten grell in der rasch hereinbrechenden Dämmerung, und in einem Fotogeschäft hing ein Poster, das uns überreden wollte, uns auf Plakatformat vergrößern zu lassen.

Doch dann waren urplötzlich Menschen zu sehen, die durch den Regen hasteten oder mit ihren Autos vor einer Einfahrt im Stau standen. Aus unserer Prozession wurde ein Zug von Neugierigen, die unbedingt herausfinden wollten, wohin diese Leute alle wollten.

»Es ist eine Kirche!« rief Properjohn so heftig, daß ihm der Regen in Kaskaden von der Kapuze spritzte. »Was für eine Unverschämtheit – es ist eine Kirche!«

»Es ist eine trockene Kirche«, sagte ich.

»Es ist Samstag«, sagte Ambrosia.

»Es ist eine Synagoge«, meinte Herbie.

»Es ist das Opry House«, sagte Winston.

»Opry House?« sagte Properjohn. »Opernhaus?«

»Es ist das Grand Ole Opry House«, sagte Winston. »Das Mekka der Country- und Westernfans.«

»In einer Kirche«, ächzte Properjohn.

Wir gingen weiter, ohne daß uns die durch den Regen eilenden Menschen viel Beachtung geschenkt hätten. Es schien sich ausschließlich um Weiße zu handeln. »Country- und Westernmusik«, sagte Winston verächtlich. »Kuhtreibermusik.«

»Das Grand Ole Opry House«, lächelte Herbie voll patriotischen Entdeckerstolzes. »Nashville.«

»Tennessee«, murmelte Ambrosia.

»In einer Kirche«, murmelte Properjohn.

Es war tatsächlich eine Kirche. Zumindest war es früher einmal eine gewesen. Mit ihren roten Backsteinen und den spitzen Fenstern war sie nicht zu verkennen. Properjohn näherte sich dem Gebäude wie ein Priester einem entweihten Tempel. »Union Gospel Tabernacle 1891«, las er laut vor.

»Grand Ole Opry House«, las ich darunter.

»Lebens-, Unfall- und Sachversicherungen«, las Ambrosia noch eine Etage tiefer.

»Ein Sakrileg«, flüsterte Properjohn. »Ein Sakrileg.«

»Nur keine Aufregung«, warnte Winston ihn. »Immer mit der Ruhe. Jeden Freitag und Samstag haben sie hier zwei Vorstellungen mit ein paar tausend Besuchern, und wir sind nur zu siebt. Okay? Okay. Wir können es uns ruhig mal ansehen. Wenn die Massen nicht zu uns kommen, müssen wir eben zu den Massen gehen.«

Winston bezahlte den Eintritt für uns alle. Den Platzanweiser im Foyer konnte so leicht nichts erschüttern. »Sir«, sagte er höflich zu mir. »Würden Sie das Kreuz bitte an der Garderobe abgeben?«

»Das war aber sehr spendabel von dir«, sagte ich zu Winston. »Dafür, daß es deiner Meinung nach nur Kuhtreibermusik ist.«

»Sinnvoll investierte zwölf Dollar«, lächelte er. Er blickte sich um. »Sieh dir nur diese ganzen Weißen an. So ein Publikum hatte er noch nie.«

»Du willst ihn doch wohl nicht etwa da hinaufscheuchen?« fragte ich und deutete mit dem Kopf auf die große, leere Bühne.

»Den braucht man nicht zu scheuchen, Mann. Das weißt du genau«, antwortete Winston.

»Womöglich lynchen sie ihn«, sagte ich. »Womöglich werden sie ungemütlich. Schließlich sind sie nicht hergekommen, um ihn zu hören.« Wir standen am hinteren Ende der Halle. Die hölzernen Kirchenbänke waren im weiten Halbkreis aufgestellt. Oben gab es eine Galerie, und über unseren Köpfen brannten ein paar trübe Funzeln. Alle Plätze waren besetzt.

»Kann schon sein, daß sie ihn lynchen«, gab Winston achselzuckend zu. »Aber egal, was passiert, die Publicity ist mit Geld nicht aufzuwiegen. Die Show wird live übertragen.«

Ich sah ihn mit neuen Augen an. »Womöglich reißen sie ihn in Stücke«, meinte ich.

»Er weiß genau, was er tut«, sagte Winston. »Er weiß über manche Sachen besser Bescheid, als du ihm zutraust. Er weiß, wie man die Leute mitreißt.« Er hielt inne, dann ergänzte er: »Wenigstens ein Stück weit.«

Bevor die Veranstaltung begann, wurde zunächst ein großes, buntes Plakat heruntergelassen, auf dem »Odom Wurst – US Borax« stand, vor dem dann drei Künstler traurige Lieder zum besten gaben, in denen es um verlorene Liebe, verlorene Herzen und verlorenes Geld ging.

Winston knurrte noch einmal: »Kuhtreibermusik.«

Die ganze Show dauerte vier Stunden, Werbeplakat folgte auf Werbeplakat, Künstler auf Künstler, die Zuschauer gingen im Laufe des Abends immer begeisterter mit und klatschten immer lauter Beifall. Winston ließ sich die miese Laune nicht verderben. »Die würden auch noch klatschen, wenn man ihnen da oben zwei aneinandergereihte Fürze vorspielen würde, Mann«, sagte er.

Zwischendurch schritt einmal der Conférencier in seinen Hirschlederstiefeln über die Bühne und verkündete fröhlich, daß die Grand-Ole-Opry-Gospelstunde mit Reverend Jimmy R. Snow und Ehrengästen um elf Uhr beginnen sollte. Ich sagte zu Winston: »Der kann sich aber auf ein paar unerwartete Ehrengäste gefaßt machen, was?«

Winston schüttelte den Kopf. »So lange wartet unser Champion nicht«, prophezeite er. »Er will seinen großen Auftritt mit niemandem teilen, nicht einmal mit Jesus.«

Er sollte recht behalten. Ein Plakat, das für Arbeitsbekleidung warb, war gerade auf die Bühne hinuntergelassen worden, das Publikum wartete gespannt auf den Höhepunkt des Abends, Hank Snow und die Fruit Jar Drinkers, da stand unser Champion plötzlich auf und marschierte durch den Mittelgang schnurstracks auf die Bühne zu, die arme Clare und Ambrosia im Schlepptau. Properjohn strotzte vor blindem Selbstvertrauen. Auf halbem Weg fing er an, sein »Hosianna! Hosianna! Hosianna!« vor sich hin zu schreien und mit den Armen um sich zu dreschen. In einem Gotteshaus fühlte er sich wie zu Hause.

»Wir gehen wohl lieber mit«, sagte ich zu Winston. Aber er hielt mich und auch Herbie zurück, der auf der anderen Seite neben ihm saß. Hinter Herbie hockte Hattie, der so weiß im Gesicht war, als müßte er jeden Augenblick ein großes Opfer bringen. »Vielleicht bleiben wir lieber sitzen«, warnte Winston. »Mit unnötigem Blutvergießen ist niemandem gedient.«

»Aber Ambrosia«, sagte ich ängstlich. »Wir hätten sie nicht gehen lassen dürfen.« Ich schnappte Herbies Blick auf. »Und die arme Clare natürlich auch nicht.«

Aber die Diskussion erübrigte sich, da Properjohn unterdessen die Bühne erreicht hatte und mit je einer Hand Ambrosia und Clare hinter sich hinaufzog. »Halleluja! Halleluja! Halleluja!« röhrte er. Die zweitausend Menschen waren auf der Stelle ruhig. Hinter Properjohn sah ich eine Gitarre aufblitzen. Mr. Hank Snow und die Fruit Jar Drinkers warteten offensichtlich auf ihren Auftritt.

Aber die große Stille hielt an. Ich dachte: »Mein Gott, er hat es schon wieder fertiggebracht.«

Properjohn schwieg ebenfalls. Aber plötzlich war es, als hätte er sich zu einem Entschluß durchgerungen. »Ein Sakrileg«, brüllte er ins Publikum. »Sakrileg!«

In den Kirchenbänken machte sich ein unheimliches, verunsichertes Gemurmel breit. Ich hörte Hattie leise winseln und hatte den nächsten Notausgang fest im Blick. Herbie sagte, er müßte mal eben zur Toilette, aber wir hielten ihn fest.

»Christus hat die Geldwechsler aus dem Tempel vertrieben!« heulte Properjohn wutentbrannt. »Und ich werde euch aus diesem Haus vertreiben. Den Tabernakel des Herrn zu mißbrauchen für diese... diese... KUHTREIBERMUSIK!«

Sein Zorn war wunderbar anzusehen. Er reckte sich, packte das Plakat für Arbeitsbekleidung mit seinen großen Pranken, riß es mit einem jähen Ruck herunter und schleuderte es ins Publikum.

Damit war das Maß voll. Von überall her schienen Leute zu kommen, aus den Kulissen, aus dem Zuschauersaal. Ein Tumult brach los. Über uns war die ganze Galerie auf den Beinen und warf mit Gegenständen um sich. Ich erhaschte einen kurzen Blick auf den mit schwarzen Armen um sich schlagenden Properjohn und hörte die arme Clare im Chaos aufheulen. Wir vier sprangen auf. Ich rannte durch den Seitengang Richtung Bühne, Herbie war neben mir, der zitternde Hattie knapp dahinter. Winston wollte sich durch den hinteren Notausgang davonstehlen, aber Herbie hielt ihn fest. »Laß los«, bettelte Winston. »Ich kann mich da nicht einmischen. Ich bin ein Schwarzer, und wir sind hier in den Südstaaten, wir sind hier in Nashville, Mann.«

Aber wir schleppten ihn trotzdem mit. Kein Mensch in der Halle schien mehr an seinem Platz zu sitzen. Zu Hunderten umringten sie die Bühne, sie schrien und drohten Properjohn mit den Fäusten. Ich konnte weder die arme Clare noch Ambrosia entdecken, aber mitten in dem Höllenlärm hörte ich plötzlich einen Klagelaut aus der Mundharmonika, wie das letzte Signal eines tödlich getroffenen Hornisten.

»Hier entlang«, rief Hattie. Wir folgten ihm durch einen Notausgang, bogen scharf nach links und hatten plötzlich relativ freie Bahn zur Bühne. Wir stürmten an Künstlern in paillettenbesetzten Cowboykostümen vorbei, die sich das Schauspiel von der Kulisse aus betrachteten. Properjohn kämpfte wacker. Zwei junge Männer hatte er auf die Bretter geschickt, ein dritter hockte auf der Bühne und hielt sich den Kopf, als müßte er zwei auseinandergebrochene Hälften wieder zusammenkleben. Die arme Clare lief kreischend herum wie eine häßliche Seejungfrau, die von Fischern verfolgt wurde. Ambrosia hatte sich hinter einer Barrikade verschanzt, die für ein Hamburgerrestaurant warb, und setzte sich mit schwingender Klaviaturzither gegen drei Männer zur Wehr.

Inmitten dieser Szene schrie ein Mann mit Kopfhörern: »Aufhören! Aufhören! Wir sind auf Sendung! Wir sind auf Sendung!« Er entdeckte uns in dem Augenblick, als wir Properjohn erreichten, und nachdem er unser Auftauchen richtig gedeutet hatte, ging er wütend auf uns los. »Schafft mir diesen Irren von der Bühne«, befahl er. »Schafft ihn weg. Wir sind auf Sendung.« Wir rissen an Properjohn herum, der ziemlich leicht aus dem Männerknäuel zu lösen war. Vielleicht waren die anderen froh, ihn loslassen zu können. Aber sofort stürmte er wieder auf sie zu, schnappte sich eine Gitarre und schlug sie einem seiner Gegner krachend über den Schädel.

Wir zogen ihn wieder weg, sammelten auf dem Weg in die Kulissen auch noch Ambrosia und die arme Clare ein und hielten auf den Ausgang zu. Die Cowboys machten uns ohne zu zögern den Weg frei. Aber das Publikum war noch nicht fertig mit uns. Als wir durch einen Korridor rannten, sahen wir uns plötzlich einer tobenden Meute gegenüber. Wir machten kehrt und liefen in die entgegengesetzte Richtung, wo uns merkwürdigerweise der Platzanweiser mit den grünen Regenumhängen und den Gewändern im Arm erwartete und mir mein Kreuz hinhielt. Im Rennen riß ich es ihm aus der Hand. »Durch den Hof«, riet der Mann uns ruhig.

Wir hatten nicht weit zu laufen, wir mußten nur durch einen eingefriedeten Hof und dann durch eine niedrige Tür. Einige Zuschauer waren uns immer noch auf den Fersen. Als wir uns durch die Tür duckten, passierte das Entsetzliche. Ich blieb mit dem Kreuz hängen, und es brach ab, mitten durch. Ich konnte gerade noch die obere Hälfte samt Querbalken auffangen und hinter den anderen herstolpern.

Dann standen wir im Regen, auf der Straße. Die Verfolger hatten wir abgeschüttelt. Zu meinem Erstaunen fing Properjohn an, wie ein Wahnsinniger zu lachen und aufgeregt herumzuhüpfen. »Wir haben es geschafft!« rief er. »Bei Gott, wir haben es geschafft!«

»Wir haben noch etwas geschafft«, sagte ich. »Wir haben das Kreuz ruiniert.« Ich hielt die beiden Teile hoch. Alle blieben stehen und machten ratlose Gesichter. »Ich bin gegen den Türpfosten gerannt«, sagte ich.

»Ach du lieber Gott, ach du großer Gott«, sagte Properjohn. »Wie furchtbar.«

Niemand machte mir einen Vorwurf. Als wir »Jesus liebt« und »Jesus lebt« erreicht hatten, sahen wir beklommen auf die beiden Kreuzteile und berieten im Flüsterton das weitere Vorgehen. Die arme Clare und Hattie, der sich bei der Schlägerei das erste blaue Auge seines Lebens eingefangen hatte, konnten die Tränen nicht zurückhalten. Winston schlug vor, die Stadt sofort zu verlassen, für den Fall, daß uns jemand suchte, und wir befolgten seinen klugen Rat. Erst nach fünfzehn Kilometern hielten wir an.

Wir standen alle um Properjohn herum, der das kaputte Kreuz wie ein totes Kind im Arm hielt. Schließlich klopfte er uns auf die Schultern und schickte uns schlafen.

»Morgen«, sagte er. »Morgen probieren wir, ob wir es nicht kleben können. Es wird schon halten.« Er blickte die Straße zurück Richtung Nashville und knurrte: »Ein Sakrileg.«

Am nächsten Tag trafen wir erst gegen Abend in Memphis ein, dessen Straßen und laubübersäte Gärten sanft zum breiten, braun schimmernden Mississippi hin abfielen. »Es hat funktioniert«, sagte Winston. »Siehst du, der Trick hat gewirkt.«

Er hatte ganz offensichtlich recht. Es sah aus, als hätte sich die halbe Stadt in den Straßen, Parks und schrägen Gärten versammelt, um Properjohn zu sehen, den Mann, der für den Aufruhr in Nashville verantwortlich war. Die Zeitungen in Tennessee wußten sich an dem Tag kaum zu halten, die aus Nashville vor Wut, die aus Memphis vor Schadenfreude, und auf der Fahrt durch den Bundesstaat waren wir fünfmal von Fernsehteams angehalten worden, denen wir in aller Ausführlichkeit von dem Tumult im Grand Ole Opry House berichten mußten. Je näher wir Memphis kamen, desto lauter lachten die Reporter, desto begeisterter schlugen sie Properjohn auf die Schulter.

Mehr Menschen säumten die Straßen als auf unserer ganzen bisherigen Route, und die Chöre, die uns folgten, waren größer und lauter als alle, die wir bisher erlebt hatten. Ich war sehr aufgeregt und stolz. Ein farbiger Mann in einem hellblauen Anzug rief mir zu: »He, Mann, ich weiß zwar nicht, ob du Jesus bist, aber du hast auf jeden Fall einen ganz schönen Schritt am Leib.«

Ich hielt mein Kreuz behutsamer als sonst, da es mit zwanzig Tuben Modellflugzeugkleber repariert worden war, die wir einem Hobbyshopbesitzer in Jackson abgekauft hatten. Herbie, der über einige sehr ausgefallene Begabungen verfügte, leimte es zusammen und umwickelte die Bruchstelle mit Klebeband. Zum Glück war es ein schöner Tag, das Kreuz trocknete gut an der Sonne und im Fahrtwind, und als wir es kurz vor Memphis von »Jesus lebt« schnallten, sah es aus wie neu.

»Wie sagt die Bibel noch gleich?« meinte Winston, während wir marschierten. »Der Mensch lebt nicht vom Brot allein? Weißt du, was er noch braucht? Einen erstklassigen PR-Manager wie mich.«

Die Chöre in unserem Kielwasser sangen »Großer Gott, wir loben dich«, und in meinem Rücken hörte ich Properjohn sein gewohntes »Hosianna! Hosianna!« vor sich hinposaunen, ab und zu untermalt von einem »Halleluja! Halleluja!« Einmal riß er mich plötzlich beim Arm und jubelte: »Die Leute, Willy, so viele Leute. Nur für uns.«

Wie üblich hatte er nur zum Teil recht. Einige Zuschauer waren offenbar erstaunt, uns zu sehen, sie bejubelten und beklatschten uns eher nebenher, als ob sie eigentlich auf einen ganz anderen Auftritt warteten. Als unsere Prozession am Fluß entlangzog, schienen viele Leute in die andere Richtung zu sehen. Dann hörten wir die Kapelle.

»Musik«, hörte ich Properjohn rufen. »Sie haben eine Kapelle organisiert.«

Das stimmte zwar, aber die Ehre galt nicht uns. Wir bogen um eine Ecke, und die Chöre sangen mit aller Kraft gegen die rivalisierenden Trommelwirbel und Fanfarenstöße an, als wir plötzlich auf eine gewaltige Abteilung von US-Marineinfanteristen zumarschierten, die schmetternd und scheppernd genau auf uns zukam.

»Großer Gott, nein«, hörte ich Winston stöhnen. »Nicht die Marineinfanterie!«

»Weiter!« befahl Properjohn aus der zweiten Schlachtreihe. »Nicht schwach werden, Jungs!«

Die Schaulustigen konnten ihr Glück kaum fassen. Erwartungsfroh eilte alles den Gehsteig entlang, um den besten Platz zu ergattern. Fernsehkameras auf Plattformen rechts und links der Straße wurden wie Kanonen ausgerichtet, die Techniker hockten gespannt da und zielten auf die Kreuzung, wo es zwischen uns und den Marineinfanteristen zum Zusammenstoß kommen mußte.

Da ich die Vorhut unserer Prozession bildete, hatte ich den Blick auf die ausladende Brust des Tambourmajors der Marineinfanteristen geheftet, die mit jedem Schritt breiter wurde. Ich fragte mich, ob das geflickte Kreuz den Aufprall wohl heil überstehen würde. Herbie wurde immer langsamer, und Winston, dem die Augen aus dem Kopf traten, schlich nur noch. Die Zuschauer feuerten uns an. Der Lärm der Kapelle verschluckte natürlich unsere eigenen Gesänge, aber die Chöre versuchten trotzdem, die Melodie zu halten, und ich hörte die Mundharmonika der armen Clare und Ambrosias Klaviaturzither verzweifelt quieken.

Ein Polizist, der auf einem eigenartigen dreirädrigen Gefährt aus einer Seitenstraße kam, war unsere Rettung. Furchtlos tuckerte er auf die Kreuzung, stieg ab, baute sich steif neben dem Dreirad auf und winkte uns nach links und die Marineinfanteristen nach rechts den Berg hinunter. Als wir aneinander vorbeizogen, war zwischen unseren Flanken nicht mehr als ein Meter Platz.

»Ausgerechnet im tiefsten Amerika«, schimpfte Winston. »Mitten drin. Millionen Kilometer von der gottverdammten See entfernt. Und wer muß uns über den Weg laufen? Die Marineinfanterie!«

Wir saßen in der Lobby des Sheraton Peabody Hotels am Zierteich und fütterten die Enten. Herbie und ich trugen unsere Gewänder, das Kreuz lehnte an der Teichmauer. Die anderen warteten darauf, daß die Fernsehkameras aufgebaut wurden und die Reporter erschienen. Properjohn wollte eine Pressekonferenz geben.

»Die Lieblingskapelle des Präsidenten«, las Herbie von einem Plakat neben der Rezeption laut vor. »Das alljährliche Memphis-Gastspiel des weltberühmten Musikkorps der Marineinfanterie.«

»Wieso behält der Präsident sie nicht bei sich, wenn er sie so liebt?« fragte Winston kläglich. »Einmal im Jahr tauchen sie hier auf. Mußte es ausgerechnet heute sein?«

Ich sagte zu ihm: »Ich komme nicht ganz mit. In Nashville hast du es auf einen Aufruhr angelegt, nur wegen der kostenlosen Publicity. Und es hat funktioniert. Wir haben ganz schön profitiert davon.« Mit dem Kopf deutete ich auf die Fernsehkameras und die Scheinwerfer, an denen eifrig gebastelt wurde.

Er verzog das Gesicht. »Das Grand Ole Opry House auf den Kopf zu stellen, ist eine Sache«, sagte er. »Aber sich mit den Marineinfanteristen anzulegen, ist etwas völlig anderes. Wen kümmert schon das Mekka der Countrymusik? Aber alle braven, anständigen, schwer arbeitenden, zäh kämpfenden Amerikaner im mittleren Westen lieben unsere Marineinfanterie. Und das sind genau die Leute, von denen wir die Kröten kriegen. Kapiert?«

»Kapiert«, nickte ich. »Dann solltest du ihn lieber warnen.«

»Das habe ich schon versucht«, sagte er mit einem Blick auf Properjohn. »Jetzt kann ich bloß noch hoffen, daß er auch zugehört hat.«

Zehn Minuten später stand Properjohn vor den versammelten Fernsehkameras und brüllte wie ein alter Filmhaudegen vor sich hin. »Ich habe den Kerlen in Nashville die Hölle heiß gemacht, und ich mache den Kerlen hier die Hölle heiß. In Nashville hat man uns gestern abend beschimpft und angegriffen. Und hier, heute, in Memphis, geht man mit dem Militär auf uns los! Mit der Marineinfanterie! Eines will ich Ihnen sagen, diese Stadt ist nicht groß genug für sie und uns.«

Winston ließ langsam den Kopf in die Hände sinken. Ich sah die Schweißperlen auf seiner schwarzen Stirn glitzern. »Laß dein Brot über das Wasser fahren, und siehe, es wird naß werden«, seufzte er.

»Angeblich sollen Sie doch das Datum vom Weltuntergang in der Tasche haben«, sagte ein Mann in der ersten Reihe.

»Was heißt hier angeblich?« rief Properjohn. »Es ist wahr! Und wenn die festgesetzte Stunde gekommen ist, werde ich es enthüllen.«

»Den Marineinfanteristen wollen Sie es nicht verraten?«

»Niemals! Sie sollen in der Hölle schmoren.«

Ich hörte kaum noch zu. Von meinem Platz aus konnte ich ein Poster an der Rezeption sehen. Es hing neben dem, das für das Musikkorps warb. Oben stand »Haremsclub Memphis«. Und genau darunter stand »Sexy Silvie – Ausdruckstänze«.

13

»Na klar, die war hier«, sagte das Mädchen. »Ist ein paar Wochen her.«

»Und wo ist sie jetzt? Haben Sie eine Ahnung?«

»Sind Sie ein Freund?«

»Nicht direkt. Ich bin ihr Mann.«

»Das ist was anderes.« Sie lächelte mich routiniert an. Sie hatte rote Haare und eine gute, üppige Figur. Das Kleid, das sie trug, war hochgeschlossen und am Hals so stramm geschnürt, daß es fast aussah, als erdrosselte sie sich damit. Ich hatte in einem Nachtclub noch nie ein Mädchen in einem so wenig freizügigen Kleid gesehen.

»Sie wollte wieder nach Las Vegas zurück«, sagte sie unsicher. »Oder vielleicht auch nach Los Angeles. Sie meinte, sie könnte einen Monat im Losers in Los Angeles arbeiten.«

»Ist das ein Club, das Losers?«

»Erstklassige Sexshows«, sagte sie. »In dem Laden braucht man nicht das Kleingeld mit den Na-Sie-wissen-schon aufsammeln. So was gibt's da nicht. Nur erstklassige Sexnummern.«

»Hatte sie die Kinder bei sich?«

Sie sah mich in dem schummerigen Licht überrascht an. »Ich wußte gar nicht, daß sie Kinder hat«, sagte sie. Dann zuckte sie die Achseln. »Naja, über so was redet in unserem Gewerbe wohl nicht jeder. Sie hat jedenfalls nichts davon gesagt.«

»Und das ist sie?« fragte ich und tastete nach der Fotografie in meiner Tasche.

»Klar«, sagte sie. Ich hatte ihr das Bild schon gezeigt, aber ich holte es trotzdem noch einmal heraus. Sie nickte. »Genauso sah sie aus. Sie kam gut an. Letzten Herbst ist sie hier aufgetreten, und dann wurde sie nochmal für eine Show engagiert. Aus Las Vegas haben sie sie eingeflogen, nur für die eine Woche, und so was kommt nicht gerade häufig vor.«

»Hat sie von mir gesprochen?«

»Sie heißen nicht zufälligerweise Lionel?«

»Nein.«

»Dann nicht. Über einen Lionel hat sie geredet, oder vielleicht hieß er auch Leonard, ich weiß nicht mehr. Aber sie hatte für Männer nicht viel übrig. Natürlich hätten die Typen sie alle gern aufs Kreuz gelegt, sie sieht klasse aus, und Ausländerin ist sie auch noch. Aber ich glaube nicht, daß sie einer rumgekriegt hat. Sie hatte kein Interesse. Anfangs dachte ich, sie wäre womöglich 'ne Lesbe.«

»Nein, nein«, sagte ich. »Lesbisch ist sie nicht. Das können Sie mir glauben.«

»Tatsächlich?«

»Aber sicher doch.«

Sie lächelte. »Tja, Sie müssen es ja wissen.«

»Ich muß sie finden«, sagte ich. »Können Sie mir gar nicht weiterhelfen?«

Sie machte ein nachdenkliches Gesicht. »Wissen Sie was? Sie hat mir eine Visitenkarte gegeben. Ich glaube, von einem Agenten in Vegas. Sie sagte, er hätte vielleicht etwas für mich. Ich will nämlich wieder anständig werden.«

»Ach so.«

Sie grinste mich offen an. »Momentan bin ich nicht hundert Prozent anständig«, sagte sie. »Aber ich wäre es gern wieder. Früher war ich Sängerin.« Sie seufzte. »Aber mit den hohen Tönen hat es bei mir gehapert.«

»Haben Sie die Karte noch?«

»Irgendwo muß sie rumliegen. Wahrscheinlich in meiner Wohnung.« Sie sah sich um. »Der Laden läuft heute überhaupt nicht, und der Boß ist sowieso nicht da. Kommen Sie doch mit, dann sehen wir mal nach. Ich wohne nur zwei Straßen von hier.«

Um ein Haar hätte ich ihr gesagt, daß ich kein Geld hatte.

Der Drink, den ich ihr spendiert hatte, ging auf Winstons Kosten. Aber ich sagte nichts, und wir gingen zusammen los. Ich hielt mich einen halben Schritt hinter ihr, immer darauf gefaßt, mich im Notfall rasch in die Büsche zu schlagen.

»Schämen Sie sich, neben mir zu gehen?« fragte sie.

»Nein, ganz und gar nicht«, sagte ich. »Ich habe nur gute Gründe, warum ich nicht gesehen werden will.«

»Hört sich ja beinahe so an, als wären Sie dem *Paten* entstiegen«, meinte sie.

»Könnte man fast sagen«, gab ich zu. »Ganz so schlimm ist es zwar nicht, aber doch ähnlich.«

»Ist mal wieder typisch, daß ich ausgerechnet einen Mann auf der Flucht aufgabeln muß«, seufzte sie.

Jetzt sagte ich ihr doch, daß ich kein Geld hatte. Sie lachte trocken. »Keine Bange, Süßer, heute abend gibt es nichts serviert, wofür man bezahlen müßte. Wir holen bloß die Visitenkarte, okay?«

»Okay«, antwortete ich. »Ich wollte es nur gesagt haben, das ist alles.«

»Wie rücksichtsvoll. Manche Typen wollen es umsonst haben, und zum Schluß erwarten sie auch noch eine Prämie. Da wären wir.«

»Sehr nett bei dir«, sagte ich. Sie holte mir einen Drink aus der Küche.

»Ich bin eine frustrierte Hausfrau«, rief sie. »Nicht im üblichen Sinne, keine Hausfrau, die frustriert ist. Ich bin frustriert, weil ich gern Hausfrau wäre.« Sie kam mit den Drinks herein. Ihr enges Kleid spannte sich über den Schenkeln, wenn sie sich bewegte.

»Scheibenkleister«, sagte sie, als wäre es der saftigste Fluch in ihrem Repertoire. »Ich bin Mitglied im Buchklub, ich bin in den Verbraucherverband eingetreten, ich bestelle mir Rezepte aus Frauenzeitschriften. Ich war sogar im Elternbeirat, bis mich jemand verpetzt hat. Ich nähe mir meine Kleider selber, und in den Supermarkt nehme ich ein Einkaufswägelchen mit. Ich mache alles. Einfach alles. Scheibenkleister, ich spüle sogar gern Geschirr. Und trotzdem läuft es jedes Mal darauf hinaus, daß ich irgendeinen Fremden mit nach Hause bringe, der mich für fünfzig Eier die Nummer bumsen will.«

»Das ist wirklich frustrierend«, sagte ich. Etwas Besseres fiel mir nicht ein.

»Es ist traurig«, verbesserte sie mich. Sie kippte ihren Whiskey und füllte ihr Glas sofort wieder nach. Ich trank ebenfalls aus und reichte ihr mein Glas hinüber. Während sie nachschenkte, sagte sie: »Ich möchte dir was zeigen.«

»Was denn?«

»Wirst du schon sehen. Hör zu, die Visitenkarte war erfunden. Silvie hat mir nie eine gegeben. Aber ich habe hier etwas, was ich unbedingt einem Mann zeigen will, und dafür bist du genau der Richtige. Weil du es Silvie weitererzählen kannst, wenn du sie siehst.«

»Es gibt keine Karte?«

»Nein, die habe ich mir nur ausgedacht. Damit du mitkommst. Darf ich es dir zeigen?«

»Was ist es denn?« Ich war sehr enttäuscht wegen der Karte.

»Du siehst es dir also an?«

»Na schön.«

»Und du versprichst, daß du dich nicht aufregst und daß du mich nicht anrührst?«

»Versprochen. Also, was ist es denn nun?«

»Es geht besser im Schlafzimmer«, sagte sie. Ihr Gesicht war starr und ernst. »Komm mit nach drüben.«

Nervös stand ich auf und folgte ihr. Unmerklich hatte sich mir eine Erektion aufgedrängt. Ich manövrierte sie Richtung Oberschenkel. Das Schlafzimmer war ganz in Schwarz gehalten, nur das Bett war weiß, und die Nachttischlampe rosa. Ein rauchiger Spiegel bedeckte die eine Wand auf voller Länge. Sie bot mir einen Platz an, und ich setzte mich auf einen kleinen Hocker neben dem Bett. Sie stellte sich auf die andere Seite des Betts, vor den Spiegel. Sie lächelte, als ob sie uns beiden Mut machen müßte.

Sie legte sich die Hände in den Nacken, hinter den eigenartig züchtigen Kragen, und zog den Reißverschluß an ihrem Kleid bis nach unten auf, bis zu der Biegung ihres Rückgrats.

Sie hatte sich zur Seite gedreht, so daß ich im Spiegel nichts sehen konnte. Mit einer raschen Bewegung hatte sie den BH-Verschluß gelöst und die Träger auseinandergeschoben.

Dann drehte sie mir langsam den Rücken zu. Er war lang und schön, oder zumindest war er schön gewesen, bevor ihn jemand mit einer Peitsche bearbeitet hatte. Von oben bis unten war er mit glühend roten Streifen bedeckt. Wie mit dem Lineal gezogen, liefen sie über das Fleisch. Mir wurde übel, doch gleichzeitig kam die schändliche Erregung wieder über mich.

»Großer Gott«, flüsterte ich.

»Nein«, sagte sie. »Das war ein Mann namens Homer Bean.«

Nun schob sie sich das Kleid mitsamt der Strumpfhose über die Oberschenkel nach unten, wobei sie mir die Seite zudrehte. Ihre Brüste sahen im Profil groß und schwer aus. Sie kehrte mir wieder den Rücken zu. Die Gesäßbacken waren genauso geometrisch gestreift wie ihr Rücken, und auf den Rückseiten der Beine setzte sich das Muster bis zu den Kniekehlen fort. Im Spiegel konnte ich sehen, daß sie weinte.

»Ich wollte, daß ein anderer Mann es sieht«, schluchzte sie leise. »Als eine Art Rache.«

»Homer Bean«, murmelte ich, als ob ich ihn und seine Arbeit wiedererkannte. Mir fiel nichts anderes ein. Ich traute meinen Augen nicht. Als sie sich vom Spiegel abwandte, sah ich, daß sie auch vorne geschlagen worden war, auf den Oberschenkeln fast bis hinauf zum Schamhaar, drei grell rote Striemen liefen quer über die rechte Hüfte Richtung Bauch und ein vierter berührte ihre Brust.

»Das war Homer«, sagte sie.

»Wieso? Wofür?« Natürlich wußte ich, weshalb, aber ich konnte mir nicht vorstellen, daß jemand so etwas wirklich tun würde.

»Für tausend Dollar«, sagte sie.

»Er hat dir tausend Dollar dafür gegeben?«

»Meinst du etwa, ich hätte ihn bezahlt?«

»Tut mir leid«, murmelte ich. »Ich kann es einfach nicht fassen. So etwas Grausames habe ich noch nie gesehen.«

»Aber es gefällt dir?« sagte sie, sich halb über das Bett beugend. »Du findest es aufregend?«

»Nein«, polterte ich. »Nein. So etwas gefällt mir ganz und gar nicht.«

»Die meisten Männer mögen es.« Sie drehte sich langsam um die eigene Achse und führte mir die Striemen noch einmal vor. Ich konnte den Blick nicht davon losreißen. »Das war vor zehn Tagen«, sagte sie. »Da war Silvie noch hier.«

»Silvie?« sagte ich verdutzt. »Silvie ist doch nicht etwa auch…?«

»Keine Bange, Silvie ist nichts passiert. Aber sie wußte über dieses Geschäft Bescheid.«

»Über die Sache mit Homer?«

»Na klar. Er hat sie auch gefragt, ob sie es macht.«

»Den bringe ich um, den brutalen Schweinehund.«

»Sie hätte zweitausend dafür gekriegt. Sie ist jünger. Aber sie brauchte das Geld nicht so nötig. Und schließlich hätte sie mit diesen Striemen auch schlecht auftreten können, oder?«

Mir stiegen Tränen in die Augen. »Sei still!« schrie ich sie an. »So etwas Widerwärtiges würde sie nie machen.«

Sie lachte fast höhnisch. »Überlegt hat sie es sich aber«, sagte sie lässig. »Schließlich ist es ja nach zehn Minuten vorbei, und zweihundert Eier die Minute sind kein schlechter Schnitt, Süßer. Hier haben wir gesessen, in dieser Wohnung, Silvie und ich, und es stundenlang beredet.«

»Hier? In dieser Wohnung?« Ich zog die Nase hoch und wischte mir über die Augen. Zum erstenmal begriff ich richtig, daß Silvie hier gewesen war. Ich sah mich im Schlafzimmer um, schaute ins Wohnzimmer hinüber und überlegte, in welchem Sessel sie wohl gesessen haben mochte.

»Stundenlang haben wir uns darüber unterhalten«, sagte sie. »Dieser Kerl wollte unbedingt eine von uns oder uns beide zusammen auspeitschen, und dafür wollte er einiges springen lassen. Ich habe erst später herausgefunden, daß er ihr doppelt soviel angeboten hat wie mir. Sie hat es mir nicht gesagt. In unserem Gewerbe kann man befreundet sein und trotzdem nicht über Geld sprechen.«

»Was für ein Gewerbe?« sagte ich mit belegter Stimme. »Sie ist Tänzerin. Sie ist schließlich keine Nutte.«

»Aber sicher doch, sie ist Tänzerin«, antwortete sie beschwichtigend. »Aber bei zwei Riesen könnte sogar die Pawlowa schwach werden.« Sie setzte sich auf das Bett, auf die Tagesdecke aus Satin. Ihre Bewegungen waren elegant, da sie wirklich sehr gut gebaut war, und das Haar floß ihr rot über den striemigen Rücken. Ihre Augen sahen im Dämmerlicht wie tiefe Teiche aus. Ich dachte einen Augenblick, sie wollte sich herüberbeugen, und überlegte schon, wie ich am besten darauf reagieren sollte, aber da wurde sie plötzlich wieder ganz geschäftsmäßig. »Ich habe das Angebot angenommen«, seufzte sie. »Für einen Tausender. Es hat zehn Minuten gedauert.«

»Ja, das hast du schon gesagt«, murmelte ich.

Sie stand auf und drehte sich zum Spiegel. Sie tastete sanft über einen der Striemen am Oberkörper, dann strichen ihre Finger über den häßlichsten Streifen auf dem Gesäß. Ich will nicht verschweigen, daß ich mittlerweile kurz vor dem Überkochen stand. Wem wäre es nicht so ergangen? Welchem Mann? »Um sieben Uhr abends kam er, und um zwanzig nach stand er schon wieder unten auf der Straße. Dabei mußte er mich ja während der zwanzig Minuten auch noch fesseln.«

»Fesseln? Du lieber Himmel.«

»Wie im Himmel war es nicht gerade«, sagte sie verkniffen. »Es war die reinste Hölle. Er hat mich an Händen und Füßen gefesselt und aufs Bett gelegt. Er wollte mich mit den Haaren am Bettpfosten festbinden, aber dafür habe ich einen Hunderter extra verlangt, und deshalb hat er es dann bleibenlassen. Komisch, wie manche Leute bei Kleinigkeiten plötzlich das Sparen anfangen. Aber gegen den Knebel habe ich nichts gesagt, weil er meinte, der wäre ihm wichtig. Außerdem dachte ich, ich würde womöglich schreien, und ich wollte doch den Rabbi nebenan nicht stören. Es war an einem Freitag. Und ich habe geschrien, mein Gott, was habe ich geschrien. Ich wollte keinen Ton von mir geben, damit er sich nicht an meinen Schreien aufgeilt – Homer natürlich, nicht der Rabbi – aber es ging nicht. Ich habe mich in den Knebel verbissen und mußte trotzdem schreien. Mein Gott, wie hat das weh getan.«

Sie brach ab, als wollte sie mir Gelegenheit geben, das Gehörte zu verdauen.

»Warum erzählst du mir das?« fragte ich. Ich senkte den Blick, sah aber rasch wieder hoch. »Warum mir?«

Sie setzte sich müde auf den Hocker vor der Frisierkommode und schlug die Hände vors Gesicht. Bald sah sie mich wieder an. »Wenn ich es keinem erzähle, schnappe ich noch über«, antwortete sie. »Ich dachte, ich würde besser darüber hinwegkommen, wenn ich es jemandem erzähle, vor allem einem Mann. Und du kannst Silvie sagen, daß ich es gemacht habe. Weil sie nämlich an dem Tag abgereist ist.«

Ich wußte nicht, was ich sagen oder tun sollte. Eine schreckliche, ekelhafte Versuchung überkam mich, zu ihr zu gehen und die Striemen anzufassen. Ich hätte es beinahe gemacht. Aber sie fuhr leise fort: »Er ging ziemlich zielstrebig zur Sache, dieser Homer. Ich war zusammengeschnürt wie ein Brathähnchen, und er stand da, wo du jetzt sitzt, und hat mich eine Zeitlang angestiert, wie ein Schurke aus einem Horrorfilm. Ich lag ganz verkrampft da und habe gewartet, daß er loslegt, aber nichts passierte. Schließlich habe ich mir halb den Hals verrenkt und ihn angesehen, und genau in dem Moment kam dann der erste Schlag. Quer über meinen Hintern. Himmel, ich dachte, ich springe aus dem Fenster. Dann hat er sich eine andere Stelle ausgesucht und wieder zugeschlagen. Wieder und immer wieder. So pedantisch und genau. Fünf Minuten hat er es hier im Schlafzimmer gemacht, und dann hat er mich ins Wohnzimmer geschafft. Ich mußte mich in einen Sessel setzen, damit er meine Beine von vorne bearbeiten konnte.

Eigentlich wollte er mich rübertragen, aber er hat mich hinfallen lassen, der Idiot. Er ist nur ein schmächtiges Kerlchen. Schließlich mußte ich selber rüberkrabbeln. Das Komische war, daß er sich nicht ausgezogen hat oder so. Er hat die ganze Zeit seine Sachen anbehalten. Und die Peitsche war ziemlich klein, nicht so ein Riesending wie in den Pornoheften. Hinterher war er wie beduselt, und als er gegangen ist, hat er ganz vergessen, mich loszubinden, der Blödmann. Und ich konnte nicht hinter ihm herrufen, weil ich ja geknebelt war. Mensch, ich hätte wochenlang hier liegen können. Aber als er ein paar Straßen weiter war, fiel es ihm wieder ein, und er ist zurückgekommen. Er hat mich losgemacht und sich entschuldigt. Dann ist er nach Hause gegangen, um Mrs. Bean zu bumsen, nehme ich an.«

»Großer Gott«, ächzte ich. »Das ist kaum zu glauben.«

»Aber ich habe es erlebt«, sagte sie. Sie fing wieder an zu weinen.

»Hör zu«, sagte ich. Ich stand auf und ging um das Bett herum. Sie stieß einen grauenvollen Schrei aus. »Verschwinde! Rühr mich nicht an!« schrie sie. »Hau ab, verpiß dich!«

Ich ging. Ich wußte kaum, wo ich war. Ich lief so lange, bis ich am nachtkühlen Mississippi stand. Ein Raddampfer, hell erleuchtet wie eine Bühne, fuhr flußabwärts, und ich konnte die Scheinwerfer der Autos sehen, die auf der Brücke zwischen Arkansas und Tennessee hin- und herfuhren. An der Uferböschung, die an dieser Stelle steil zu einigen Anlegeplätzen hin abfiel, hüpften ein paar kleinere Boote unruhig im Kielwasser des vorbeiziehenden Schiffes auf und ab. Eine Frau kam gemächlichen Schrittes auf mich zu. Sie schien das unsichtbare Ufer auf der anderen Seite zu bewundern. Dann sagte sie zu mir, als wären wir gerade mitten in einer Unterhaltung: »Also, was ist nun? Willst du mal was ganz Neues ausprobieren? Fünfundzwanzig Dollar.«

»Die ganze Nacht?« fragte ich, ohne zu wissen warum.

»Die ganze Woche, Süßer«, sagte sie und ging weiter.

Ich rannte und rannte, suchte Schutz und Normalität im Kreise meiner Freunde und Gefährten in »Jesus lebt« und »Jesus liebt«.

Längs des Mississippis, unterhalb von Memphis und dem Riverside Drive, erstreckte sich ein mit Kopfsteinen gepflasterter schräger Uferstreifen bis hinunter zum Fluß, dessen dickflüssiges Wasser sich zwischen Landungsstegen und Booten hindurchschob. Der Morgen war heiter, der Himmel cremefarben, die Stadt summte. Zwei Trägerbrücken rechts und links von uns schwangen sich über die Flußkehre hinüber nach Arkansas. Unter uns hatten ein paar Lastkähne und andere Schiffe festgemacht, darunter ein Dampfer namens *Mildred* und ein robuster Schlepper namens *Mallard*, die mit der Stirn am Landungssteg lehnten. Etwas weiter lag ein Schaufelraddampfer, *The Memphis Showboat*, vor Anker, bunt und lustig, aber müde und leer, wie eine Can-Can-Tänzerin nach einer harten Nacht.

»Hier müßtest du dich wie zu Hause fühlen, Willy«, sagte Winston. »Die Kopfsteine stammen aus England, sie dienten den alten Baumwollfrachtern als Ballast. Hinterher wurden sie dann für die Uferbefestigung verwendet. Sklaven und Esel haben damals die Baumwolle von den alten Lagerhäusern hier hoch geschleppt.«

»Schon wieder dieses lose Mundwerk«, knurrte Herbie. Wir machten es uns in der warmen Sonne auf den Kopfsteinen bequem und schauten auf den schokoladenbraunen Fluß hinaus. Er beäugte Winston. »Ich habe noch nie einen gekannt, der soviel weiß wie du«, sagte er. »Bist du ganz sicher, daß du nicht doch ein Spion bist?«

Dieselbe Frage hatte er bestimmt schon hundertmal gestellt. Unablässlich stichelten sie gegeneinander, gutmütig zwar, aber eben doch bissig. In dem engen Wohnmobil ging es mir ziemlich auf die Nerven. Hattie hatte sich angewöhnt, laut für die Einheit der Menschen aller Hautfarben und Glaubensrichtungen zu beten, wenn es wieder einmal zum Streit kam.

Sie reizten einander gerne, manchmal ziemlich dreist, manchmal aber auch mit List und Tücke. »Und ich«, sagte Winston, »ich kenne keinen, der mehr unter Rassenvorurteilen leidet als du.«

»Blödsinn«, antwortete Herbie freundlich. »Ich habe doch keine Rassenvorurteile gegen dich, Baby. Für mich bist und bleibst du einfach ein Nigger.«

»Und du, Baby«, sagte Winston ebenso freundlich. »Du bist und bleibst einfach ein mickriger kleiner Brooklyn-Jude.«

»Könnt ihr nicht mal aufhören damit?« fragte ich.

»Der Tommy will, daß wir aufhören«, sagte Herbie, der versuchte, meinen Akzent zu imitieren. »Kümmern wir uns nicht um ihn, altes Haus«, äffte Winston mich ebenfalls nach.

»Ihr führt euch auf wie die Blagen«, grummelte ich. »Und außerdem solltest du dich in dem Gewand sowieso nicht streiten, Herbie.«

Aber mit mir wollten sie nicht streiten. Sie gingen wieder aufeinander los.

»Okay«, sagte Herbie. »Du weißt also über alles Bescheid. Aber mir kannst du nichts vormachen, Baby. Du hast vielleicht Maßschuhe an, Mann, aber die Füße, die in den Tretern stekken, kommen aus Jackson, Mississippi.«

Ich saß vor ihnen am Ufer, hörte mir mit halbem Ohr ihre Schimpfkanonaden an und sortierte ansonsten meine Zweifel über Silvie. Wie hatte sie sich für so ein Geschäft überhaupt interessieren können? Irgendeinen Grund mußte sie dem Verschwender Homer Bean ja gegeben haben, ihr das gleiche Angebot zu machen wie der Rothaarigen. Plötzlich fiel mir auf, daß ich die Frau gar nicht nach ihrem Namen gefragt hatte. Irgendwie hatte ich es bei der ganzen Aufregung vergessen.

Ich schämte mich bei dem Gedanken, daß Silvie, meine Frau, die Mutter von Kathy und James, Teil einer Welt sein sollte, in der sich Männer, die Homer Bean hießen, für Geld solche Sachen leisten konnten. Es war mir so peinlich, daß sie zumindest am Rande einer Welt lebte, in der solche Dinge passierten, daß ich weder Winston noch Herbie von meinen Erlebnissen am vergangenen Abend erzählt hatte. Sie wußten nur, daß ich mich mal wieder auf meinen üblichen Rundgang durch die Nachtclubs begeben hatte und wie immer mit leeren Händen zurückgekommen war. Während ich nun am Ufer des Mississippi saß, überfiel mich noch einmal die ganze Ungeheuerlichkeit dieser widerwärtigen Geschichte. Meine Frau hatte sich tatsächlich überlegt, ob sie sich von einem Perversen mit zweitausend Dollar zuviel im Portemonnaie auspeitschen lassen sollte. (Wenn man sich das mal überlegte, soviel bekam ich für die ganze Kreuztragerei nicht.) Es war unglaublich, daß ein Mädchen aus Buckinghamshire zu solchen Überlegungen überhaupt fähig war.

»Selig sind die Sanftmütigen«, hörte ich Winston plötzlich zwei Meter hinter mir laut sagen. »Denn sie werden das Erdreich besitzen.«

»Selig sind die Sanftmütigen«, wiederholte Herbie.

»Selig sind die, die da hungert und dürstet nach der Gerechtigkeit«, rief Winston.

»Denn sie sollen satt werden«, ergänzte Herbie.

Vorsichtig drehte ich mich um. Hinter ihnen stand die hagere, angsteinflößende Gestalt von Oliver Jaye.

»In meines Vaters Hause sind viele Wohnungen«, salbaderte Winston.

»Es reicht, Jungs, ihr könnt aufhören.«

Sie drehten sich mit gut geheucheltem Erstaunen um.

»Ach du liebe Güte«, sagte Winston. »Mr. Jaye ist da, Herbie.«

»Ach, Mr. Jaye«, blubberte Herbie. »Was haben Sie uns für einen Schrecken eingejagt.«

Jaye ließ sich langsam nieder, wie ein großer, steifer Vogel, der es sich mit dem Hinterteil in einem Nest bequem macht. »Laßt das«, knurrte er drohend. »Laßt das.« Er warf mir einen Blick zu.

»Morgen, Mr. Jaye«, sagte ich. »Schöne Aussicht über den Fluß, nicht wahr?«

»Ich will wissen, was hier vor sich geht«, sagte er. Er klang gefährlich.

Er zauberte zwei Zeitungen hervor, den *Memphis Commercial Appeal* vom Tage und den *Tennessean* aus Nashville vom Vortag. Er hielt sie weit von sich, als wollte er sie trocknen.

»Jesus-Freak ruiniert Opry House«, las er die Schlagzeile der Nashviller Zeitung vor. Und von dem anderen Blatt: »Gott wird Marineinfanterie zerschmettern, sagt Prediger.«

»Ach«, sagte Winston achselzuckend. »Sie kennen doch die

Presse, Mr. Jaye. Die Reporter machen Fehler, und sie bauschen immer gern alles ein bißchen auf.«

Hinter Jayes ruhiger Miene rumorte es.

»Dieser Wahnsinnige«, schnaubte er. »Dieser übergeschnappte Irre. In Nashville ist Gott jetzt wahrscheinlich ein für allemal erledigt. Und wie konnte er bloß behaupten, daß Gott die Marineinfanterie zerschmettern will.« Plötzlich brüllte er los: »GOTT IST SCHLIESSLICH KEIN KOMMUNIST!« Er hielt inne, schnaufte heftig und sagte: »Properjohn bringt das ganze Projekt in Verruf. Am liebsten würde ich ihn aus dem Weg räumen.«

Bei diesen Worten lief es mir kalt über den Rücken. Aber Winston lächelte zu meiner Verwunderung nur und tätschelte Oliver Jaye den Arm. »Wenn Sie ihn nicht so nötig bräuchten«, ergänzte er.

»Ich brauche keinen von euch«, zischte Oliver Jaye. Aber davon war er selbst nicht so ganz überzeugt. Er knurrte: »Ich dachte, Sie wollten ein Auge auf ihn haben.«

»Können Sie mir vielleicht verraten, wie man so einen Verrückten im Auge behalten soll?« fragte Winston. Er war völlig ruhig. »Und überhaupt, was ist denn schließlich dabei herausgekommen? Wir haben es auf die Titelseiten geschafft, Mr. Oliver. Schlechte Neuigkeiten sind gute Neuigkeiten. Wenn wir Las Vegas aufrütteln wollen, dann klappt das nur, wenn wir Schlagzeilen machen, wenn wir ins Fernsehen kommen. Mit frommen Liedern und lauten Gebeten allein locken wir keinen Hund hinter dem Ofen hervor, Mister. Dafür sehen die Leute noch nicht einmal vom Spieltisch hoch. Es kann uns nicht schaden, machen Sie sich keine Sorgen.«

Plötzlich schien es für Jaye nichts Wichtigeres zu geben, als einem Lastkahn zuzusehen, der schwerfällig stromaufwärts tuckerte. Schließlich stand er auf. »Sehen Sie zu, daß es heute gut läuft«, sagte er. »In dieser Gegend haben wir viele zahlungskräftige Anhänger. Und geraten Sie mir bloß nicht noch einmal mit der Marineinfanterie aneinander, okay?«

»Okay«, sagte Winston, und wir nickten. Dann sagte Winston: »Mr. Jaye, wäre es Ihnen wohl möglich, mir etwas Geld für Spesen vorzustrecken? Ich muß den Jungs hier andauernd Bonbons kaufen.« Er brachte sein Anliegen mit einem kleinen, zweifelnden Lachen vor, aber zu meiner Überraschung zückte Oliver Jaye die Brieftasche, nahm eine Fünfzigdollarnote heraus und drückte sie Winston, ohne ein Wort zu sagen, in die Hand. Anschließend gab er Winston, noch immer schweigend, ein weißes Formular zum Unterschreiben. Dann stapfte er schlecht gelaunt über das Kopfsteinpflaster auf seinen Wagen zu, der auf dem Highway wartete.

»Na, ist denn das die Möglichkeit!« rief Herbie, nachdem er weg war.

»Fantastisch«, sagte ich. »Kaum zu glauben.«

»Irgendwas stimmt da nicht«, meinte Winston. »Und ich hätte verdammt gern gewußt, was es ist.«

Wegen unseres Zusammenstoßes mit der Marineinfanterie in Memphis entwickelte sich die Abendveranstaltung ganz ohne unser Zutun zum Tummelplatz für alle möglichen Jesus-Freaks, Aussteiger, Hippies, Friedensbewegte und ähnliche Typen. Wie eine mongolische Horde erschienen sie, schreiend und fäusteschwingend, zu Hunderten zum Gottesdienst am Fluß und redeten in einer Tour von Freiheit, Frieden, Liebe und ähnlichem Quatsch. Irgendwie war es beängstigend, weil sie unsere eingespielten Gebete und Lieder durcheinanderwarfen, und wir fühlten uns alle nicht wohl in unserer Haut. Von lauteren Motiven schien dieser Haufen jedenfalls nicht getrieben zu werden.

Natürlich waren auch die üblichen Chöre und Abordnungen der subventionierten Gemeinden angetreten, und ich glaube, ihnen war das Benehmen dieses Pöbels noch peinlicher als uns. Einige der Jesus-Freaks bemühten sich um eine Art Christus-Look. Sie trugen lange Haare, Bärte und Gewänder. Aber mir konnten sie nicht das Wasser reichen. Einer von ihnen besaß sogar die Unverfrorenheit, mich zu fragen, ob er mal kurz das Kreuz halten dürfte. Er wollte nur wissen, wie es sich anfühlte. Ein unverschämter Kerl.

Außerdem sangen und beteten sie nicht so mit, wie es sich

gehört hätte. Sie brüllten lieber Parolen, warfen sich auf den Boden und machten sich auch sonst zum Narren mit ihren lächerlichen Posen. Die Kerle bildeten sich ungeheuer viel auf ihre Schauspielkünste ein, und die Mädchen waren auch nicht besser. Sie kreischten, heulten und blökten in einer Tour irgendwelches Zeug über Maria Magdalena. Eine Hochschwangere wetzte durch die Gegend und behauptete, sie trüge den zweiten Messias unter dem Herzen. Von mir handelte sie sich dafür nur einen Rippenstoß ein.

Properjohn war ebenfalls verstört, weil er daran gewöhnt war, daß die Leute ihm zuhörten. Während seiner Predigt wurde er jedoch immer wieder unterbrochen und angegriffen, und schließlich wollte der Mob sogar die Bühne stürmen. Das war zuviel für Properjohn. Er sprang wutentbrannt herunter und stürzte sich so ungestüm auf die Vorhut des Pöbels, daß die Meute hastig zurückwich und die Leute dahinter so weit zurückdrängte, bis schließlich ein kleiner Negerjunge in den Mississippi plumpste. Alle waren furchtbar bestürzt über diesen Zwischenfall, liefen hin und her, schimpften und schoben sich gegenseitig die Schuld in die Schuhe. Properjohn schrie derweil: »Betet für ihn! Betet für ihn!« Aber keiner dachte daran, den armen Teufel zu retten. Endlich wurde er von einem Jesus-Freak mit einer Art Hirtenstab herausgefischt. Die Kerle waren mit vielen solcher Requisiten ausgerüstet.

Als die ganze Versammlung gerade in eine Keilerei ausarten wollte, trat erneut die Marineinfanterie auf den Plan. Die Kapelle kam die Union Street herunter, zog durch die Front Street und hielt auf den Confederation Park zu. Im Geschepper der Blechbläser ging das Geschrei und Gehampel unserer Zuhörer unter. Jemand rief: »Singen! Alle Mann singen!«, und einen Augenblick später grölten Hunderte mit soviel Inbrunst und in einer solchen Lautstärke »Lobe den Herren«, daß sogar Billy Graham aus den Pantinen gekippt wäre. Properjohn, der mittlerweile genauso tollwütig war wie der Pöbel, dirigierte die Massen mit fieberhafter Begeisterung vom Podium aus. Aber die Marineinfanteristen kamen festen

Schrittes über den Riverside Drive auf uns zu und spielten den »St. Louis Blues March«.

Mir war bei der ganzen Sache sehr unbehaglich zumute. Ein Kreuzzug für Jesus ist eine Sache, ein Kampf gegen die US-Armee etwas völlig anderes. Nun trieb Properjohn die ganze Versammlung auch noch auf die Straße. Angestachelt durch die Jesus-Freaks und Hippies, war er bereit, einmal um den Park zu marschieren, genau auf die Marineinfanteristen zu. Ich wurde mit dem Kreuz in die erste Reihe gedrängt, und der merkwürdige Heerzug aus Chorsängern, anständigen Bürgern und zerlumpten Aussteigern setzte sich in Bewegung. Wir marschierten die eine Flanke des Parks hinauf, die Kapelle die andere. Oben mußten sie nach rechts abbiegen, wir nach links. Diesmal konnte kein Dreiradpolizist den Zusammenstoß verhindern. In der Ferne hörte ich Sirenen heulen, aber ich wußte, daß die Polizei zu spät kommen würde, und hatte Angst.

Properjohn setzte sich, beflügelt durch seine idiotische Begeisterung, mit der armen Clare, Ambrosia und sogar Hattie im Schlepptau, an die Spitze. Ich bemerkte, daß Herbie und Winston sich langsam zurückfallen ließen, jederzeit darauf gefaßt, sich in die Büsche zu schlagen; ich aber wurde durch den Druck und die Begeisterung der Menge mit dem Kreuz vorwärtsgeschoben.

Die Kurve am oberen Ende des Confederation Park nahmen wir zehn Sekunden vor der Kapelle. Wir steuerten aufeinander zu, die Marineinfanteristen mit starrem Blick, festem Schritt und wie mit der Axt gezogenen Käppis, während unser erbärmlicher Haufen sang und schrie und mit irgendwelchen Gegenständen herumfuchtelte. Fast genau in der Mitte des Weges trafen wir aufeinander. Ein Befehl genügte, und die Marineinfanteristen hörten auf zu marschieren und zu musizieren. Wir kamen in ausgefranster Schlachtreihe einen Meter vor ihnen zum Stehen. Beide Formationen erstreckten sich quer über den ganzen Weg. Es gab kein Durchkommen.

»Tag«, sagte Properjohn kläglich zu dem Tambourmajor,

einem Mann mit der Statur eines Kutschpferdes, der mir genau gegenüberstand.

»Tag«, antwortete der Tambourmajor zu meiner Überraschung. »Tambourmajor John Drew, United States Marines, Sir.«

»Reverend John Properjohn«, stellte sich unser Anführer vor. »Für Gott und Jesus.«

»Die alte Firma«, lächelte der Tambourmajor. »Ich selbst bin Baptist, Reverend. Hätten Sie vielleicht einen Musikwunsch?«

»›Vorwärts Christi Streiter‹?« schlug Properjohn vor.

»Gar kein Problem, Sir.«

In diesem Augenblick merkten die Pöbelelemente in unserer Prozession plötzlich, daß sie verraten und verkauft wurden. Sie fingen an, Flüche und Obszönitäten zu brüllen, aber es war zu spät. Die Kapelle schwenkte geschmeidig herum, stimmte »Vorwärts Christi Streiter« an, und die anständigen Leute auf unserer Seite schritten, freudig singend, hinterher. Den grölenden, ansonsten aber friedlichen Mob ließen wir im Park zurück. Nachdem Properjohn und ich uns mit dem Rest unserer Gruppe vor die Kapelle gesetzt hatten, zogen wir mit hoch erhobenem Kreuz, gefolgt von Hunderten braver, singender Bürger den Mississippi entlang. Ich war sehr stolz auf uns. Ich glaube, Jesus wäre auch stolz gewesen.

14

Wir überquerten den Fluß auf einer der hohen Brücken und fuhren mit unseren Wohnmobilen nach Arkansas hinein, verwirrt und in Hochstimmung versetzt durch unsere letzten Abenteuer. Doch sobald wir den Boden des neuen Bundesstaates betreten hatten, blieben die tumultartigen Szenen, die Kapellen und der Lärm hinter uns zurück, als hätte der Mississippi ein großes Tor hinter uns zugeschlagen. Bald schon hatte uns unser seltsames, fast eremitisches Familienleben wieder. Während der Fahrt und der Einkaufsstops, die wir einlegten, sangen wir und unterhielten uns über unsere Vergangenheit. Es war, als wären wir nach einem aufwühlenden Erlebnis, das wir zu unserer Erleichterung überstanden hatten, wieder vereint worden. Winston erzählte uns fast beiläufig, daß er zusammen mit dem PR-Manager der Marineinfanteristen die wundersame Kehrtwendung der Kapelle und den überwältigenden Friedensschluß ausgeheckt hatte. »Ich habe ihm einfach klargemacht, daß sich so etwas in der Presse prima machen würde, womit ich ja auch recht behalten habe«, sagte er mit leisem Stolz. Properjohn wollte ihm nicht glauben, er behauptete, es wäre ein Akt Gottes gewesen.

Die Landschaft ringsum war voll von Wäldern, die unter Wasser standen, Baumwollfeldern, Flüssen, armseligen Hütten und Reklamewänden. Das Land war so flach, daß selbst kilometerweit entfernte Wagen zu erkennen waren, die wie Käfer vorwärtszukrabbeln schienen, die Silos der Riceland Rice Company ragten wie einsame Kathedralen in den herbstlich blaßblauen Himmel, und die Wolkenhaufen am fernen Horizont über Oklahoma sahen wie kleine Wäldchen aus. Das Land wirkte genauso blitzblank wie der Himmel. Es ging weiter und immer weiter. »Das hört wohl überhaupt nicht mehr auf«, seufzte Ambrosia eines Nachmittags, als ich mit ihr auf ein kurzes Stündchen in einem Motelbett lag. »Kilometer um Kilometer um Kilometer. Es hört nicht mehr auf.« Sie meinte Amerika. Das Motel befand sich in der Nähe eines Bahnübergangs der Santa-Fé-Eisenbahnlinie. Als wir aufgestanden waren und uns angezogen hatten, sahen wir noch einmal aus dem Fenster, bevor wir uns mit unserem Einkaufskorb wieder auf den Weg machten. Wir konnten den langen Schienenstrang verfolgen, bis er in der Ferne zu einem Punkt wurde. Es war ein Gefühl, als sähe man einem anderen Menschen in den Rachen.

Längs des Highways lagen armselige Hütten mit ihren dazugehörigen Autos verstreut. Manche Wagen waren größer als die Häuser. Zwischen den Reisfeldern um Clarendon fanden sich, wie es sich gehörte, der Laden einer Familie Wong und andere Geschäfte von Chinesen, die sich in Arkansas niedergelassen hatten; in Palestine, wo wir auf Properjohns ausdrücklichen Wunsch hin anhalten mußten, um die fromme Atmosphäre in uns aufzunehmen, gab es einen kleinen Schuppen, der sich Ron's Dance Studio nannte, und in dem man anders als eng umschlungen wohl nicht hätte tanzen können. Farbige Menschen standen in den Straßen und unterhielten sich melancholisch, als ob sich an dem Tag etwas Trauriges und Bedeutsames zugetragen hätte, Kinder spielten in Autowracks, aus denen Unkraut wucherte, und alte Leute hockten müde auf morschen Veranden. Schokoladenbraune Bäche flossen durch Müllkippen, und Anschläge verkündeten, daß man in den Läden mit Lebensmittelmarken der Regierung bezahlen konnte. In einem Dorf verkaufte ein Mann Elritzen, Würmer und Grashüpfer, und in einer Stadt sahen wir ein Schild wie aus alten Sklavenhaltertagen, auf dem lediglich stand: »Zu verkaufen, Fred Usher.«

Es gab auch wohlhabendere Gegenden, in Forest City zum Beispiel, in der Main und Maple Street in Brinkley und auch in Stuttgart, wo der amerikanische Standardrasen grünte und Bäume mit ausladenden Kronen den amerikanischen Standardveranden und Barbecuegrills Schatten spendeten. Hier blieben die Hunde im Haus. In den ärmeren Vierteln durften sie mit den kleinen Kindern im Schlamm und im Abfall spielen.

Ganz Arkansas war von Wasserflächen übersät. Es war fast, als wäre uns eine Sintflut vorausgegangen. Gezähmt lief es durch die Reisfelder, wild strömte es durch die Wälder, wo die Bäume hilflos im Wasser standen wie Menschen, die in den Fluten etwas verloren hatten. An manchen Stellen schien das Wasser schon seit langer Zeit stillzustehen, denn die Stämme waren weiß, und einzelne Bäume lagen wie Leichen auf dem Rücken darin.

In Arkansas sparte ich mir die Suche nach Silvie. Irgendwie konnte ich mir nicht vorstellen, daß sie in Ron's Dance Studio auftrat. Sie war irgendwo hinter dieser Ebene, hinter den

Städten und Bergen, die nach der Ebene kamen. Immerhin wußte ich jetzt sicher, daß die Spur direkt nach Las Vegas führte. Eines Nachts sah ich sie im Traum vor mir, ihr Körper war von Peitschenstriemen bedeckt, und sie schrie mich an: »Das ist deine Schuld! Es ist alles deine Schuld!«

»Es könnte nicht zufälligerweise sein, daß du mich liebst, Willy?« fragte Ambrosia mich an dem Nachmittag in Brinkley, dem einzigen Ort in Arkansas, in dem wir es trieben.

»Nein, das kann ich nicht behaupten, Schatz«, antwortete ich.

»Und ich liebe dich auch nicht. Ich hasse dich nämlich, du bärtiges Schwein.«

»Warum bist du so böse?«

»Weil du mir einfach ins Gesicht sagst, daß du mich nicht liebst. Du könntest es wenigstens ein bißchen ausschmükken.«

»Entschuldige. Ich dachte, du wolltest die Wahrheit wissen.«

»Keine Frau will die ganze Wahrheit wissen, und ein Mann wahrscheinlich auch nicht. Ich behaupte es vielleicht, aber ich meine es nicht wirklich so. Darf ich dich noch mal fragen?«

»Ein Versuch kann nicht schaden.«

»Na schön. Liebst du mich?«

»Ja. Ich bete dich an.«

»Du änderst aber schnell deine Meinung. Ich weiß nicht, ob mir ein so wankelmütiger Mann gefällt.«

Ich rutschte im Bett näher an sie heran. Weil es ein Motel- und kein Hotelzimmer war, zahlte ich diesmal die Hälfte. Das Geld hatte ich von Oliver Jayes Vorschuß abgezweigt. Sie fühlte sich warm an, lag da, schmollte und kümmerte sich nicht um meinen Penis, der ihr wie eine wild gewordene Raupe ans Bein stupste. Ich schubste ihn ein Stück höher hinauf.

»Jedesmal, wenn wir etwas unternehmen«, kicherte sie plötzlich, »verdirbst du uns den ganzen Tag, weil du immer dieses Ding mitbringen mußt.« Dann schlang sie die bleichen, molligen Arme um mich, und wir küßten uns länger und leidenschaftlicher, als es die meisten echten Liebespaare jemals fertiggebracht hätten.

Ungefähr zu dieser Zeit entdeckte Properjohn die Landkarte. Bis dahin hatte er Winston oder Herbie die Richtung angeben lassen, weil er einerseits keine Ahnung hatte, wo in Amerika er sich befand, und weil es ihm andererseits auch völlig egal war. Nur ab und zu schimpfte er, daß immer alles so weit entfernt war. Aber als er Palestine, Arkansas, auf der Landkarte fand und die Stadt dann nur Minuten später tatsächlich am Horizont auftauchte, war er aufgeregt und beeindruckt.

Von dem Tag an tippte er mit dem Zeigefinger willkürlich auf irgendeinen Ort auf der Karte und bestand darauf, daß wir ihn ansteuerten. Winston und Herbie konnten ihm hin und wieder eine Stadt ausreden, aber leider gelang es ihnen nicht immer, und so mußten wir des öfteren einen Umweg von zwei Stunden machen, nur um in einem Hinterwäldlernest zu landen, wo wir von schweigenden Landkindern und mißtrauischen Erwachsenen umringt wurden. Dort blieb uns dann nichts anderes übrig, als prompt zu wenden und uns wieder auf die Suche nach dem Highway zu machen. Aber solche Erlebnisse konnten Properjohn nicht erschüttern. Eines Tages überbrückte er auf der Karte sieben Zentimeter mit den Fingern und meinte, da es nach Kanada doch so nah wäre, könnten wir eben kurz einen kleinen Abstecher dahin machen. Nur mit Mühe konnten wir ihn von diesem Plan abbringen. Aber auch weiterhin suchte er sich in »Jesus lebt« auf seinem Sitz hinter dem Fahrer Namen von der Karte aus, wie ein Kind, das sich die leckersten Süßigkeiten aus einer Tüte pickte. Innerhalb weniger Tage tauchten wir in drei verschiedenen Salems, zwei Babylons und einem anderen Ort auf, an dessen Namen ich mich nicht erinnern kann, an dessen Kirche aber ein Schild mit der Aufschrift »Jesus für jeden« hing.

Obwohl er alle naselang über Sünde und Verderbnis vom Leder zog, schien er doch für die wahren Übel des Landes, durch das wir reisten, blind zu sein. In Humnoke, Arkansas, freute er sich inmitten armseliger Hütten, die im Schlamm versanken und über denen die Verzweiflung in den Bäumen zu hängen schien, wie ein Schneekönig, als er ein Schild mit der Aufschrift »Jesus ist nahe« entdeckte. Für die armen Leute konnte er wirklich nicht schnell genug kommen. Aber Properjohn jubelte: »Seht doch! Seht! Diese Menschen kennen das Geheimnis des Lebens!«

Sein kindisches Wesen zeigte sich immer wieder. Auf einem Volksfest in Little Rock ritt er auf einem Maulesel, und in Oklahoma City wanderte er mit einer Riesenportion Zukkerwatte bewaffnet durch das Cowboymuseum. In Fort Smith blieb ihm ein Stück von einem kandierten Apfel im Hals stecken, und wir mußten ihm neben dem Galgen hinter der alten Palisade so lange auf den Rücken klopfen, bis er wieder Luft bekam, und während der ruhigsten zwei Stunden, die uns auf der gesamten Fahrt von New York nach Las Vegas vergönnt waren, war er damit beschäftigt, sich über die Abenteuer von Batgirl in einem Comic-Heft zu amüsieren. In England, Arkansas, marschierte er in die unvermeidliche Bank of England und verlangte lautstark, man sollte sofort den Union Jack auf dem Dach hissen, während wir einer Gruppe von Wachmännern erklärten, daß kein Anlaß bestand, Properjohn niederzuschießen. Hinter England entdeckte er einen Wegweiser zur Brahmans P. J. Ranch und rief wie ein aufgeregter Junge: »O eine Ranch! Meine erste Ranch!«

Trotzdem fürchtete er nichts mehr als Kinder. Wenn sie sich ihm während einer Veranstaltung oder eines triumphalen Einzugs näherten, wich er ängstlich vor ihnen zurück, als ob sie ihm etwas antun wollten. Als wir in Scott, dem Nachbarort von England, an einer Schule hinter einem gelben Schulbus, aus dem viele Kinder quollen, anhalten mußten, duckte sich Properjohn zusammen, als sie das Wohnmobil umringten und uns fragten, wer wir waren und wohin wir wollten.

Am selben Nachmittag entdeckte er in Little Rock einen Laden für Kirchenbedarf, in dem Priestertrachten und Talare, geschnitzte Kreuze, »himmlische Geschenke« und »Weihnachtskrippen aus Übersee« verkauft wurden. Mit Hattie im

Schlepptau ging er hinein. Winston und ich standen uns draußen eine geschlagene Stunde lang die Beine in den Bauch, während unsere beiden Geistlichen prächtige Meßgewänder und schlichte Mönchskutten anzogen, Bischofsstäbe schwenkten, komische Hauben aufsetzten und durch den Laden stolzierten wie zwei eitle Gockel. Sie drehten sich vor den langen Spiegeln, und Properjohn ermutigte Hattie, ständig noch ausgefallenere Gewänder anzuprobieren. Winston und ich gingen die Straße auf und ab und beteten jedesmal, wenn wir an dem Laden vorbeitrotteten, daß er endlich herauskäme. Aber er war immer noch drin, zwischen dem Gold und Purpur, und amüsierte sich königlich, wie ein Kind. Schließlich traten Hattie und er wieder vor das Geschäft, sie hatten sich zusammen nur ein Heiligenbildchen für zehn Cent gekauft. Der Ladenbesitzer blieb benommen inmitten der durch das ganze Geschäft verstreuten, herrlichen Kirchengewänder zurück. Properjohn lachte und tanzte den ganzen Weg zurück zu den Wohnmobilen, und Hattie mußte ihm immer wieder bestätigen, wie schick er in dem einen, wie königlich er in dem anderen Gewand ausgesehen hatte. Es gab keinen Zweifel, der Mann war ein klerikaler Kretin.

Wir fuhren über das viereckige Scharnier von Texas, das an der Tür von Oklahoma hängt, kamen durch Amarillo und landeten irgendwo in New Mexico, wo Properjohn uns, wieder einmal einer Eingebung folgend, durch die Gebirgspässe nördlich der Route 66 navigierte.

Bis dahin war uns das Herbstwetter auf dem Weg durch den mittleren Westen freundlich gesonnen gewesen, die Sonne schien den ganzen Tag auf die Ebenen und malte die seltsamen Felsschornsteine der Wüstenberge rot an. Sobald wir aber mit den Wohnmobilen vom Highway abgebogen waren und uns langsam zwischen Felsen und Bergzedern hindurch die Serpentinen hinaufmühten, sahen wir Schneematten in den Mulden liegen, und die breitesten Bergflanken waren weiß gesprenkelt. Als wir unser Nachtlager aufschlugen, war es bitterkalt. Es war sinnlos, sich zu ärgern und zwecklos, sich zu fragen, was Properjohn wohl im Schilde führte. Er hatte die wichtigsten Straßenkarten konfisziert und hütete sie argwöhnisch wie Geheimakten. Aber er war in den letzten Stunden sehr aufgeregt gewesen und schlich nun herum wie ein Verschwörer.

Ungefähr um neun Uhr, nachdem wir die von Ambrosia gebrutzelte, warme Mahlzeit gegessen hatten, setzten wir vier uns in »Jesus lebt« zu einem Kartenspielchen zusammen. Es dauerte keine zwei Minuten, da hallte ein entsetzlicher Schrei durch das Gebirge. Wir liefen hinaus in die kalte Dunkelheit und fanden die arme Clare angstschlotternd auf unserer Türschwelle kauern. »Es war hinter mir her«, blökte sie. »Ach, es war hinter mir her. Entschuldigung, Entschuldigung.«

»Sie brauchen sich nicht zu entschuldigen«, sagte Herbie. Er packte sie fest bei den Armen und hievte sie in unseren Wagen. »Was war hinter ihnen her?«

Properjohn und Ambrosia kamen gelaufen. Properjohn kochte vor Wut, wie immer, wenn die arme Clare etwas Unberechenbares anstellte. »Was hast du, Weib?« fuhr er sie an. »Hör auf zu zittern.«

»Irgendwas war hinter ihr her«, sagte Winston.

»Das wäre das erste Mal in ihrem Leben«, knurrte Properjohn.

»Was wollten Sie da draußen?« fragte ich.

»Ich mußte mal«, bibberte sie. »Unsere Toilette ist kaputt, und ich wollte euch nicht stören. Ich habe mir hinter unserem Wagen ein windgeschütztes Plätzchen ausgesucht… und dann… und dann war dieses Ding hinter mir her… uuuuuuuuhhhh.«

Sie verlor erneut die Fassung. Properjohn war immer noch gereizt. »Wie kann man bloß auf die Idee kommen, mitten in einer so kalten Nacht nach draußen zu gehen«, schnaubte er.

»Das ist deine Schuld«, sagte Ambrosia. »Wer hat uns denn in diese verdammte Wildnis geschleppt? Wären wir auf dem Highway geblieben, hätte sie in einem Motel zur Toilette gehen können. Hier oben gibt's ja rein gar nichts.«

»Das meinst du«, raunte ihr Vater geheimnisvoll. »Das

meint ihr.« Seine Augen funkelten vielsagend. Manchmal hatte ich fast das Gefühl, man hätte ihn ohne weiteres in die Klapsmühle stecken können.

»Gehen wir mal nachsehen«, sagte Herbie, der sich immer noch um die arme Clare kümmerte. Er wollte zur Tür, aber da kippte die arme Clare, die halb ohnmächtig an seinen Beinen lehnte, mit einem Ruck hintenüber. »Seid vorsichtig, bitte, bitte«, jaulte sie, als wir in die Nacht hinausgingen. Herbie machte mit einer Taschenlampe den Anfang, ich folgte ihm, und Winston kam widerwillig hinterher. »Ich gehe nur mit, damit ihr auch wiederkommt«, murmelte er.

Hinter der Ecke von »Jesus liebt« schmiegte sich ein großer, wurzelloser Busch, eine Steppenhexe, an den Wagen. Die Klopapierfahne der armen Clare klebte zitternd am Reifen. Wir befreiten die Steppenhexe, als ob sie ein Tier gewesen wäre, und sahen ihr nach, als der Wind sie durch die Dunkelheit davonwehte. Wir gingen zurück und klärten die anderen auf. Alle konnten darüber lachen, nur die arme Clare nicht, die noch ein bißchen weinte und sich entschuldigte, daß sie sich so töricht benommen hatte. Dann legten wir uns schlafen, aber schon eine Stunde später hämmerte Ambrosia an unsere Tür. Properjohn war verschwunden – und mit ihm das Kreuz.

Herbie und Winston fuhren mit den beiden Frauen in »Jesus liebt« die schmale Straße ins Tal hinunter, um nach ihm zu suchen, Hattie und ich wagten uns höher ins Gebirge hinein. Wir hatten keine Ahnung, wohin die Straße führte, da Properjohn die einzige nützliche Karte den ganzen Tag über nicht aus der Hand gelegt hatte und sie anscheinend auch jetzt bei sich trug.

Hattie murrte und knurrte wie eine verärgerte alte Jungfer, aber er lenkte das Wohnmobil trotzdem wie ein routinierter Rallyefahrer um mörderische Kurven und Biegungen. Es fing an zu schneien, dicke Flocken trieben durch Schluchten und Täler auf uns zu. Doch plötzlich sahen wir ein Stück voraus ein paar verschwommene Lichter auftauchen.

»Das muß eine Stadt sein. Vielleicht ist er hier«, sagte Hattie. »Weit kann er nicht gekommen sein, es sei denn, es hätte ihn jemand im Wagen mitgenommen. Ich hätte doch zu gern gewußt, wo wir hier eigentlich sind.«

Wir fanden es heraus, noch bevor er ganz ausgeredet hatte. Durch das Schneegestöber fiel das Licht unserer Scheinwerfer auf das Ortsschild. Wir bremsten und hielten an. Auf dem Schild stand »Las Vegas«.

Hattie fuhr nicht gleich weiter. Wir saßen schweigend da. Dann sagte ich: »Sieht so aus, als hätte er das falsche Las Vegas entdeckt.«

»Das richtige ist es auf jeden Fall nicht«, meinte Hattie.

»Meinst du nicht auch manchmal, daß er verrückt ist?«

»Er ist schon sehr sonderbar.«

»Ach, um Gottes willen...« begann ich, in den heftiger werdenden Schneesturm hinausblickend.

»Um seinetwillen«, murmelte Hattie.

»Tut mir leid, Hattie, aber das gibt einem doch zu denken, findest du nicht? So unbedarft kann ein Mensch einfach nicht sein.«

»Ich glaube auch nicht, daß er weiß, wo er ist«, gab Hattie bedauernd zu. »Nie. Er weiß nur, daß er in Amerika ist, mehr nicht. Er hat keinen Sinn für Orte und Entfernungen.«

»Dann laß uns mal in der Stadt nachsehen«, seufzte ich. Wir fuhren weiter. »In der letzten Zeit hat er viel Wirbel um die Landkarte gemacht«, sagte ich. »Bestimmt hat er diesen Ort neben unserer Route entdeckt und sich gedacht, es wäre Las Vegas. Er wollte den ganzen Ruhm für sich allein einheimsen, also hat er das Kreuz geklaut und es in die Stadt getragen. Schlauer, alter Satansbraten.«

Die Stadt war leer und kalt, kaum ein Licht brannte in den Holzhäusern, und die Äste der Bäume klapperten wie Knochen im Wind. Vorsichtig, wie ein Panzerwagen auf Spähpatrouille, fuhren wir die Lincoln Street hinauf. Kurz vor der Kreuzung mit der Hauptstraße gab es eine Frisierstube neben einem Perückengeschäft mit angeschlossenem Schönheitssalon, dessen Leuchtschriftreklame die ausgestorbene Straße erhellte. Das Schuhgeschäft, der Saloon in der Douglas Street, der Busbahnhof, das Rekrutierungsbüro der Marineinfanterie, alles lag still im wirbelnden Schnee, nur der Wind heulte um Türen und Fensterläden. Es war spät, und der ganze Ort wirkte wie eine Geisterstadt.

»Sogar Properjohn muß gemerkt haben, daß hier nicht Las Vegas ist, jedenfalls nicht das richtige«, sagte ich zu Hattie, der über das Lenkrad gebeugt auf die düstere Straße spähte. »Der Kerl hat nicht alle Tassen im Schrank, das kannst du mir glauben.«

»Er steht an der nächsten Straßenecke«, sagte Hattie. »Ich kann das Kreuz an der Wand vom Bestattungsinstitut lehnen sehen.«

Das Bestattungsinstitut war nicht zu übersehen. Es hatte die hellste Neonreklame der ganzen Stadt, eine grell gelbe und weiße, fast orientalisch verschnörkelte Leuchtschrift. Irgendwie paßte das hierher.

Properjohn lehnte an der Tür des Instituts. Schneewehen hatten sich um ihn gebildet. Er kauerte auf dem Boden, und das Kreuz lehnte genauso müde wie er unter dem Neonschild. Er schien uns kaum zu bemerken, als wir anhielten.

»Es ist der falsche Ort, der falsche Ort«, stöhnte er, als wir ausstiegen und zu ihm gingen. »Hier ist niemand.«

»Sie hätten uns sagen müssen, daß Sie hierher wollten«, sagte ich scharf. Ich half ihm auf die Beine, was nicht einfach war, weil sein Mantel steif gefroren war. Schnee säumte seinen Priesterkragen, und sein Hut war weiß.

»Mir ist so kalt«, jammerte er. »So furchtbar kalt, Willy. Und es ist der falsche Ort. Hier gibt es keine Sünde. Hier gibt es gar nichts.«

»Wir sind hier in Las Vegas, New Mexico«, erklärte Hattie geduldig, als wir den alten Trottel ins Wohnmobil verfrachteten. »Wir wollen nach Las Vegas, Nevada.«

Ich hob das Kreuz hoch, legte es auf den Dachgepäckträger und schnürte es nur schnell mit einem Riemen fest. »Warum hat mir das keiner gesagt?« lamentierte Properjohn zähneklappernd. Er saß zusammengekauert hinter Hattie, als wir durch den trüben, weißen Tunnel, der die Straße war, zurückfuhren.

»Warum haben Sie uns nichts gesagt?« gab ich zurück. »Hätten wir gewußt, daß Sie einen Alleingang vorhaben, hätten wir Sie warnen können.«

»Auf der Landkarte sah es nicht so schlimm aus«, stöhnte er. »Ich kenne mich mit Landkarten nicht aus, Willy. Man kann leicht etwas falsch machen, wenn man sich nicht auskennt. Ich hätte erfrieren können.«

»Zum Glück saßen Sie direkt vor dem Bestattungsinstitut«, meinte ich bissig. »Der Leichenbestatter hätte es nicht weit gehabt.«

»Sagen Sie so etwas nicht!« heulte er. »Meine Zeit ist noch nicht gekommen. Sie vergessen den Auftrag, den ich zu erfüllen habe, und die Geheimnisse, die in meinem Besitz sind.«

»Geheimnisse?«

»Jawohl, Geheimnisse. Das Datum vom Weltuntergang und ähnliches, Willy. Ich kann nicht sterben, wenn ich solche Informationen bei mir trage.«

Der Schneesturm schien nur auf uns gelauert zu haben. Kaum hatten wir das letzte verschlafene Haus von Las Vegas hinter uns gelassen, da brach er von den Bergen herunter und verschluckte uns. Die dicken Flocken prallten in solcher Zahl auf die Windschutzscheibe, daß die Wischer sie nicht mehr fassen konnten. Ich hörte auf, mit Properjohn zu streiten, und warf Hattie einen Blick zu.

»Siehst du den Weg noch?« fragte ich.

»Es spielt keine Rolle«, sagte er hastig, als wäre er froh, sich etwas von der Seele reden zu können. »Wir haben uns nämlich sowieso verfahren. Wir sind auf der falschen Straße. Es geht bergauf. Wenn wir wieder zu den anderen wollen, müssen wir bergab fahren.«

»Wir haben uns verirrt, wir haben uns verirrt«, jammerte Properjohn vor sich hin. Er pustete halbherzig in seine Hände und sah uns an. »Haben Sie das Kreuz auf dem Wagen festgeschnallt, Willy?« fragte er.

»Keine Angst, dem kann nichts passieren«, sagte ich. Leider hatte ich es nur mit einem der drei Riemen festgeschnürt.

Ich konnte nur hoffen, daß es noch da war, nachsehen wollte ich auf keinen Fall.

»Ich glaube nicht, daß wir noch sehr viel weiter kommen«, sagte Hattie und wandte mir das besorgte Gesicht zu. »Der Wagen schafft es nicht mehr bei dem Schnee, und außerdem fahren wir sowieso in die falsche Richtung. Entweder bleiben wir bis morgen früh hier oben...«

»Oder wir kehren um«, ergänzte ich.

»Ja, das wäre die andere Möglichkeit.«

»Also, dann müssen wir wohl umkehren«, sagte ich. »In diesem Schneegestöber können wir nicht die ganze Nacht bleiben. Bis morgen früh sind wir völlig eingeschneit.«

»Es dürfte ganz schön schwer werden, hier zu wenden«, sagte er kläglich. Sein fahrerisches Selbstvertrauen war wie weggeblasen. »Wirklich schwierig.«

»Weiß der Himmel, was passiert, wenn wir hier oben bleiben«, sagte ich. »Die Aussichten stehen nicht schlecht, daß wir sowieso in eine Schlucht geweht werden. Ich finde, wir sollten umkehren, solange es noch geht.«

»Verirrt, verirrt«, jammerte Properjohn. Er klang immer mehr wie seine Frau.

»Komm, wir wenden«, sagte ich entschlossen. »Ich steige aus und weise dich ein. Zuerst muß ich sehen, ob die Straße überhaupt breit genug ist.« Ich wickelte mich fester in meinen Mantel. Bevor ich ausstieg, überkam mich ein unwiderstehlicher Drang, Properjohn noch einmal gehörig die Meinung zu sagen. »Das ist alles Ihre Schuld.«

»Ach, Willy«, bettelte er. »Bleiben Sie nur nicht zu lange draußen.«

»Ganz bestimmt nicht, bloß keine Bange«, versprach ich ihm wütend. Ich öffnete die Tür und sprang hinaus in den schneidenden Schnee. Zuerst kletterte ich auf die Motorhaube von »Jesus lebt« und fegte soviel Schnee wie möglich weg. Arm um Arm schob ich herunter, aber fast genauso schnell türmte er sich wieder auf. Wir mußten uns beeilen.

Hattie beobachtete mich durch die Windschutzscheibe, dann tauchte kadavergesichtig Properjohn neben ihm auf. Sie sahen aus wie Menschen, die tausend Jahre in einem Gletscher eingeschlossen gewesen waren. Nachdem ich noch ein letztes Mal über die Scheibe gewischt hatte, sprang ich wieder hinunter. Ich schritt die Straße ab, um herauszufinden, wie breit sie war. Ein schroffe Bergwand stieg zur Linken hoch, rechts klaffte ein namenloser Abgrund. Es gab nicht viel Platz für ein Wendemanöver, aber es reichte.

Mit aufgeblendeten Scheinwerfern drehte Hattie die Schnauze des Wagens vorsichtig in die andere Richtung. Die beiden Gottesmänner hockten zitternd hinter der Windschutzscheibe. Ich stand auf der Straße und wies Hattie Zentimeter um Zentimeter ein, bis sich die Vorderräder von »Jesus lebt« der rechten Kante so weit genähert hatten, wie ich es noch verantworten konnte. Nun winkte ich ihn zurück, und er tastete sich vom Abgrund weg, das Hinterteil rückte auf die steile Felswand auf der gegenüberliegenden Seite zu. Ich ließ ihn bis auf fünfzehn Zentimeter herankommen, dann gab ich ihm ein Haltezeichen. Eines stand fest, Hattie war der geborene Chauffeur. Properjohn saß starr und steif neben ihm. Wir hatten nicht daran gedacht, ihm zu sagen, daß er aussteigen konnte. Nun ging es wieder vorwärts, Zentimeter um Zentimeter rutschte der Wagen durch den Schnee. Wenigstens kamen die Flocken nun von der Seite. Vor bis zur Kante, zurück bis zum Felsen. Es knirschte, es klirrte, das Rückfenster des Wagens war von einer Felsnase eingedrückt worden. Das Kreuz rutschte auf dem Gepäckträger zur Seite. Das machte Hattie nervös, beim nächsten Versuch wollte er den Wagen mit einem Ruck wenden, um alles auf einmal hinter sich zu bringen, und mit einem schrecklichen Schlingern verschwanden »Jesus lebt«, Properjohn und Hattie in der Tiefe. Ich stieß einen Entsetzesschrei aus, aber ihr verzweifeltes Gebrüll übertönte mich noch. Das Kreuz riß sich irgendwie vom Gepäckträger los, als der Wagen kippte, und flog zehn Meter von mir entfernt in den Schnee. Von einem seltsamen, blinden Impuls getrieben, rannte ich ihm nach und hob es auf. Ich klammerte mich daran und betete wie ein Wahnsinniger zu Gott, daß sie nicht für immer von mir gegangen waren. Es funktionierte.

Aus dem wirbelnden Schwarz und Weiß in der Tiefe hörte ich sie rufen. Ich ging an den Rand des Abgrunds und wäre beinahe mit ihnen zusammengestoßen, als sie über die Kante kletterten. Ich schlang die Arme um sie, und wir führten im Schnee einen Freudentanz der Erleichterung auf.

»Es ist nicht tief«, sagte Properjohn lässig, als ob wir das nur ihm zu verdanken hätten. »Nur ein paar Meter.«

»Wir wollen ein Dankgebet für unsere Errettung sprechen«, sagte Hattie schlicht. Er fiel im Schnee auf die Knie, und Properjohn kniete sich neben ihn. Zögernd schloß ich mich ihnen an, faltete die Hände, schloß die Augen und dankte nun ehrerbietig einem Gott, den ich erst vor wenigen Minuten um Hilfe angebrüllt hatte. Komisch, wie der Allmächtige je nach Lage der Dinge wächst beziehungsweise schrumpft.

»Am besten beten wir nicht zu lange, sonst erfrieren wir noch«, meinte Properjohn pragmatisch. »Dann wäre Gottes Hilfe umsonst gewesen.«

»Also, entschuldigt bitte«, sagte Hattie, der mal wieder für alles Vorgefallene die Verantwortung übernahm. »Ich bin wohl in Panik geraten, als das Kreuz vom Dach gerutscht ist. Ich wußte nicht, was das für ein Geräusch war.«

»Ja, es ist alles Ihre Schuld«, sagte Properjohn wie selbstverständlich.

»Passen Sie mal auf«, fuhr ich ihn an. »Wenn überhaupt jemand schuld hat, dann sind Sie das. Sich in so einer Nacht einfach davonzuschleichen.«

»Ja, ja, Willy«, lenkte er sofort reumütig ein. »Ich bin sehr dumm gewesen.«

»Jetzt aber weiter«, sagte ich. »Sonst werden wir noch eingeschneit.«

Vorsichtig trat ich an den Rand des Abgrundes und witterte eher hinunter, als daß ich hinunterspähte. Nur wenige Meter unter mir sah ich einen Scheinwerfer und ein rotes Rücklicht des Wohnmobils leuchten. »Du hast das Licht angelassen«, sagte ich zu Hattie. Er lächelte mich durch den Schnee an und berührte mich an der Hand.

Properjohn hatte das Kreuz aus der Schneewehe gezogen. »Das nehmen wir lieber mit«, meinte er zweifelnd. »Ich möchte nicht, daß es wegkommt.«

Ich nahm ihm das Kreuz ab, und wir marschierten los, die Bergstraße hinunter. Wir stapften durch den tiefen Schnee, der uns an manchen Stellen bis zu den Knien reichte, und noch immer fielen die Flocken. Nach einer Weile konnte Properjohn nur noch pfeifend atmen, was mir gar nicht gefiel. Zweimal fiel er in den Schnee, und wir mußten ihn wieder herausholen. Es war offensichtlich, daß wir es mit ihm in dieser Nacht nicht bis ins Tal schaffen würden.

Dank unserer inbrünstigen Gebete schienen wir allerdings beim Herrgott noch einen Stein im Brett zu haben, denn nur ein paar Schritte nach Properjohns zweitem Sturz entdeckten wir am Straßenrand ein großes Schild. Wir schoben die Schneeschicht herunter. »Schutzhütte, einhundert Meter«, lasen wir.

»Gott sei dank«, sagte ich, Properjohn vorwärtsschiebend.

»Dank sei Gott«, echote Hattie.

Wir stolperten die Böschung hinunter und wären in der Dunkelheit beinahe daran vorbeigegangen. Dann sahen wir den eckigen Kasten zwischen den Bäumen. Dankbar schleppten wir uns hin, öffneten die Tür und retteten uns hinein.

Ich ließ Properjohn auf den Boden sacken, wo er eine Weile liegenblieb und nur noch »Hosianna, hosianna, halleluja, halleluja«, vor sich hin keuchte. Wir kramten eine Schachtel Streichhölzer aus seiner Manteltasche und rissen eines an. Auf dem Tisch stand eine Petroleumlampe, die wir anzündeten. Dankbar standen wir in ihrem heimeligen Schein. Wir sahen aus wie Schneemänner. Hatties Gesicht war weiß verkrustet, nur die kalte Nase lugte rosig heraus. Properjohn sah vom Boden hoch und schlug vor, wir sollten, sobald unser Kreislauf wieder in Gang gekommen war, ein zweites Dankgebet für die Errettung aus höchster Not sprechen.

»Da hinten steht ein Petroleumofen«, sagte ich und nickte Hattie zu, der die Streichhölzer hatte. »Hoffentlich funktioniert er noch.«

Er funktionierte. Bald hatten wir ihn angezündet, und es wurde rasch wärmer in der Hütte. In einem Vorratsschrank fanden wir ein paar Dosen Suppe, die wir uns warm machten und dankbar aßen. Schließlich konnten wir sogar die Mäntel aufschlagen und es uns, schweigend und erschöpft, auf den langen Bänken bequem machen.

»Las Vegas«, knurrte Properjohn schließlich. »Was für ein Kuhkaff. Glaube kaum, daß wir da einen Sünder finden. Die Zeit und den Aufwand kann ich mir sparen.«

»Sie ist wirklich ein gutes Mädchen, meine Ambrosia.«

Seine Stimme kam aus dem Halbdunkel. Wir hatten die Petroleumlampe ausgemacht und unterhielten lieber das Feuer im Ofen. Obwohl wir nicht über sie gesprochen hatten, klang es so, als hätte er einfach einen Gesprächsfaden wiederaufgenommen. Er lag auf dem Hüttenboden unter einem Deckenstapel. Es roch noch nach der Suppe, die wir uns aufgewärmt hatten. Hattie lag reglos neben mir, die Augen hatte er geschlossen, und die Hände wie ein Toter auf der Brust gefaltet.

»Ambrosia?« sagte ich im Feuerschein. Es hörte sich an, als ob ich mich erst mühsam an sie erinnern müßte. Das machte wahrscheinlich mein schlechtes Gewissen.

»Ja, ein gutes Mädchen«, kam es bestätigend aus einer Ritze zwischen den Decken. »Aber immer noch ein Kind, Willy. Erst siebzehn.«

»Dann hat sie ja noch viel Zeit«, sagte ich.

»Wofür?« fragte er und steckte, etwas mißtrauisch geworden, die Nase aus dem Deckenstapel.

»Naja, für das Leben, um etwas zu erleben, um die Welt zu sehen«, antwortete ich unbehaglich.

»Aber doch nicht meine Ambrosia. Sie ist nämlich im Grunde sehr heimatverbunden. Ach, ich weiß, sie tut gern so, als wäre sie ›total in‹, oder wie man das nennt, aber in Wahrheit hängt sie an ihrem Zuhause in Wales. Ruhig und friedlich. Sogar das eine Mal, als sie nach Bristol gefahren ist, um ihre kranke Freundin zu besuchen und die Clifton-Hängebrücke zu besichtigen, wollte sie eigentlich gar nicht weg.«

»Nein?«

»Nein, bestimmt nicht. Sie wollte unbedingt Clare mitnehmen. Sie wollte ihre Mama bei sich haben. Hat geweint, als sie weggefahren ist. Ja, geweint. Sie war noch nie von zu Hause weggewesen. Konnte sich mit der Idee nicht anfreunden. Und sie blieb auch nur ein paar Tage.« Er hielt inne. »Ausgerechnet Bristol, komisch«, sagte er. »Ich meine bloß, wenn man das erste Mal von zu Hause wegfährt. Die meisten Leute würden wohl eher nach London fahren, aber ich bin nur froh, daß sie das nicht wollte. Irgendwie kann ich mir Ambrosia in London überhaupt nicht vorstellen. Es ist zu schmutzig. Es würde ihr einfach nicht gefallen.«

»Wenn ihre kranke Freundin und die Clifton-Hängebrücke in Bristol waren, mußte sie wohl oder übel dahin fahren«, sagte ich einigermaßen logisch. »Es hätte nicht viel genützt, sie woanders zu suchen.«

Er lachte, es war ein altes, schläfriges Lachen. »Stimmt, stimmt«, sagte er. Die Decken nickten. »Da ist was Wahres dran.« Er blieb einige Minuten still, und ich dachte schon, er wäre eingeschlafen. »Haben Sie eigentlich Ihre Frau gefunden, Willy? Sie haben mir doch im Flugzeug erzählt, daß Sie sie suchen wollten.«

Ich schluckte im Dunkeln. Erst Ambrosia, nun meine Frau. »Nein«, antwortete ich. »Ich hab' sie noch nicht gefunden. Keine Spur von ihr.«

Die Decken seufzten. »Ach, es gibt aber auch so viele Menschen hier«, sagte er. »Ist schon ganz schön groß, dieses Amerika. So viele Leute und Berge und Städte und Felder und Flüsse. Sie werden es vielleicht nicht für möglich halten, Willy, aber manchmal weiß ich überhaupt nicht mehr, wo ich eigentlich bin.«

Ich konnte mir ein Schnauben nicht verkneifen. »So wie heute abend«, meinte ich. »Als Sie sich das falsche Las Vegas ausgesucht haben.«

»Ach so. Na ja, so einen Fehler kann jeder mal machen. Woher sollte ich denn schließlich wissen, daß es zwei gibt? Wußten Sie es vielleicht?«

»Nein«, sagte ich wahrheitsgemäß. »Aber Las Vegas liegt in der Wüste. Es klebt nicht irgendwo mitten im Gebirge. Und ich glaube kaum, daß es da sehr oft schneit.«

»Ist mir doch egal, ob es in der Stadt heiß oder kalt ist«, raunzte er eingeschnappt aus dem kleinen Spalt, den er sich zwischen den Decken offenhielt. »Das kümmert mich nicht, Willy. Ich habe mich bloß gewundert, daß ich keine Spielcasinos finden konnte, keine Lichter, keine Shows, gar nichts. Da habe ich dann schon befürchtet, daß irgend etwas nicht ganz stimmt. Ich habe in einer Kneipe nachgefragt, wo denn das Nachtleben wäre. Die Gäste fanden das sehr witzig. Einer von ihnen hat gebrüllt: ›Die ist diese Woche unpäßlich‹ oder so ähnlich. Ich habe es nicht verstanden. Können Sie sich etwas darunter vorstellen?«

»Nein, das verstehe ich auch nicht«, log ich. »Vielleicht haben Sie sich verhört.«

»Ja, vielleicht.« Nach einer kaum wahrnehmbaren Pause kam er wieder auf Ambrosia zu sprechen. »Sie wird eines Tages eine gute Ehefrau abgeben, Willy«, sagte er. »In fünfzehn, zwanzig Jahren.«

»Dann wird es aber auch höchste Zeit«, antwortete ich. »Wenn sie jetzt schon siebzehn ist.«

»Aber jung für ihr Alter, Willy, sehr jung. In manchen Dingen ist sie wie ein Kind. Für mich ist sie immer noch ein kleines Mädchen.«

»Ich weiß«, sagte ich.

»Ach, Sie dürfen nicht mehr an diese alberne Geschichte am Fluß denken. Sie hat es gern, wenn ich sie an den Beinen herumwirbele. Sie hat es wirklich gern. Sie hat sich nur so bockig aufgeführt, um vor euch Jungs anzugeben, das ist alles. Sie ist noch ein Kind. Wissen Sie, sie hat immer noch das Bein von ihrer Lieblingspuppe. Sie hat es in ihrer Handtasche.«

»Komisch, daß sie so was mit sich herumschleppt«, sagte ich.

»Ja, das stimmt. Ich habe einmal in ihre Handtasche gesehen. Ich habe Kleingeld gesucht und das Bein gefunden.« Sein spitzes Gesicht kam nun ganz zwischen den Decken hervor.

»Aber das dürfen Sie ihr auf keinen Fall verraten«, warnte er mich. »Nicht einmal, daß ich an ihrer Handtasche war. Das braucht sie nicht zu wissen. Und Kleingeld habe ich sowie keines gefunden. Nur das Puppenbein. Gute Nacht, Willy. Danke, daß Sie mich gesucht haben.«

»Keine Ursache«, sagte ich leise im Halbdunkel. »Gute Nacht.«

»Ich kann das verstehen«, meldete sich plötzlich Hattie zu Wort. Ich hatte gedacht, er schliefe längst. »Daß sie das Puppenbein behalten hat. Unbelebte Dinge bedeuten mir auch viel. Ich bewahre sie auf, weil ich mir Sorgen mache, was mit ihnen passiert, wenn ich sie nicht behalte. Menschen können immer von selbst zu einem zurückkommen.«

»Manchmal«, sagte ich.

»Aber mit Sachen ist das anders. Als ich ein Kind war, hatten wir ein Strandhaus, wo wir immer den Sommer verbracht haben. In Biddleford, Maine. Im September haben wir alles weggeräumt und das Haus abgeschlossen bis zum nächsten Jahr. Und im Winter habe ich nachts wachgelegen und mich gefragt, wie wohl die Stühle zurechtkamen oder ob vielleicht die Uhr einsam war. Ich habe mir Sorgen um diese Sachen gemacht, die oben an der Küste ganz allein waren. Kannst du das verstehen, Willy?«

»Also ich nicht«, knurrte Properjohn übel gelaunt aus seinem Deckenhaufen. »Nun schlafen Sie endlich.«

»Aber ich kann es nachempfinden«, sagte ich zu Hattie.

»Ich habe mich gefragt, was sie wohl den ganzen Winter über in dem leeren Strandhaus trieben. Ob es ihnen wohl so vorkam, als ob die Zeit stehenbliebe. So fühlt es sich vielleicht an, wenn man tot ist.«

»Blödsinn. Nun schlafen Sie doch endlich«, knurrte Properjohn noch einmal.

»Gute Nacht«, sagte Hattie traurig.

»Gute Nacht, Hattie«, sagte ich.

Eine halbe Stunde lag ich müde da. Ich konnte nicht einschlafen, mir ging zuviel im Kopf herum. Das Puppenbein. Das große Bett in Bethlehem. Die arme Ambrosia. Schließlich döste ich doch ein, war aber plötzlich mit einem Ruck wieder hellwach. Hattie war ganz nah an mich herangerobbt, und er hatte seine Hand auf meinem Bein.

»Hattie«, flüsterte ich erschreckt. Ich dachte, er wäre vielleicht ein Schlafwandler. »Hattie, was ist los?«

Wacher als er konnte man gar nicht sein. »Die Wege des Herrn sind unergründlich, Willy«, sagte er flehentlich.

Ich starrte ihn im Halbdunkel an. »Das ist aber nicht die Hand Gottes, Kollege. Nimm sie weg«, sagte ich.

Er nahm sie weg. Aber er wich nicht von meiner Seite. Traurig meinte er: »Willy, heute abend dachte ich, wir sterben. Als der Wagen in den Abgrund gefahren ist.«

»Ich habe das auch für möglich gehalten«, sagte ich vorsichtig.

»Ich habe noch nie etwas gemacht, was ich wirklich tun wollte, Willy. In meinem ganzen Leben nicht. Und das habe ich in dem Moment gemerkt, als wir über den Rand fuhren.«

»Also willst du es jetzt nachholen«, flüsterte ich, um Properjohn nicht zu wecken.

»Du hast eine so sanfte Stimme«, sagte er. »Ich mag dich sehr, Willy. Magst du mich auch?«

»Aber sicher doch. Ich habe nur nicht gern deine Hand auf dem Bein, das ist alles.«

»Ich dachte... als Engländer hättest du vielleicht Verständnis dafür«, stöhnte er. »Ihr seid doch so liberal da drüben. Hier bei uns scheint es so was nicht zu geben.«

»Liberal oder nicht, wir haben auch unsere Vorlieben. Also mach es nicht noch einmal.«

»Ich bin wütend auf mich, Willy. Ich glaube, ich gehe hinaus in den Schnee.«

»So mancher Polarforscher hat das auch gemacht und ward nicht mehr gesehen«, sagte ich. »Allerdings nicht aus denselben Gründen. Warum legst du dich nicht wieder hin und versuchst zu schlafen? Du hattest einen aufregenden Tag, du bist ein bißchen durcheinander.«

»Genau, genau«, murmelte er fast beschwörend. Dann beugte er sich plötzlich ohne Vorwarnung über mich und küßte mich auf die Backe. Um ein Haar wäre ich vor Schreck aufgesprungen. Mein Geheul weckte Properjohn, der wissen wollte, was passiert war.

»Eine Ratte«, sagte Hattie, wie aus der Pistole geschossen.

»Ja, eine Ratte«, sagte ich fest und starrte Hattie an.

»Gute Nacht«, murmelte Properjohn.

»Gute Nacht«, gaben wir beide zurück.

Wir warteten. Dann sagte ich zu Hattie: »Wenn du das noch einmal machst, bring' ich dich um. Okay?«

»Okay, Willy«, schniefte er. »Ich hatte mir nur vorgenommen, es wenigstens ein einziges Mal zu versuchen. Ich mache es nie wieder. Ich bewundere dich, Willy. Ich bewundere dich sehr.«

Ich traute ihm nicht. Auf dem Fußboden der Hütte war nicht viel Platz, und keiner von uns konnte nach draußen ausweichen. Aber an der Wand stand das Kreuz. Ich schlich mich hin und legte es zwischen Reverend Hatt und mich auf den Boden. So schliefen wir wie Ritter und holde Maid in der guten alten Zeit, rechts und links neben dem Schwert.

15

Es dauerte zwei Tage, bis wir »Jesus lebt« aus dem drei Meter tiefen Abgrund in den Bergen befreit hatten. Der Automechaniker aus Las Vegas meinte, es wäre die einzige Dreimeterschlucht in der ganzen Gebirgskette. Alle anderen gingen sechzig Meter tief hinab. Wir kehrten vorsichtig durch den schwächer werdenden Schnee nach Santa Fé zurück und bogen dann bei Albuquerque auf den Highway ein. Properjohn war während dieser Wegstrecke gedämpfter Stimmung. Als wir auf der Route 66 waren und wieder gen Westen fuhren, gab er als erstes verächtlich die Landkarte an Herbie ab. »Ich habe nicht die Zeit für so was«, sagte er. »Ich arbeite gerade an einem Lied für Las Vegas.«

Im Navajoland, wo die zerklüfteten roten Sandsteinfelsen in den Himmel ragten, zwischen den Adobehütten und den spanischen Kirchen, kramte er so lange in den unendlichen Weiten seines schwarzen Mantels herum, bis er etwas Geld gefunden hatte, mit dem er einem Indianer mit einem Kneifer auf der Nase, der neben dem vollklimatisierten Navajo-Motel vor einem Plastikzelt hockte, Rinderhörner und eine echte Squawdecke abkaufte.

»Das«, sagte Winston, als wir die Hörner in dem engen Wohnmobil verstauten, »war wahrscheinlich der voll klimatisierte Navajo. Hat von euch schon mal jemals einer einen glücklichen Indianer gesehen?«

»Kein Indianer hatte je Grund, über irgend etwas glücklich zu sein«, knurrte Herbie. »Ihr Leben ist elend, es war schon immer elend, und es wird auch immer elend bleiben, bis sie eines Tages ausgerottet sind. Diese Leute haben nicht einmal Lachmuskeln.«

»Warum nicht?« fragte ich.

»Weil ihnen noch nie einer was Komisches erzählt hat«, antwortete er und sah Winston bei dieser rassistischen Bemerkung herausfordernd an. »Und etwas Nettes auch nicht. Für sie gibt es keine guten Nachrichten.«

Winston schnaubte. »Wir Farbigen haben auch nicht viel zu lachen«, sagte er. Dann fügte er in seinem Onkel-Tom-Tonfall hinzu: »Aber der Neger ist trotzdem berühmt für sein Lächeln.« Er grinste gekünstelt.

»Der schwarze Mann hat schon immer gern mit seinem Gebiß angegeben«, warf Herbie ein. Er nickte überlegen, als wäre er der Lehrer und Winston ein Anschauungsobjekt. »Auch als er gar nichts anderes besaß, hatte er doch immerhin seine großen, weißen Zähne.«

»Die Juwelen des schwarzen Mannes«, meinte Winston zynisch.

Herbie sagte: »Die Navajos haben noch nicht einmal gute Zähne.«

In Grants gab es viele Indianer in den Straßen, Männer mit unglaublich krummen Beinen und nach unten gezogenen

Mundwinkeln. Herbie stellte immer wieder Vergleiche zwischen Negern und Indianern an, bis Winston schließlich fragte: »Wieso weißt du eigentlich so gut über die Rothäute Bescheid?«

»Ich weiß es eben«, antwortete Herbie und wischte die Frage beiseite.

»Und ich weiß, woher du es weißt«, sagte Winston listig. »Weil ich nämlich deinen Film *Im Tipi ist der Teufel los* gesehen habe. Mann, da ging es wirklich um das Leben und Leiden der Indianer.«

Las Vegas rückte nun mit Macht näher. Der Abstecher in die Berge hatte uns zwar im Zeitplan zurückgeworfen, aber zum Glück waren für das nördliche Arizona, dieses Wüsten- und Schneeland, ohnehin keine triumphalen Einzüge vorgesehen gewesen. Ein Empfang mit anschließendem Kurzgottesdienst hatte für Flagstaff auf dem Programm gestanden, aber wir kamen dort einen Tag zu spät an, und es tobte sowieso ein Blizzard. Properjohn brachte sein Erstaunen darüber zum Ausdruck, daß die Gläubigen es nicht für nötig befunden hatten, auf uns zu warten, aber ansonsten sagte er nichts, und wir fuhren langsam von der Hochebene hinunter in die flache Winterwüste. Immer noch stießen wir auf indianische Reklameschilder: »Navajo Silberschmuck, Squawdecken, Pfandannahme« und »Besuchen Sie die Häuptlingshöhle und den Tomahawk Nightclub«. Es war traurig, sehen zu müssen, daß sich ein ganzes Volk so folkloristisch anbiedern mußte.

In Kingman schließlich verließen wir die Route 66, die nun ohne uns weiter zum Pazifik lief, und fuhren wieder hinauf in die Berge, Richtung Nevada. Wir überquerten die Staumauer des Hoover-Staudamms und erreichten am Abend die Höhen über der ebenen Wüste und der Glitzerstadt Las Vegas.

Noch während wir auf der anderen Seite der Berge die kurvige Straße hinauffuhren, wußten wir, daß wir es bald sehen würden, denn die Millionen Lichter der Stadt strahlten wie ein majestätischer Suchscheinwerfer die Bäuche der Winterwolken von unten an.

»So muß es wohl aussehen, wenn man in den Himmel kommt«, sagte Herbie, dann warf er Properjohn rasch einen Blick zu. »Für manche Leute.«

»Wenn man in die Hölle kommt«, lautete erwartungsgemäß Properjohns Antwort. Aber er reckte das verkniffene Gesicht voller Vorfreude vorwärts, und in seinen Augen leuchtete ein besonderes Licht.

Dann hatten wir die Hügelkuppe erreicht, und Las Vegas lag vor uns – eine Stadt, die sich wie eine Explosion nach allen Seiten hin ausbreitete, ein Glühen in den langen Straßen von Lichtern und Leuchtreklamen, und The Strip lief in die Wüste hinaus wie der Schweif eines Kometen. Wir bogen mit den Wagen von der Straße ab und hielten auf einer weiten, ebenen Fläche an, die an unseren Mißgeschicken in dieser Gegend noch viel Anteil haben sollte. Als wir ausstiegen, stand jedem von uns eine ganz besondere Freude ins Gesicht geschrieben. Die Stadt war keine Explosion, das war nur der erste berauschende Anblick gewesen. Sie sah wie ein großer, strahlender Lichtersee aus, friedlich, unsagbar friedlich zwinkerte und blinkte sie vor sich hin, völlig selbstvergessen im Wüstendunkel. Licht lief durch Licht hindurch, als die Autos tief unter uns durch die Straßen fuhren. Der Strip ragte wie ein hell erleuchteter Pfannenstiel von der Stadt in die Wüste hinaus, und dahinter, am Nachthimmel, auf Augenhöhe mit uns, sahen wir die roten Insektenlichter der Flugzeuge, die sich im Landeanflug auf den fernen Flughafen befanden.

»Wie herrlich, wie herrlich«, hauchte Ambrosia. Sie umklammerte meinen Ellenbogen, während wir auf die Stadt hinuntersahen. Ich warf rasch einen Blick auf ihren Vater, und sie ließ meinen Arm los. Aber sie konnte sich von dem überwältigenden Anblick nicht losreißen und sagte seinetwegen sehr leise: »So etwas Herrliches habe ich noch nie im Leben gesehen.«

»Sünde!« brüllte Properjohn endlich. »Sünde, Sünde, Sünde.«

»Sünde gibt es da unten reichlich«, flüsterte Herbie mir

auf der anderen Seite ins Ohr. »Ich bete darum. Ich bete, daß ich meinen Teil abbekomme.«

»Genau wie die Newport Docks in Wales«, rief die unglaubliche Clare. »Wie die Lichter auf den Schiffen. Genau wie im Hafen.«

»Der Feind!« röhrte Properjohn, daß es uns fast das Trommelfell zerrissen hätte. »Seht! Der Feind!«

»Newport Docks«, sagte die arme Clare stur zu sich selbst. »Genau wie der Hafen.«

»Spielzeugstadt«, sagte Winston mit einem trockenen Lachen.

»Las Vegas«, sagte Reverend Hatt, als wäre damit alles gesagt.

»Silvie«, dachte ich. Sie war da unten, irgendwo da unten, unter einer der Leuchtreklamen und führte anrüchige Tänze auf oder trieb weiß Gott was. Und da unten wohnte sie auch, und die Kinder gingen dort zur Schule.

Wir standen noch ein paar Minuten da und sahen hinunter, auf das blendende, leuchtende Bild, an dem sich nur die blinkenden Neonschilder und der endlose Verkehrsstrom veränderten. Niemand sagte ein Wort, bis Properjohn plötzlich, nicht uns, sondern der Stadt, verkündete: »Tod und Vernichtung sollen über euch kommen, und es wird nicht mehr lange dauern. Ich habe das Datum in der Tasche. Reue ist zwecklos – es ist zu spät!«

Ich hätte mein ganzes Geld auf Las Vegas verwettet.

Wir fuhren die abschüssige Straße hinunter, auf Las Vegas zu, hinaus aus den zinnenbewehrten Wüstenbergen, auf die Asphalt- und Lichterwüste zu. Einen Kilometer vor der Stadt schnallten wir das Kreuz los und gingen los, unserem letzten triumphalen Einzug entgegen.

Loderne Fackeln erwarteten uns, Chöre und Kapellen. Die jungen Tambourmajorinnen trugen kurze Hängerchen, deren Säume genau mit ihren knackigen, kleinen Hinterteilen abschlossen, und auf ihren amerikanischen Jungmädchenbrüsten wogten große Schleifen. Es war erhebend und aufregend.

An diesem Abend gab ich meine beste Vorstellung, stolz trug ich mein Kreuz mit meiner perfektionierten Leidensmiene, bis Winston mir riet, ein bißchen lockerer zu werden, weil man in Las Vegas eines ganz und gar nicht leiden konnte: ein trauriges Gesicht.

Man kam sich vor, als wäre man in einen Lichtersturm geraten, es blitzte aus allen Straßen, von jedem Dach und Fenster. In der Innenstadt quollen die Menschen aus den Spielsalons, um uns zu sehen, aber nach nur einem Lied kehrten sie rasch wieder in ihren Spielautomatenhimmel zurück. Einige Leute in schicker Abendgarderobe kletterten auf das Dach von »Jesus lebt«, dem vorderen Wohnmobil, und sie sangen lauter mit als alle anderen. Von all diesen Sündern, die merkwürdigerweise wie ganz normale Amerikaner aussahen, schlug uns keinerlei Feindseligkeit entgegen. Sie nahmen uns so freudig auf, als sollten wir uns ihnen anschließen und nicht umgekehrt.

Die Innenstadt von Las Vegas glich einer Kirmes, hell erleuchtet, aber überschaubar. Es war laut an den Flipperautomaten und in den Souvenirläden, aber alle schienen froh um die Abwechslung, die wir ihnen boten, und sie bereiteten uns einen überwältigenden Empfang, was hochanständig von ihnen war, da sie, wie Herbie mich gleich wissen ließ, zum großen Teil Juden waren. Sie applaudierten uns, als hätten wir einen Kostümwettbewerb gewonnen. Sie bejubelten das Kreuz genauso begeistert wie die christlichen Glücksspieler, und soweit ich sehen konnte, waren sie auch ebenso freigebig an den Kollektenbüchsen. Winston meinte, daß die Menschen in Las Vegas wie in einer Spendierfreudigkeitswolke lebten. »Dies ist schließlich die Stadt«, sagte er, »in der die Menschen mit einem Zwanzigtausenddollar-Cadillac ankommen und aus der sie mit einem Siebzigtausenddollar-Bus wieder abreisen.«

Wir zogen wie eine ausgelassene Zirkuskapelle durch die engen Straßen, dann bogen wir um eine Ecke, und vor uns lag der Strip. Damit hatten wir den gemütlichen Teil der Stadt hinter uns gelassen und marschierten nun den breiten Neonarm hinunter, der sich bis in die Wüste erstreckt. Dunes, Circus-Circus, Caesar's Palace und all die anderen Spielcasinos zwinkerten uns wie lüsterne, reiche Damen zu. Wie bei einem nicht enden wollenden Feuerwerk sprühte und glühte die atemberaubende Beleuchtung auf beiden Seiten der breiten Straße. Jetzt waren keine Menschen mehr auf den Gehsteigen zu sehen, nur Gesichter in schleichenden Autos. Ein kühler Wind fuhr durch die Häuserschlucht, der uns in die Kleider und ins Gesicht blies, in die Knochen fuhr und am Kreuz in meinen Armen rüttelte. Genausogut hätten wir durch eine Einöde marschieren können.

»Guten Morgen, Vegas«, sagte der Mann gespreizt. »So heißt unsere tolle Show. Wir gehen jeden Morgen um sieben Uhr auf Sendung, damit wir unsere Zuschauer noch erwischen, bevor sie sich in die Federn legen.«

Er wartete auf das Lachen, das er für diese Bemerkung zweifellos jeden Morgen von seinen Gästen erntete. Winston stieß Herbie und mich in die Seite, woraufhin wir morgenmuffelig lächelten. »Wir wollen«, sagte er, »die Menschen aufmuntern, die es nötig haben. Ein Liedchen, ein einfühlsames Gedicht vielleicht, ein Kochrezept hier und da, ein bißchen was Religiöses. Damit die Leute, die ein paar tausend Dollar am Spieltisch verloren haben, nicht denken, das wäre das Ende der Welt.«

»Ist es aber«, sagte Properjohn bestimmt. Er saß geduckt am Ende der Reihe vor dem Produzenten.

»Wie war das?« fragte der Mann.

»Es ist nahe«, antwortete Properjohn. »Das Ende der Welt.«

»Ach so«, strahlte der Mann unsicher. »Soweit ich weiß, besitzen Sie diesbezügliche Informationen. Nun, warten wir damit bis zur Sendung.« Er zwinkerte Properjohn zu. »Das heißt, falls es dann noch nicht zu spät ist«, witzelte er.

»Für Ihre Sendung reicht die Zeit noch«, entgegnete Properjohn feierlich. »Außerdem wollen wir ja noch unser neues Lied vortragen.«

»Schön, schön«, sagte der Mann beklommen. »Ich möchte wirklich keinem die Zeit stehlen.«

»Vor allem, wenn uns nicht mehr viel bleibt«, sagte Properjohn. Winston funkelte ihn finster an, und Ambrosia stieß ihn warnend in die Rippen. Der Produzent lachte gequält, doch dann schaltete er rasch auf ein breites Grinsen um, als ein Mann im roten Anzug hinter den Kulissenwänden und Scheinwerfern hervorkam. »Barney Gallatio«, verkündete er, als müßte er diese Offenbarung vor Millionen von Zuschauern kundtun. »Der Star unserer Show.«

Mr. Gallatio sah aus, als wäre er um fünf Uhr ins Bett gekrochen, um sechs wieder aufgestanden und als hätte er anschließend eine Stunde in der Maske verbracht. Er war groß, schlank, hatte ein batteriebetriebenes Lächeln, aber an diesem Morgen waren die Batterien fast leer. Zu meiner Verwunderung gab Ambrosia ein Quieken von sich und stand auf, um sich ihm als erste vorstellen zu lassen. Mr. Gallatio schüttelte ihr mit beiden Händen lächelnd die Hand, und sie wurde rot. Dann stellte ihm Winston, wie es sich gehörte, der Reihe nach die anderen vor, da der Produzent unsere Namen schon wieder vergessen hatte.

»Ich möchte«, sagte Mr. Gallatio, »daß Reverend Properjohn mir während der Sendung genau gegenübersitzt und daß die anderen einen Halbkreis um uns bilden. Der Mann mit dem Kreuz kommt in die Mitte.« Ein Schrei hallte durch das Studio, er brach ab und ging zu dem Mann, der gerufen hatte. Als er uns den Rücken zuwandte, sahen wir alle, so vorwurfsvoll wie eine Familie, auf Ambrosia, die aufgeregt jeden schleppenden Schritt des Stars verfolgte.

Er kam zurück. »Nein, wir haben es uns anders überlegt, der Typ mit dem Kreuz sollte sich besser auf die Seite stellen, nach rechts vielleicht, sonst verdeckt das Kreuz den Namen unseres Sponsors. Einverstanden, Kreuzträger?«

Ich nickte mürrisch. Über dem Podium am Ende des Studios stand in verschnörkelten Lettern »Testament Kaffee«, rechts und links eingerahmt von Werbung für Vatican Autos und Miracle Möbel.

»Es wird bestimmt ein nettes halbes Stündchen«, trällerte Mr. Gallatio, als müßte er sich selbst in Stimmung bringen. »Wenn wir den Leuten in Las Vegas Trost und Hoffnung bringen.«

»Wenn du dich da mal nicht geschnitten hast, Freundchen«, sagte Properjohn in seiner Haudegenstimme. Winston knuffte ihn in die Seite und lächelte den Produzenten an, der uns gerade auf das Podium bringen wollte. Niemand schien ganz wach zu sein. Einer der Kameramänner hing mit geschlossenen Augen über seinem Gerät wie ein müder Cowboy über dem Pferdehals.

Wie zu einer Gruppenaufnahme mußten wir uns steif hinter den beiden Sesseln aufstellen, und noch bevor wir unsere typischen Mienen richtig aufgesetzt hatten, begann die Sendung auch schon. »Glauben Sie an Wunder?« fragte Mr. Gallatio eine der Kameras. »Ich glaube daran, Freunde. Ich glaube fest an Mirakel. Miracle Möbel, East Flamingo Road 426 im Herzen von Las Vegas ist das Möbelgeschäft, an das auch Sie glauben können. Im Laufe unserer Sendung wollen wir Ihnen einige der schönsten und erlesensten Stücke vorstellen. Außerdem werden wir Ihnen einige der herrlichen, herrlichen Autos zeigen, die sie noch heute bei Vatican am Tropicana Boulevard erwerben können, und wir werden den himmlischen Testament Kaffee kosten. Aber jetzt möchte ich Ihnen zunächst einmal unsere heutigen Gäste vorstellen. Es ist ein Gruppe von Menschen, die durch unser Land gereist ist, um in diesen unruhigen Zeiten das Wort Christi zu verbreiten. Angeführt werden sie von Reverend Properjohn von der Kirche des gütigen Gottes, Wales, England.«

»Des wütigen Gottes«, verbesserte Properjohn gereizt.

»Des wütigen Gottes?« fragte Mr. Gallatio. »Ach so, ja, verstehe. Ich dachte, es wäre ein Tippfehler. Ja, also, der Kirche des wütigen Gottes. Das paßt auch sehr viel besser in diese unruhigen Zeiten.«

»Und Wales ist Wales, es gehört nicht zu England.«

»Wie recht Sie haben. Okay. Wir wollen doch keine falsche Adresse verbreiten. Die Kirche des wütigen Gottes, Wales, Wales.«

»Llanbergowonyth, Wales«, korrigierte Properjohn pingelig.

»Sicher, ganz genau«, sagte der Mann verzweifelt. »Okay, also weiter im Text. Und das wäre also Ihre Gruppe.«

Ich glaube kaum, daß er beabsichtigt hatte, uns namentlich vorzustellen, aber Properjohn drehte sich halb um und zeigte pedantisch der Reihe nach mit dem Finger auf uns. »Das ist Clare, meine Frau. Sie hatte eine Operation am Kiefer, müssen Sie wissen. Als nächstes Ambrosia, meine Tochter, ein junges Mädchen von siebzehn Jahren – und von der läßt du mir schön die Finger, Freundchen.« Der letzte Halbsatz, den er wieder in seiner Filmhaudegenstimme vorbrachte, galt Mr. Gallatio. Anschließend schüttete er sich aus vor Lachen. Nachdem er sich die Tränen aus den Augen gewischt hatte, erholte er sich soweit, daß er Herbie vorstellen konnte, den er erst Harold nannte, eine Scharte, die er umgehend wieder ausbügelte. Dann kam ich an die Reihe, »der Mann, der wie Jesus aussieht«, und zum Schluß »der Schwarze ist Winston, benannt nach unserem großen Kriegshelden«.

Entschlossen riß Mr. Gallatio das Gespräch wieder an sich. »Mr. Properjohn hat auf seiner langen Reise die frohe Botschaft verkündet. Davon hören wir in Kürze mehr. Zunächst aber möchten wir Ihnen eine frohe Botschaft von unserem Sponsor übermitteln.«

Sobald die Werbeeinblendung über den Schirm lief, wurde sein Gesicht ausdruckslos. Plötzlich schien er sich an uns zu erinnern. Er sah zuerst Properjohn und dann uns an und sagte mit seinem düsteren, gequälten Lächeln: »Also, Leute, das läuft ja wirklich prächtig.«

Er hatte sich zu früh gefreut, denn von nun an übernahm Properjohn die Sendung. Er sang, er rezitierte, er erzählte schwachsinnige Witze, er lobte Gott, er vollführte ein steifes, klerikales Tänzchen, und er kippte Mr. Gallatio eine ganze Tasse Testament Kaffee auf den roten Anzug.

»Mr. Properjohn, Reverend«, hatte Mr. Gallatio geschnurrt. »Ich hätte gern die Meinung eines aufrechten Gottesmannes über die Qualität von Testament Kaffee gehört, dieses wahrhaft göttlichen Kaffees. Vielleicht wären Sie so gut, Ihr gewichtiges Urteil über dieses himmlische Getränk abzugeben.«

Alle, die Properjohn kannten, wurden stocksteif, als stünden sie vor einem Erschießungskommando, nur Winston nicht, der mit höchst zufriedener Miene um sich blickte. Properjohn nahm die Tasse, die Gallatio ihm anbot, und prostete den Zuschauern mit einem vernichtenden Lächeln zu. Mr. Gallatio nickte vergnügt, und Properjohn trank den ersten Schluck. Es wäre übertrieben zu behaupten, er hätte den Kaffee im hohen Bogen ausgespuckt, aber zumindest prustete er ihn, halb vom Sessel hochfahrend, wieder aus und besprengte Mr. Gallatio von oben bis unten mit dem himmlischen Getränk.

Der Mann stieß einen verzweifelten Schrei aus, der rasch in ein dümmliches, versteinertes Grinsen überging, als ihm einfiel, daß er ja immer noch auf Sendung war. »Ach du liebe Güte, ach du liebe Güte«, jammerte er kläglich und wischte vergeblich an den Flecken herum. »Was für ein trauriges Malheur, meine Damen und Herren. Mr. Properjohn hat den Kaffee wohl in die falsche Kehle gekriegt. Was für eine Verschwendung des herrlichen Testament Kaffees, dieses erlesenen Getränks. Ist Ihnen auch nichts passiert, Reverend?«

Properjohn antwortete nicht. Er lehnte sich wie im Schock zurück und betrachtete die Kaffeetasse, die nun vor ihm auf einem Tischchen stand, als hätte er soeben ein Attentat überlebt. Gallatio war Profi genug, um den Zwischenfall nicht mehr zu erwähnen. Der Produzent saß in der Ecke und hatte das Gesicht in den Händen vergraben.

»Nun denn«, sagte Gallatio. »Kommen wir wieder auf Ihren Kreuzzug zu sprechen, auf Ihren großen Kreuzzug.«

»Wir wollen unser Lied singen«, verlangte Properjohn aufsässig.

»Ihr Lied? Sie haben uns ein Lied mitgebracht?«

»Und was für eins«, prahlte Properjohn. Er ließ sich nicht lange bitten, sondern stand auf und dirigierte uns. Es war das Lied, an dem er unterwegs gearbeitet hatte:

Jesus wird bald kommen,
nicht nur zu den Frommen!
Hört das Schallen der Posaunen
und das laute Engelsraunen!

Jesus wird bald kommen.
Habt ihr es vernommen?
Bibbern sollst du, Sündenhaufen,
Deine Zeit ist abgelaufen.

Das Lied hatte noch mehr Strophen, eine gräßlicher als die andere, und die Melodie hatte er aus einem Gesangbuch geklaut. Trotz des fürchterlichen Textes hätte es vielleicht einen einigermaßen ordentlichen Abschluß unseres Auftritts in der total verkorksten Show bilden können, wenn nicht Properjohn entdeckt hätte, daß aus dem schludrig gepolsterten Sessel, neben dem er stand, einer Requisite von Miracle Möbeln, die Füllung herausquoll. Während wir sangen, begann er, vor den Augen des hilflosen Gallatio, das künstliche Roßhaar und die Schaumstofflocken aus dem Sesselrücken zu zupfen und sie übermütig im Studio zu verteilen. Büschelweise riß er das Zeug heraus, bis wir unser Lied beendet hatten. Die Totenstille, die auf unseren Gesang folgte, wurde nur durch das Schluchzen des Produzenten gestört, der hinten aus seiner Ecke mit schwacher Stimme »Schnitt! Schnitt« stöhnte. Mr. Gallatio und er waren in Tränen der Wut und des Kummers aufgelöst. Properjohn blickte derweil verständnislos um sich. Offenbar fragte er sich, was wohl schiefgelaufen war.

»Der Mann braucht keinen PR-Manager«, sagte Winston im Brustton der Überzeugung. »Der Mann braucht einen Wärter.«

»Ich dachte, wir wären hier, um Las Vegas zu retten«, sagte

ich. »Und nun erzählt er aller Welt, daß es dem Untergang geweiht ist.«

»Wahrscheinlich will er es zuerst retten«, meinte Winston. »Erst kommt die Rettung der Seelen, und dann schlägt rums! die Faust Gottes zu.«

Innerhalb von nur zwei Tagen hatte Properjohn dem friedlichen Leben in Las Vegas ein Ende gemacht. Er verstörte anständige Leute in den besten Jahren, die nur an das fromme Gemurmel der Croupiers gewöhnt waren, an das unschuldige Klappern der Würfel und an schlüpfrige Witze im Cabaret, die zufrieden ihre Hamburger mampften und dazu Rotwein mit Eis tranken, die einander in ihren zweiten Flitterwochen mit einigermaßen überzeugender Leidenschaft umarmten, während die Myriaden Farben der zuckenden Leuchtreklamen durch ihre Hotelfenster hereinhuschten und über ihre eng umschlungenen Körper strichen. Denn unter der Schale grellbunter Dreistigkeit entpuppte sich Las Vegas als biederer, verklemmter Ort, als eine Pilgerstätte von Leuten, die sich eine Reise dorthin ihr Leben lang versprochen hatten. Bis zu Properjohns Ankunft wußte Las Vegas wahrscheinlich nicht einmal, was Sünde war.

Im Casino Circus-Circus, diesem großen, gestreiften Zirkusbau, wo die Artisten am Trapez unbeachtet über den Glückspielern dahinflogen, rief er einen Tumult hervor. Von der Galerie aus ließ er Hatties Traktate massenweise auf das Spielervölkchen hinunterschneien, und mit dem Mikrofon des Zirkuskapellmeisters, das er kurzerhand konfiszierte, schleuderte er seine Botschaft von Verderbnis und Untergang gleichermaßen gegen die Artisten und die Geldautomatenspieler.

Über seinen Einzug in Caesar's Palace mit dem Kreuz in der Hand, das ich auf der Treppe feige und erleichtert an ihn abgetreten hatte, wurde von Fernsehen, Radio und Presse begeistert berichtet, da die Reporter die Abwechslung von den ewigen Prominentenstories genossen. Er stürmte in das Casino, stieß die Spieler von den einarmigen Banditen weg, kippte Jetonberge um, riß Spielkarten aus verkrampften Händen und rempelte jeden, der ihm in die Quere kam, aus dem Weg. Dabei posaunte er ohne Unterlaß: »Hosianna! Hosianna! Halleluja! Halleluja!« Vom Haupteingang aus sahen wir das Holzkreuz durch die Menge pflügen, vernahmen seinen Schlachtruf und hörten die Schreie braver Familienväter und -mütter aus Dayton, Ohio, die bei ihren unschuldigen Vergnügungen so unsanft gestört wurden. Direkt neben mir brüllte ein Fernsehreporter, der natürlich von Winston verständigt worden war, in sein Mikrofon: »Bis heute haben wir in Vegas den Ausdruck ›Nichts geht mehr‹ nur vom Roulettetisch gekannt. Aber jetzt... Es ist der helle Wahnsinn! Der irre Prediger stellt das ganze Casino auf den Kopf.«

Der irre Prediger kämpfte sich mittlerweile auf die andere Seite der weiträumigen Spielhalle vor. Nur die Spitze des schwankenden Kreuzes war über den Tausenden von Köpfen zu sehen, aber die wütenden Protestschreie, die aufstiegen, als er wie ein schwarzer Racheengel durch die Menge fuhr, verrieten uns, wo er war. Plötzlich sahen wir ihn wieder, er bestieg gerade Kleopatras Barke, ein lebensgroßes Schiff, das in einem Seitenflügel von Caesar's Palace auf einem Teich schwamm. Noch immer schwang er das Kreuz, doch mittlerweile wurde er von bulligen Männern im Smoking verfolgt. Mit seinen stämmigen O-Beinen und dem wahnsinnigen, leuchtenden Gesicht kletterte er über die geschnitzte Galionsfigur des Bootes an Bord, wie ein gealterter Errol Flynn, der gerade gegen eine Piratenhorde kämpfte.

»Sünder!« brüllte er durch die Halle. »Ihr seid alle verdammt! Alle, wie ihr da seid, seid ihr verdammt!« In diesem Augenblick fielen die Verfolger über ihn her, und er plumpste mitsamt dem Kreuz und einem seiner Widersacher in den Teich. »Ich glaube«, meinte Herbie vernünftig, »wir sollten lieber draußen warten, bis sie ihn ausliefern. Es gefällt mir gar nicht, daß wir hier so im Mittelpunkt des Interesses stehen.«

Winston warf ihm einen Blick zu und sagte achselzuckend: »Typisch Sankt Petrus.«

Wir warteten vor dem Eingang, bis Properjohn, naß bis auf die Haut, kampflustig bis zum letzten und, wie ich zu meiner

Erleichterung sah, noch immer mit dem Kreuz im Arm von Joe Louis, dem ehemaligen Boxweltmeister im Superschwergewicht, vor die Tür gesetzt wurde. »So einen Kämpfer habe ich noch nie erlebt«, sagte er, als er Properjohn die Treppe hinunterschob. »Und auf einen Revanchekampf kann ich auch gern verzichten.«

»Reverend«, sagte Winston. »Willy, der Ärmste, braucht unbedingt vierundzwanzig Stunden Ruhe und Erholung. Es war wohl alles zuviel für ihn.«

Ich sackte überzeugend gegen seinen Arm und verdrehte stumm die Augen. »Er ist zusammengeklappt, er lag auf dem Boden«, fuhr Winston fort. »Er kann nicht mehr.«

»Mein armer Junge«, rief Properjohn und packte mein Gesicht mit beiden Händen. »Das ist ja furchtbar. Es war alles zuviel für Sie. Alles zuviel. Manche von uns sind eben seelisch belastbarer als andere.«

»Das Kreuz wiegt schwer nach all diesen Kilometern«, murmelte Winston.

»Das auch«, pflichtete Properjohn ihm bei. »Es ist wirklich ziemlich unhandlich, und der arme Willy kam mir noch nie besonders kräftig vor. Etwas kränklich, habe ich mir oft gedacht. Aber wir brauchen ihn morgen abend, für den großen Auftritt. Niemand trägt das Kreuz so gut wie er. Stecken Sie ihn ins Bett.«

Winston reagierte blitzschnell. »Ich glaube, er braucht eine kleine Luftveränderung. Es ist so laut hier, und andauernd kommen Schaulustige und Autogrammjäger vorbei. Hier kriegt er einfach keine Ruhe. Ich kenne im Ort einen Priester, einen guten Menschen, der eine Art Pflegeheim für Fälle wie ihn betreibt. Der sorgt dafür, daß er in ein, zwei Tagen wieder auf dem Damm ist.«

»Ein Tag muß reichen«, sagt Properjohn, nun wieder ganz Geschäftsmann. »Und wer soll das bezahlen?«

»Es kostet nichts«, versicherte Winston ihm eilig. »Es ist eine Wohlfahrtseinrichtung.«

Properjohn packte sich mein Augenlid. Es war erstaunlich,

wie grob er noch mit den kleinsten Körperteilen umgehen konnte; brutal hob er es hoch und ließ es wieder fallen. »Sehr häßlich«, lautete seine Diagnose, über die ich mich insgeheim ärgerte. »Er gefällt mir gar nicht. Aber sehen Sie zu, daß er morgen wieder antreten kann. Schade, daß wir den Angriff auf das Hilton Hotel heute nachmittag ohne ihn starten müssen.«

Da Properjohn nicht gerade ein vertrauensseliger Mensch war, bestand er unter dem Vorwand, sich um mich zu sorgen, darauf, mich zum Ruhe- und Erholungsheim zu begleiten, wo er den chinesischen Geistlichen, wie zu erwarten, sehr herablassend behandelte. Als ich endlich im Bett lag, segnete er mich noch rasch mit theatralischer Geste und legte mir nahe, das Haus nicht zu verlassen. Dann ging er.

»Der Mann stellt die ganze Stadt auf den Kopf«, sagte Pater Sunley, der chinesische Geistliche, nachdem Properjohn sich verabschiedet hatte. »Was hat er als nächstes vor?«

»Einen Angriff auf das Hilton«, sagte ich fast gleichgültig. »Heute nachmittag.«

»Auf alle Fälle kriegt er jede Menge Publicity«, meinte er anerkennend. »Jedesmal, wenn ich das Fernsehen anmache, sehe ich ihn. Hier sind die meisten von uns froh, wenn sie in aller Ruhe ihren seelsorgerischen Pflichten nachgehen können. Wir hoffen höchstens darauf, eines Tages soviel Geld auf der hohen Kante zu haben, daß wir eine Hochzeitskapelle aufmachen oder wenigstens von einem der Motels eine Trauungslizenz bekommen können.«

Sein Gesicht war auf chinesische Art ausdrucksstark, aber die Stimme war durch und durch amerikanisch. »Mit meinen bescheidenen Mitteln versuche ich, den Leuten zu helfen, denen Las Vegas zu sehr an die Nieren und natürlich auch ans Portemonnaie gegangen ist. Wir versuchen, ihnen ein wenig Frieden zu geben. Schließlich sind wir hier in der Stadt, in der die Leute mit einem Zwanzigtausenddollar-Cadillac ankommen...«

»...und aus der sie mit einem Siebzigtausenddollar-Bus wieder abreisen«, beendete ich den Satz.

»Das haben Sie also schon gehört.«

»Ja. Aber mir kann das nicht passieren. Ich habe nicht einmal genug Geld in der Tasche für ein einziges Spiel an einem einarmigen Banditen.«

»Dann sind Sie ein reicher Mann, Mr. Turpin. Sie können nichts verlieren. In diesen Zimmern liegen Menschen, die nur dafür gutes Geld bezahlen, daß man sie langsam wieder an das Sonnenlicht gewöhnt. Nach einer ganzen Woche ohne Tageslicht, in der sie nur zwischen Spieltisch und Hotelzimmer hin und her gependelt sind, kommen sie hierher, um auszuruhen. Langsam ziehen wir in ihrer Zelle die Rolläden immer höher und setzen sie Gottes Sonne aus.«

»Und sie zahlen dafür?«

»Manchmal. Wenn wir sie aufnehmen, sind die meisten völlig abgebrannt, aber kreditwürdig sind sie noch, und zum Schluß zahlen sie fast alle. Es könnte ja sein, daß sie uns irgendwann wieder brauchen.«

»Winston meinte, es wäre ein Wohlfahrtseinrichtung«, sagte ich.

»Für Winston und für Sie ist es das auch. Ich war in New York gut mit ihm befreundet.«

»Gut. Danke.«

Er fragte: »Dieser Properjohn ist bestimmt Nonkonformist, oder?«

»Und wie. Der geht mit überhaupt nichts konform.«

»Ich erinnere mich noch daran, wie Reverend Jaye hier war«, lächelte er.

»Ach, Sie haben Jaye gekannt? Er ist doch in Vegas gestorben, nicht wahr?«

»Er ist öfter in der Stadt gewesen, aber ich war hier, als er starb.«

»Seinetwegen sind wir nämlich im Grunde hier, darum hat die Stiftung diesen Kreuzzug gestartet. Es ist eine Art Rache, weil er gestorben ist, als er Las Vegas retten wollte.«

»Ja«, sagte der chinesische Geistliche. »Er hatte wirklich ein Händchen für Sünder. Als er starb, hat er sich gerade einer Sünderin gewidmet, Lulu Lovely vom Fantastique Club.«

»Nein! Ach, du großer Gott, und uns hat man gesagt, er wäre an einem gebrochenen Herzen gestorben.«

»An einem überstrapazierten Herzen wäre wohl treffender«, meinte er nüchtern.

Ich lachte säuerlich. »Und uns haben sie erzählt, Jesus hätte ihn in die Ewigkeit abberufen. Genauso haben sie es ausgedrückt.«

»Er wurde von Lulu Lovely in die Ewigkeit entsendet«, sagte Pater Sunley.

»Wer hätte das gedacht. Manchmal fragt man sich wirklich, ob überhaupt noch irgend etwas echt ist.«

»Das Leben ist echt«, sagte er. »Das kann man nicht fälschen.« Nach einer Pause meinte er: »Sie brauchen wohl kein Zimmer, wenn ich Winston richtig verstanden habe.«

»Nein, danke. Ich will nur einen Tag blaumachen und die Stadt durchkämmen. Ich suche meine Frau.«

»Ja, Winston hat mir erzählt, daß Sie sie hier vermuten.«

»Stimmt, ich bin mir sogar ziemlich sicher. Sie ist Tänzerin.«

»Tänzerinnen gibt es hier wie Sand am Meer und Nachtclubs leider auch. Könnten Sie vielleicht fünfundzwanzig Dollar aus dem Opferstock gebrauchen?«

»Und ob! Das ist sehr nett von Ihnen.«

Er ging das Geld holen. »Wenn Sie mal in Geld schwimmen, könnten Sie mir vielleicht dreißig Dollar zurückschikken. Sie können sie auch Winston geben, der leitet sie weiter. Ein kleiner Gewinn sollte für uns doch dabei herauskommen.«

»Natürlich, das ist klar. Ich bin Ihnen sehr dankbar.«

»Okay«, lächelte er abschließend. »Ich hoffe, Sie finden Ihre Frau, Mister. Und ich hoffe, sie findet Sie.«

»Das ist auch wichtig«, nickte ich. »Darf ich Sie fragen, wie man an einen Namen wie Pater Sunley kommt?«

»Ich habe ihn mir zugelegt«, lächelte er traurig. »Ich habe natürlich einen chinesischen Namen, aber einem Sun Lee traut man nicht so über den Weg wie einem Sunley, und wenn dieser Chinese dann auch noch Priester ist, haben die Leute

Angst, sie landen in einem Gruselkabinett. Sunley klingt wesentlich vertrauenerweckender.«

Aus den Gelben Seiten hatte ich mir eine Liste mit Künstleragenturen zusammengestellt, die ich nun abklappern wollte, aber als ich auf dem Weg vom Erholungsheim zur Bushaltestelle an einem Kinderspielplatz vorbeikam, blieb ich plötzlich stehen. Mir war klargeworden, daß dort womöglich meine eigenen Kinder herumtobten. Die Kinder waren noch klein, ungefähr im richtigen Alter, und sie tollten, wie überall auf der Welt, kreischend und lachend über den Platz.

Ein kleines Mädchen stand allein in der Ecke und sah den anderen zu, und mich überkam der Gedanke, es könnte Kathy sein: Ich bückte mich, um sie mir durch den Zaun genauer anzusehen. Traurig mußte ich mir eingestehen, daß ich sie, weil ich sie ja seit zwei Jahren nicht mehr gesehen hatte, vielleicht nicht wiedererkennen würde. Die Kleine drehte sich zur Seite, und ich sah ihr Profil. Großer Gott, sie sah genau wie Silvie aus, und Silvie konnte ich nun wirklich nicht vergessen. Sie trug ein blaßblaues Kleid.

Ob sie es war? Ich mußte wahnsinnig geworden sein. Ich hockte mich vor den Maschendrahtzaun und drückte mein Gesicht so fest wie möglich dagegen. Meine Nase ragte durch ein Loch, und mein Mund befand sich genau vor der darunterliegenden Öffnung. »Kathy«, rief ich. »Bist du Kathy? He... Kleine.«

Sie drehte sich um. Sie mußte es sein. Das hübsche Gesicht, die Haare, sogar der Gesichtsausdruck. Ihre Mutter, wie sie leibte und lebte. »Kleine«, rief ich noch einmal. Sie kam zutraulich an den Zaun. Sie stand einen halben Meter von mir entfernt, sagte nichts, sondern starrte den vor ihr hockenden Mann nur an. »Kathy«, sagte ich. »Bist du Kathy? Ich bin dein Vater.«

Die Kleine machte energisch einen Schritt auf mich zu und streckte die kleinen Händchen nach mir aus. Sie packte meine Nase mit der einen und meine gefühlsselig geschürzten Lippen mit der anderen Hand und drehte sie mit aller Kraft herum, die Nase in die eine, die Lippen in die entgegengesetzte Richtung. Dann drehte sie sich um und lief entsetzlich schreiend davon: »Miss! Miss! Ein böser Onkel! Ein böser Onkel!«

Ein böser Onkel, dachte ich. Mir tränten die Augen, so hatte sie mir weh getan. Ein böser Onkel! O Gott, sie meinte mich! Ich hob den Kopf und sah, daß sie sich am anderen Ende des Spielplatzes weinend an einen üppigen, geblümten Kittel schmiegte und auf mich zeigte.

Ich mußte schnellstens verschwinden! Die Angst machte mir Beine. Ich wischte mir über die Augen und rannte die Straße hinunter, bog zweimal scharf nach rechts ab, und dann sah ich den Bus. Eigentlich hatte ich nicht vorgehabt, an diesem Tag zum Lake Mead zu fahren, aber ich stieg trotzdem ein. Nur weg von hier.

Am Abend klapperte ich alle Nachtclubs der Stadt ab. Wie ein Privatdetektiv zückte ich ein Foto von Silvie und zeigte es dem Barkeeper oder dem Türsteher.

Keiner von den Agenten, die ich aufgesucht hatte, kannte auch nur ihren Namen, und in den Clubs erntete ich nur Schulterzucken und Kopfschütteln. Ein großer Star war sie jedenfalls nicht.

Um Mitternacht schleppte ich mich in einen Schuppen namens »Feathers«, in dessen trübe beleuchtetem Eingang ich dem x-ten Mann mit schmieriger Schlägerkappe das Foto zeigte. Dieser schüttelte nicht den Kopf. Er sagte: »Sind Sie ein Bulle?«

»Nein. Ich suche sie bloß. Ich bin ihr Mann.«

Anscheinend haben sogar die Türsteher von Nightclubs eine Ader für Tragik. Er zog einen Vorhang zur Seite und deutete mit dem Kopf in das höhlendunkle Lokal. Hinter den Kopfsilhouetten, in einem weißen Scheinwerferkegel auf der Bühne vollführten eine nackte Frau und ein offenbar ebenso nackter Mann eine Live-Nummer.

»Das ist sie«, sagte der Türsteher. »Ich sehe sie jeden Abend, deshalb kenne ich auch ihr Gesicht wieder.«

Ich konnte mich nicht rühren. Der pfeilschlanke Körper, die geschmeidigen Glieder, die edle Halslinie, das im Nacken zusammengefaßte Haar, die Schatten unter den Brüsten. Silvie! Reglos stand ich an den Vorhang geklammert da.

»Falls Sie sich scheiden lassen wollen«, murmelte der Türsteher. »Was die da treiben, ist wohl so gut wie echt. Und es gibt Zeugen.«

»Danke«, knurrte ich abwesend. Ich ging weiter, zögernd zuerst, dann schneller, als ich einen freien Stuhl an einem der vorderen Tische entdeckte. Er stand neben der Bühne, und auf dem anderen Stuhl saß eine Dame des Hauses.

»Spendierst du mir einen Drink?« fragte sie und beugte sich zu mir herüber, ein kräftiges Gesicht und kräftige Brüste.

»Nein«, sagte ich bloß.

»Ohne was zu trinken, kannst du hier nicht sitzen, Mister.«

Ich starrte auf meine langsam sich windende Frau, weiß, glatt, herrlich im Scheinwerferlicht, nur ein paar Meter vor und über mir.

»Dann bestellen Sie sich eben was«, sagte ich zu der Frau, ohne sie anzusehen. »Für mich auch, egal was.«

»Champagner?« frage sie.

»Nein. Bier.«

»Bier? Aber du hast doch gesagt, es ist egal.«

In diesem Augenblick hob der männliche Partner bei diesem sinnlichen Tanz, der, wie ich erleichtert feststellte, eine Art Suspensorium über seinem Ding trug, Silvie hoch und wirbelte sie durch die Luft. Flickflack schlagend sprang sie über die Bühne und landete mit dem letzten Überschlag lokker auf den Handflächen, das hübsche, süße, schwitzende Gesicht nur Zentimeter von mir entfernt. Sie schien nicht überrascht zu sein und lächelte. Der Kellner, der die Getränke brachte, ging genau zwischen uns durch. Ich lugte um seine Hüfte herum, um sie noch einmal anzusehen.

»Tag, Willy«, flüsterte sie, noch immer auf den Händen stehend. »Na, spendierst du fremden Mädels immer noch Drinks?«

16

»Na, Willy«, sagte sie ruhig. »Was treibst du denn hier?«

»Ich habe dich gesucht«, antwortete ich beklommen. Wir saßen in ihrer Garderobe beziehungsweise in ihrem Auskleidezimmer, wie man in diesem Fall wohl besser gesagt hätte. Sie hatte die drei anderen nackten Mädchen vor die Tür geschickt, bevor sie mich hineinließ. Splitterfasernackt waren sie hinausmarschiert, und die Brustwarzen waren genau unter meiner Nase vorbeigehüpft, aber Silvie, an der mir jede Stelle so vertraut war, saß im Bademantel da. »Man landet nicht zufällig in Las Vegas und stolpert über seine durchgegangene Frau«, fuhr ich fort, weil sie nichts sagte. »Ich habe dich gesucht, Silvie.«

»Du hast dir aber ganz schön Zeit gelassen.«

»Ich mußte dich ja schließlich erst einmal finden, oder? Aber jetzt bin ich da.«

»Ob wir uns die Hand geben sollten? Oder können wir uns noch küssen?«

»Küssen, hoffe ich doch. Darf ich?«

»Nur zu, geht auf Kosten des Hauses.«

Sofort mußte ich an Bonapartes Refugium denken. Ich zögerte.

»Was ist? Wolltest du mich nun küssen oder nicht?«

Ich trat auf sie zu, und wir küßten uns, zögernd, als ob wir nicht recht wüßten, wie alles zusammenpaßte, leidenschaftslos, aber mit einem Hauch von Vertrautheit, einem gewissen Wiedererkennungsgeschmack.

»Setz dich«, lud sie mich ein. »Paß auf den Rasierer auf. Marie hat sich nämlich gerade rasiert.«

»Rasiert? Ach so, verstehe. Das müssen sie hier wohl.«

»Das müssen wir hier«, verbesserte sie mich. »Ich bin jetzt ein großes Mädchen, Willy.«

»Und was ist mit dem kleinen Mädchen?« fragte ich fest. »Und mit dem kleinen Jungen?«

»Ach, du erinnerst dich an die Kinder.«

»Verdammt noch mal, natürlich erinnere ich mich an die Kinder!«, brüllte ich, dann senkte ich die Stimme. »Ich bin nicht quer durch Amerika gereist, um mir von dir gehässige Bemerkungen anzuhören.«

»Tja, und ich bin extra deshalb so weit gereist«, sagte sie spitz. »Und die gehässigen Bemerkungen hätte ich besser schon in England gemacht, statt sie mir bis jetzt aufzuheben. Was willst du überhaupt hier? Gab es zu Hause nichts mehr zum Vögeln?«

Um ein Haar hätte ich sie geschlagen. Aber dann sah ich den gequälten Blick in ihren leeren Augen, eher flehend als wütend, und ich beherrschte mich. Entmutigt setzte ich mich auf den Rasierapparat.

Ich schoß sofort wieder in die Höhe und sah die Erleichterung und Schadenfreude in ihrem Gesicht. »Ich habe dich gewarnt«, kicherte sie. »Aber du hast ja noch nie auf mich gehört. Ein Glück, daß du deine Jesuskutte nicht anhast.«

»Davon hast du gehört?« Ich legte den Apparat neben den Rasierschaum auf dem Frisiertisch.

»Was ist denn schon dabei? Jeder Mensch in Vegas weiß das. Ihr seid doch ständig im Fernsehen und in der Zeitung. Dieser Irre, wie heißt er noch gleich? Biederman?«

»Properjohn«, sagte ich. »Und irre ist er wirklich.«

»Der wurde doch heute nachmittag im Hilton verhaftet, oder?« grinste sie.

»Verhaftet! Großer Gott, nein! Das wußte ich nicht. Ich war nicht dabei.«

»Heute abend haben sie es in den Nachrichten gebracht. Es hieß, er hätte eine jüdische Trauung gestört und ein paar japanische Touristen verletzt. Ehrlich, Willy, als ich dich zum erstenmal in der Kluft gesehen habe, mit dem Kreuz im Arm und mit diesem fürchterlichen Gesichtsausdruck, da sahst du für mich aus wie ein Betrunkener, der sich an einem Laternenpfahl festhält. Ich habe zu Angelo gesagt...«

»Wer ist das?«

»Angelo? Ach, nur ein Bekannter von mir.« Sie sah auf und fuhr fort: »Ich habe gesagt, ich könnte mich totlachen.« Aber sie weinte jetzt, nicht viel, aber sie weinte, und die Tränen verwischten ihr Lächeln.

»Entschuldige«, schniefte sie. »Es ist alles nicht so einfach, wie du denkst. Jedenfalls nicht für mich. Hör mal, kannst du dich nicht für ein paar Stunden verdrücken und mich später abholen? Ich habe noch einen Auftritt. Den Kindern geht es prima. Die Wüste ist gut gegen Kathys Heuschnupfen. Ich erzähle dir später von ihnen, und was es sonst noch gibt.«

»Na schön«, sagte ich und stand auf. »Ich kann mir ja die Show ansehen.«

»Nein, bitte nicht. Ich weiß, es hört sich albern an, aber es wäre mir lieber, du würdest es bleibenlassen. Sei um zwei wieder da. Aber verspiel bis dahin nicht deine ganzen Kröten, okay?«

Ich lächelte. »Wieso, brauchst du Haushaltsgeld?«

In derselben Straße gab es einen Souvenirladen, der die ganze Nacht geöffnet hatte. Dort konnte man bunte T-Shirts kaufen und mit witzigen Sprüchen bedrucken lassen, »Gestohlen aus dem Gefängnis von Las Vegas«, und so weiter. Ich kaufte zwei für die Kinder und ließ mir »Ein Geschenk aus Swinging London« darauf drucken. Sie taten mir den Gefallen, meinten aber, einen so seltsamen Auftrag hätten sie noch nie zu erledigen gehabt.

Dann kaufte ich mir eine Zeitung, ging in eine ruhige Bar, bestellte mir ein Bier und setzte mich damit in eine Ecke. Am Nebentisch spielten zwei alte Männer um Streichhölzer Karten. Las Vegas ist schon eine sonderbare Stadt.

Die Schlagzeile lautete: »Erst Knast, dann Kaution für Jesusjünger.« Die nächste Überschrift lautete: »Schlacht im Hilton Hotel.« Den Rest der Titelseite nahm ein Foto vom tobenden Properjohn ein. An das Kreuz geklammert, wurde er von einem Dutzend Polizisten aus dem Hilton Hotel abgeführt. Seine Miene war wild, sein Mund sperrangelweit aufgerissen. Ich konnte sein Gebrüll fast hören. Neben ein paar verdutzten und faszinierten Zuschauern entdeckte ich Herbie und Winston, die sich mit hilflos erhobenen Händen ergaben und von einem amtlich aussehenden Mädchen mit Cowboyhut in Schach gehalten wurden.

Als ich umblätterte, starrte mir mein eigenes Bild entgegen, mitsamt Gewand und Kreuz. Darunter hieß es: »Kreuzträger verschwunden. Die Polizei rätselt: Ist er im Himmel?« Ich knirschte mit den Zähnen über die gotteslästerlichen Zeitungsfritzen, aber immerhin war das Foto wenigstens gelungen. Es war während des Fackeleinzugs nach Las Vegas aufgenommen worden, und ich sah darauf nicht im mindesten wie ein Betrunkener aus, der sich an einem Laternenpfahl festhielt. Ein großer Vorteil des Kreuzes war sein geringes Gewicht. Ich konnte es so hoch heben, daß man mich für stark halten mußte. Es war wirklich keine schlechte Aufnahme.

Die ganze Zeitung war voll davon. »Juden und Japaner protestieren«, verkündete die Seite drei. »Braut in Tränen, Trauung wird zum Trümmerfeld.«

Augenzeugen berichteten, daß Properjohn im Erdgeschoß des Hilton Hotels mit dem Kreuz zwischen den Spieltischen hindurchgestürmt und anschließend in einen der Korridore gerast war. Dort war ihm leider eine große Hochzeitsgesellschaft in die Quere gekommen.

Properjohn hatte neben den üblichen Kreuzzugsjüngern ein Grüppchen von Anhängern und Schaulustigen um sich geschart. Der jüdische Bräutigam war, gefolgt von der traditionellen Prozession aus einhundert singenden und betenden männlichen Freunden und Verwandten, durch den Korridor gekommen und mit dem tobenden Christen zusammengeprallt. Das Chaos hatte sich in eine Prügelei verwandelt, die in eine regelrechte Schlacht ausartete und dann in der Hotelhalle auf eine Gruppe müder, japanischer Touristen übergriff, die gerade erst gelandet waren. Die Seite vier brachte ein ganzseitiges Bild von einem erstaunlichen Menschenknäuel, aus dem schief das Kreuz emporragte. In einer Ecke des Fotos schleppte die aufgelöste Ambrosia ihre Mutter durch die Halle; die arme Clare machte ein bestürztes Gesicht und fuchtelte mit ihrer Mundharmonika herum. Properjohn, so stand in dem Bericht, war auf Kaution freigelassen worden. Er wollte noch am selben Abend im Fernsehen auftreten, um eine wichtige Stellungnahme abzugeben. Aber was er in der Sendung auch gesagt haben mochte, es war jetzt schon einige Stunden her.

Ich genehmigte mir drei Bier, an denen ich jeweils eine halbe Stunde herumnuckelte. Ich ließ mein Gesicht so wenig wie möglich sehen, aber als ich hinausging, sagte der Barkeeper trotzdem: »Ich habe das Gefühl, als hätte ich Sie schon mal irgendwo gesehen.«

»Ich bin ein Berliner«, knurrte ich und ging in die Nacht hinaus.

»Wir können mit dem Bus den Strip hinauffahren«, sagte sie, mit dem Kopf auf die Straße deutend. »Er fährt die ganze Nacht und kostet nur fünfzehn Cent.«

»Las Vegas kann ja richtig billig sein«, sagte ich. Nebeneinander gingen wir zwischen den ständig hüpfenden Lichtern den Bürgersteig entlang. Es war kühl und der Mond schien, aber mit der nimmermüden Neonreklame konnte er es nicht aufnehmen. Hoch oben hing er am Himmel, der ferne Verlierer, das kränkliche Gesicht.

»Es kann billig sein«, sagte Silvie. »Wenn man lange genug hier gelebt hat. Auf die meisten teuren Sachen kann man verzichten.«

»Es tut mir leid«, sagte ich. »Aber ich konnte dir kein Geld schicken, ich wußte ja nicht, wo du warst. Ich hatte nur diese albernen Ansichtskarten. Was hast du erwartet? Daß ich spare und dir einen ganzen Sackvoll mitbringe?«

Zu meiner Überraschung hakte sie sich bei mir ein. Wir standen an der Bushaltestelle, an der unerklärlicherweise zu dieser späten Stunde außer uns noch ein kleiner Junge in Pfadfinderuniform wartete. Wir waren so in unser Gespräch vertieft, daß wir es nicht einmal seltsam fanden.

»Ich beklage mich ja gar nicht«, seufzte sie. »Also wirklich, Willy. Schließlich bin ja ich abgehauen, und ich habe die Kinder mitgenommen. Ach, was bin ich müde. Du kannst dir nicht vorstellen, wie müde einen diese Arbeit macht. Dreimal die Nacht eine getürkte Nummer ist fast so anstrengend wie eine echte.« Plötzlich drehte sie sich zu dem Pfadfinder um, der sie blinzelnd ansah. »Alles in Ordnung mit dir?« fragte sie.

»Alles okay«, sagte er. »Völlig okay.«

»Na, dann ist es ja gut«, meinte sie zweifelnd. »Ich dachte nur.«

»Alles okay«, wiederholte er.

»Wie lange hat es gedauert, bist du gemerkt hast, daß wir weg waren?« fragte sie. Sie lächelte traurig.

»Ach, ich habe es gemerkt«, sagte ich zögernd. »Ich hatte es nicht anders verdient, Schatz. Du kannst mir nichts vorwerfen, was ich mir in den letzten zwei Jahren, ob nüchtern oder betrunken, nicht schon selbst oft genug an den Kopf geschmissen habe. Ich hätte mich mehr um dich kümmern müssen. Das weiß ich jetzt.«

»Ja, das stimmt. Und um die Kinder auch.«

»Ich weiß.«

Der Bus kam, ein bescheidenes Glühwürmchen inmitten der grellen Lichterschlucht. Etwa zwei Dutzend Fahrgäste saßen darin, manche, die von der Nachtschicht kamen, manche in Abendkleidern, manche mit Einkaufstüten. Einige begrüßten Silvie und nickten mir zu.

»Du kennst aber eine Menge Leute«, sagte ich, als wir uns auf die Rückbank setzten.

»Viele von ihnen wohnen in Tropicana«, meinte sie. »Die meisten in Wohnwagen, genau wie ich. Erst wenn man die Miete bezahlt hat, kann man hier billig leben.«

»Du lebst in einem Wohnwagen?«

»Wie eine Zigeunerin«, sagte sie. »Die Kinder finden es toll. Wir haben Platz, und es ist trocken. Besser als irgendeine billige Absteige. Wie ist es dir ergangen? Mit dem Haus, meine ich.«

»Nicht besonders«, gab ich zu. »Anfangs habe ich ein bißchen Staub gewischt, aber es wurde einfach immer schlimmer damit. Wenn du wiederkommst, findest du wahrscheinlich noch dasselbe schmutzige Geschirr von damals in der Spüle, das heißt, falls du jemals wiederkommst.«

»Stecken wir das Frauchen gleich wieder in die Küche, was? Und dann kann sie warten, bis sie schwarz wird, oder bis ihr Gebieter nach Hause kommt. Tut mir leid, Willy. Das kannst du dir abschminken.«

»Bist du mit diesem Angelo sehr gut befreundet?« fragte ich.

»Ziemlich gut, würde ich sagen. Hast du den Hausschlüssel nebenan bei den Patons abgegeben?«

»Wie kommst du denn jetzt darauf?«

»Jedesmal, wenn ich aus dem Haus gegangen bin, haben sie gefragt, ob sie den Schlüssel haben könnten. Sie dachten bestimmt, wir hätten überall Pornos rumliegen. Sie wollten unbedingt ins Haus.«

»Der Schlüssel ist bei ihnen«, nickte ich. »Sie meinten, es wäre besser, falls es einen Brand oder eine Überschwemmung gibt.« Von den Briefen, die ich gefälscht hatte, sagte ich nichts. »Den Kater haben sie auch.«

»Levicticus«, seufzte sie.

»Jetzt heißt er Pussy«, stellte ich richtig. »Nachdem du weg warst, hat er sowieso die meiste Zeit bei ihnen gewohnt. Mir hat er wohl nicht recht getraut.«

»Kann man ihm nicht verdenken«, sagte sie.

»Du bist immer noch sauer, nicht wahr?« fragte ich.

»Nein, jetzt nicht mehr. Das habe ich irgendwie begraben und mir darauf etwas Neues aufgebaut. Es ist noch da, aber ganz tief unten. Ich bin froh, daß ich abgehauen bin. Ehrlich. Es gefällt mir hier. Den Kindern gefällt es auch. Weißt du, was das Komische an Las Vegas ist? Hier kann man wunderbar Kinder großziehen. Schulen, Freizeiteinrichtungen, tolle Landschaft, Lake Mead.«

»Und es ist gut für Kathys Heuschnupfen«, warf ich ein.

»Ja, das habe ich schon erwähnt. Das ganze Zeug da hinten, die Spielcasinos und die Lichter, das ist alles nichts weiter als eine Industrie. Für uns ist es wie ein Gewerbegebiet. Da arbeitet man bloß. Aber leben kann man hier auch.«

Als wir aus dem Bus stiegen, wünschten uns die Leute bieder gute Nacht. Wir gingen eine breite Straße entlang, weit weg von den hellen Lichtern, aber mit den roten Leuchtfeuern vom Flughafen nicht weit voraus am schwarzen Himmel. Seit wir ausgestiegen waren, hatte sie sich nicht wieder bei mir eingehakt, schweigend gingen wir nebeneinander her, als hätten wir uns nach all dieser Zeit nichts mehr zu sagen. Sie schlurfte mit den Füßen wie ein trödelndes Kind. Dann lachte sie auf. »Ich hätte beinahe einen Anfall gekriegt, als ich gemerkt habe, daß du der Typ bist, der da an dem Kreuz hängt.«

»Ich habe es getragen, ich habe nicht daran gehangen«, sagte ich gereizt. »Wenn du heute abend in die Zeitung schaust, kannst du sehen, daß ich es trage. Alle finden, ich sehe aus wie Jesus.«

»Für mich nicht«, meinte sie. »Aber das liegt wahrscheinlich daran, daß ich dich gewissermaßen in einem anderen Kontext kenne.«

»Ich verstehe schon«, murmelte ich. »Aber die meisten Leute finden, daß ich eine verblüffende Ähnlichkeit mit ihm habe. Ich bin schon oft um ein Autogramm gebeten worden.«

Sie lachte ungekünstelt, schlug sich die schmale Hand vor den Mund und sah mich über den Fingernagelzaun hinweg an. »Ach, mein Gott, Willy«, sagte sie. »Du änderst dich wohl überhaupt nicht, was? Wie bist du eigentlich an diesen Job gekommen?«

»Ich wurde erwählt«, sagte ich von oben herab. »Wenn du es unbedingt wissen willst. Ich war sowieso auf dem Weg hierher – weil ich dich suchen wollte, und im Flugzeug hat mich der verrückte Properjohn entdeckt. Er wollte unbedingt, daß ich bei dem Kreuzzug mitmache. In ein paar Tagen streiche ich gut tausend Dollar ein.«

»Soviel?« sagte sie beeindruckt. »Das ist wirklich nicht übel. Ich meine, als Weihnachtsmann könntest du nie soviel verdienen, obwohl es doch ziemlich dasselbe ist.«

»Ist es nicht«, widersprach ich. »Das kann man überhaupt nicht vergleichen.«

Sie antwortete nicht. Sie ging ein paar Schritte links von mir und betrachtete mich noch immer mit schlecht verhohlener Belustigung.

»Herbie ist auch dabei«, sagte ich.

»Herbie! O nein! Herbie! Wen spielt er denn? Die Jungfrau Maria?« Sie vollführte ein Freudentänzchen. »Nicht zu fassen. Nicht zu glauben!« rief sie.

»Er ist ziemlich zugewuchert«, sagte ich. »Du würdest ihn vermutlich nicht wiedererkennen.«

»Aber ich habe ihn gesehen«, rief sie. »Großer Gott, das war Herbie! Ich habe ihn in den Nachrichten gesehen. Er war bei der Sache im Hilton dabei. Er war mit einem kleinen Farbigen zusammen, sie hielten die Hände hoch und haben sich ergeben.« Sie lachte wieder und konnte kaum aufhören. »Du lieber Himmel, Herbie!«, rief sie noch einmal. »Und... was das Schönste ist... er ist von einer Politesse verhaftet worden! Das Mädchen mit dem Cowboyhut.«

Sie bekam den nächsten Lachanfall. Ich ging mit starrem Gesicht weiter. »Er ist Sankt Petrus«, sagte ich. »Hat man so etwas Hirnrissiges schon mal gehört?«

Jetzt mußte ich auch lachen. Bis dahin war mir nie aufgefallen, wie lächerlich das Ganze war. Herbie Cato als Sankt Petrus! Bei dem Gedanken prusteten wir beide wieder los, Silvie und ich, wir legten einander die Hände auf die Schultern und lachten und lachten.

»Und du!« platzte es wieder aus ihr heraus. »Du... Jesus! Um Himmels willen!«

»Schon gut, schon gut«, sagte ich müde. »Auf jeden Fall hattest du ein bißchen was zum Lachen.« Beinahe hätte ich gesagt: »Ich verdiene mir meine Brötchen eben auch mit unschicklichen Auftritten.« Aber ausnahmsweise verkniff ich mir diese Spitze. »Ich habe mehr als tausend Dollar riskiert, um dich zu sehen«, sagte ich. »Wenn man mich heute abend in dem Club entdeckt hätte, wäre alles aus gewesen.«

»Riskiert?« meinte sie fragend. »Mußtest du dich heimlich wegschleichen oder so?«

»Angeblich leide ich an Erschöpfungszuständen. Ich sollte eigentlich in einem Erholungsheim liegen.«

»Aber das ganze Geld«, sagte sie. »Du hättest nicht kommen sollen.«

»Ich wollte dich sehen«, antwortete ich wahrheitsgemäß. »Unbedingt. Unterwegs habe ich mich immer wieder verdrückt und in Nachtclubs nach dir gefragt. Überall habe ich versucht, dich zu finden oder jemand, der dich kannte.«

»Ach«, sagte sie leise. »Dann hast du also tatsächlich nach mir gesucht. Ganz im Ernst.«

»Stimmt«, antwortete ich. Sie hakte sich wieder bei mir ein.

»Ach, Willy, mein Schatz«, sagte sie traurig. »Du hättest nicht kommen sollen. Du wärst besser zu Hause geblieben und hättest dich amüsiert.«

Wir hatten den Wohnwagenstandplatz erreicht. Silvie trippelte, anmutig wie immer, um die schlammigen Pfützen herum, in denen sich gelb und trübe das Licht von der einen Lampe spiegelte, die über dem Wohnwagen hing. Bis auf unsere knirschenden Schritte war kein Geräusch zu hören.

»Wir hatten viel Regen«, flüsterte sie, als vertraute sie mir ein Geheimnis an. »Aber nur diese Woche, ansonsten regnet es hier kaum.«

»Vielleicht will jemand, daß wir uns wie zu Hause fühlen«, sagte ich. Sie ging nicht auf meine Anspielung ein. Aber als sie den Wohnwagen aufschloß, sagte sie: »Das ist jetzt mein Zuhause, Willy.«

Als sie hineingeklettert war, knipste sie das Licht an und schleuderte sich die Schuhe von den Füßen. »Ziehst du deine auch aus?« fragte sie. »Diese Wagen sind wie Blechkisten, so schallt es hier. Ich will die Kinder nicht aufwecken.«

»Wer paßt auf sie auf?« fragte ich. Ich zog mir die Schuhe aus und stellte sie auf die Fußmatte.

»Das fragst du jetzt erst?« sagte sie ohne Spitze. »Eine Frau vom anderen Ende des Standplatzes hat einen Schlüssel. Sie sieht immer nach ihnen, wenn beim Spätfilm gerade die Werbung läuft. Wenn sie den Film langweilig findet, geht sie ins Bett, aber darauf muß ich es ankommen lassen. Ich muß Geld verdienen.«

»Meinst du, sie würden mich erkennen?« fragte ich. Sie hielt den Kessel unter den Wasserhahn und streckte dabei die Hand unter den Strahl, damit es nicht zu laut plätscherte. Ich sah nur ihr Profil, das der abtrünnigen Tänzerin, die sich binnen Sekunden in eine Hausfrau verwandelt hatte. Ich betrachtete sie, wie ich sie früher manchmal betrachtet hatte, zu Hause.

»Sie kennen dein Foto. Ich habe es ihnen regelmäßig gezeigt, nur für den Fall, daß du eines Tages aufgetaucht wärst«, sagte sie, ohne mich anzusehen. »Es ist die Aufnahme von dem Tag, an dem du versucht hast, Tennis zu spielen.«

»Bei den Hammonds?« Ich erinnerte mich. »Ich fand mich gar nicht einmal so schlecht, dafür, daß ich nicht regelmäßig spiele. Geoffrey Hammond habe ich jedenfalls geschlagen.«

»Aber der hat ja auch nur ein Auge und Arthritis in den Händen«, sagte sie. »Bleib du nur lieber beim Kreuztragen.«

Ich wollte nicht streiten. »Ob ich wohl einen Blick auf die Kinder werfen könnte?« fragte ich. »Ich möchte sie nur sehen.«

Sie überlegte. Dann schien sie einen Entschluß gefaßt zu haben, denn sie sagte: »Paß auf, heute abend nicht. Auf einen Tag mehr oder weniger kommt es jetzt auch nicht mehr an. Wenn sie aufwachen und dich sehen... Du bist nun mal ein Fremder, Willy, mehr oder weniger.« Sie kicherte traurig. »Aber wenn du dir Shorts anziehst und einen Tennisschläger unter den Arm klemmst, erkennen sie dich vielleicht.«

»Du amüsierst dich wohl köstlich, was?« sagte ich geduldig. »Mich so zu verarschen. Du klingst, als hättest du nur darauf gewartet.«

Sie sah mich entschuldigend an. »Es ist nicht nett von mir, Willy, ich weiß. Jetzt bringt es ja auch gar nichts mehr. Aber vermutlich ist es die verletzte Frau in mir.« Sie brühte den Tee auf und brachte zwei Tassen an den Metalltisch. »Immer noch einen Löffel?« fragte sie, die Hand über dem Zuckertopf.

»Zwei, bitte«, antwortete ich förmlich. »Ich habe die Dosis verdoppelt, als du mich sitzenlassen hast.«

»Du wolltest dir wohl ein Energiepolster zulegen, was?«

lächelte sie. »Für die anstrengenden Tage und Nächte als Strohwitwer.«

»Jetzt fängst du schon wieder an«, seufzte ich. »So war es überhaupt nicht. Es war wohl eher eine Ersatzbefriedigung, weil ich dich nicht mehr hatte. Und ich bin auch nicht spitz wie Lumpi durch die Gegend gehechelt. Wenn du es ganz genau wissen willst, ich habe mich eingeschlossen wie ein Eremit und versucht, etwas aufs Papier zu bringen. Ich habe endlich meinen Roman geschrieben.«

»Tatsächlich?« sagte sie überrascht. »Du hast ihn wirklich geschrieben?«

»Jawohl. Einhunderttausend Worte, Kommas und Punkte nicht mitgerechnet. *Die lange Dämmerung* sollte er heißen. Er ging jede Woche an einen anderen Verlag, und jede Woche kam er wieder zurück. Der Briefträger hatte darüber schon ein paar Standardwitze auf Lager. ›Hier kommt Ihr Dienstagspäckchen‹, und so weiter.«

»Armer Willy.« Ihre warmen Finger berührten meine Hände. »Dich hat noch nie einer richtig verstanden, Willy. Kein Mensch, nicht richtig. Wie hast du das Geld für den Flug zusammengekriegt?«

»Mit Broschüren, Schädlingsvertilgungsmittel, Badezimmerinstallationen, der alte Mist eben. Ich dachte, wenn ich erst einmal hier drüben wäre, könnte ich bei Herbie wohnen und mir eine Arbeit suchen. Und dann wollte ich mich durch das Land jobben. Ich wußte ja, daß du in diese Richtung wolltest. Das wolltest du ja schon immer.«

»Das wollten wir schon immer«, stellte sie richtig. »Und nun hast du mich also gefunden. Vielleicht solltest du die Schriftstellerei an den Nagel hängen und Detektiv werden. Wer weiß, vielleicht würdest du dabei ganz groß rauskommen.«

»Laß gut sein, Silvie«, sagte ich. »Ich habe mein Auskommen, auch wenn ich zugeben muß, daß die Kreuztragerei ihre Grenzen hat.«

»Ach, ja«, sagte sie. Ihr war etwas eingefallen. »Gleich kommen noch die allerletzten Spätnachrichten. Willst du sie dir ansehen? Vielleicht bringen sie ja etwas über deinen verrückten Freund.«

»Ja, bitte, gern«, antwortete ich. Sie schaltete den Fernsehapparat an. »Ich drehe den Ton ganz leise«, sagte sie. »Ich will nicht, daß die Kinder plötzlich im Zimmer stehen.«

»Sie könnten denken, ich wäre Angelo«, stichelte ich.

»Der kommt nicht hierher«, sagte sie vorsichtig. »Jedenfalls nicht in der Nacht. Das wäre mir nicht recht. Nicht mit den Kindern...«

Ich ließ es darauf beruhen. Das verschwommene Fernsehbild wurde scharf. »Ich hätte nie gedacht, daß wir unsere erste gemeinsame Nacht vor dem Fernseher verbringen würden«, sagte ich.

»So haben wir wenigstens etwas zu tun«, antwortete sie. »Um diese Zeit mache ich mir meistens etwas zu essen. Möchtest du auch was? Chili oder etwas anderes aus der Dose.«

»Jetzt gibst du mir auch noch was zu essen«, sagte ich. Der letzte Kuß und die letzte Umarmung in einem alten Film flimmerten über den Bildschirm.

»Du bist schließlich immer noch mein Mann«, sagte sie einfach. »Wenn du Hunger hast, gebe ich dir etwas zu essen.«

Ich verstand das als Einladung, stand auf und ging zu ihr. Sie sah mich ruhig an. »Gib mir doch bitte einen richtigen Kuß, ja?« bat ich. Ich nahm sie in die Arme und fühlte, wie das vertraute Gefühl mich durchströmte, ich spürte jede kleine Erhebung ihres schlanken Körpers, die Brüste, die sich durch die Bluse drückten, den Hüftknochen, den kleinen, strammen Bauch. Ich küßte sie, und sie ließ mich gewähren, dann legte sie den Kopf nach hinten und küßte mich zurück. Wir machten es dreimal. Meine Hand glitt hinunter zu den Rundungen ihres Gesäßes. Sie machte sich los.

»Ich muß mich um das Essen kümmern«, sagte sie. »Du bringst mich ganz durcheinander. Ich will, daß es wieder so ist wie vor ein paar Minuten. Du siehst fern, und ich mache die Dosen auf. Okay?«

»Okay«, sagte ich und rückte von ihr ab. Als ich mich wieder vor den Apparat setzte, drehte sich mein Inneres beschwingt im Kreise und meine Kehle war trocken vor Erregung. Ein Werbespot lief. Blind starrte ich auf den Bildschirm.

»Als nächstes kommen die Nachrichten«, sagte sie. Sie versuchte, einen unverfänglichen Plauderton anzuschlagen, aber ich hörte das Zittern in ihrer Stimme.

»Soll ich dir helfen?« fragte ich. »Mit den Büchsen oder so?«

»Früher hast du das nie gemacht, und jetzt brauchst du damit auch nicht mehr anzufangen«, antwortete sie. Dann sagte sie: »Willy, du darfst nicht denken, daß du hier einfach so aufkreuzen kannst, daß du einfach so vom Himmel fallen kannst, und alles wird wieder gut. Ich bin nicht so weit weggelaufen, nur um mich von dir wieder einfangen zu lassen. Verstehst du mich?«

»Ja, ich glaube, ich verstehe dich.«

»Du hattest deine Chance... nein, das ist unfair. Wir hatten unsere Chance in England, und es ging nicht. Nur weil wir in Vegas sind, heißt das noch lange nicht, daß es jetzt anders werden müßte. Das mußt du unbedingt in deinen Schädel kriegen, bitte. Wenn man in dieser Stadt sein Geld gesetzt und verloren hat, kriegt man die Kohle auch nicht zurück, nur weil man traurig aus der Wäsche schaut.«

»Ist ja gut«, sagte ich, und in mir wurde es wieder kalt. »Ich habe schon verstanden.«

Die Nachrichten fingen an. Sogleich war das Kampfgetümmel auf dem Bildschirm zu sehen. Ein Knäuel von Menschen prügelte sich auf der Treppe des Hilton Hotels, Properjohn, Herbie, Winston und die anderen wurden abgeführt, gefolgt von dem Kreuz, das sich ein verlegener Polizist wie ein überlanges Paket unter den Arm geklemmt hatte und hinter ihnen hertrug.

»So«, sagte der Nachrichtensprecher, »sah es heute nachmittag am Hilton Hotel aus, dem neuesten Schlachtfeld auf dem unglaublichen Kreuzzug von Reverend John Properjohn, dem selbsternannten Vertreter der Kirche des wütigen Gottes, der Vegas im Sturm erobert hat.«

Silvie kam vertraulich näher, mit der Gabel in der Hand stellte sie sich neben mich, um sich den Beitrag anzusehen. »Heute abend«, fuhr der Sprecher fort, »wurde Reverend Properjohn auf Kaution aus dem Stadtgefängnis entlassen, um anschließend exklusiv über unseren Sender die Bevölkerung von Las Vegas vor dem unmittelbar bevorstehenden Untergang der Stadt zu warnen.«

»Ach du großer Gott«, stöhnte ich. »Der Blödmann hat es tatsächlich gemacht.«

»Was denn?« fragte sie. Ich konnte ihre Hand auf der Rükkenlehne fast fühlen.

»Paß auf«, sagte ich. »Jetzt kommt es.«

Auf dem Bildschirm sahen wir das große, zerklüftete Gesicht, die brennenden Augen, das brillantinestachelige Haar, den an den vorstehenden Scharnieren auf- und zuklappenden Mund. Im Fernsehen klang seine Stimme noch voluminöser. »Heute«, brüllte er. »Heute ist der Tag gekommen, jeden Menschen, jede einzelne Seele in dieser durch und durch verderbten Stadt zu warnen, daß das Ende nahe ist – und zwar sehr nahe. Kapiert?« Das letzte Wort brachte er wieder einmal in seinem Pseudofilmakzent hervor.

Herausfordernd marschierte er so dicht auf die Kamera zu, daß sein Gesicht verschwamm. Rasch trat er, von einer körperlosen Hand auf der Schulter nach hinten gezogen, wieder einen Schritt zurück. »Amüsiert euch ruhig heute nacht«, fuhr er fort. »Denn hier...« Er holte umständlich den Zettel aus seiner Westentasche, hielt ihn in die Höhe und faltete ihn dann dramatisch auseinander. »Denn hier habe ich eine vertrauliche Nachricht von... dreimal dürft ihr raten! Von Gott! Vor einem Jahr hat er sie mir zusammen mit einer Prophezeiung zukommen lassen: Morgen nacht, genauer gesagt, um Mitternacht, hat das letzte Stündlein dieser Stadt geschlagen. Ein riesiges Loch wird sich im Erdboden auftun und sie verschlingen, mitsamt ihren Lichtern und allem Drum und Dran. Und ihr werdet alle sterben!«

»Dann machen wir morgen bestimmt kein gutes Geschäft im Club«, murmelte Silvie.

Ich schlug die Hände vors Gesicht. »Er konnte sich diese Chance einfach nicht entgehen lassen«, sagte ich. »Wenn man sich das mal vorstellt, er legt sich sogar auf einen Zeitpunkt fest. Ich hoffe nur um seinetwillen, daß er Recht hat.«

Als ich mich umdrehte, starrte Silvie mich an. »Himmel«, meinte sie. »Wie kannst du das sagen? Du bist genauso übergeschnappt wie der Rest von eurem Haufen.«

»Wie konntest du dich nur auf so eine verrückte, verlogene Sache einlassen?« fragte sie. Wir saßen uns jetzt, genau wie früher, am Küchentisch gegenüber. »Und wenn man dich so reden hört, glaubst du den Quatsch sogar.«

»Man gewöhnt sich irgendwie daran«, gab ich verlegen zu. »Manchmal weiß ich selbst nicht mehr, was ich rede. Der Mann hat eine ungeheuere Wirkung auf Menschen. Ich glaube ja auch, daß er total verrückt ist, aber trotzdem ist irgendwas an ihm dran. Du müßtest ihn nur einmal vor einer Menschenmenge erleben, und du würdest es verstehen. Wenn er sagt, daß morgen um Mitternacht die Welt untergeht, dann wird es hier ganz schön viele lange Gesichter geben, falls nichts passiert.«

»Falls?« meinte sie. »Das klang ja fast, als ob du es für möglich hältst, daß etwas passiert. Das kannst du doch nicht im Ernst glauben. Mein Gott, wie kannst du bloß so einen Käse von dir geben? Wie konntest du dich nur auf diese hirnrissige Kampagne einlassen?«

»Hör mal zu, Silvie«, sagte ich. »Es gibt Menschen, Tausende von Menschen, die felsenfest daran glauben, daß Jesus in einem Raumschiff die Erde umkreist. Und das sind keine Wahnsinnigen, das sind ganz normale Leute. Jedenfalls sind sie ansonsten völlig normal. Andere glauben, daß die Geheimnisse des Lebens in einer Keksdose in Bedford, England, vergraben liegen. Daran glauben sie, Silvie. Und daran klammern sie sich. Manchmal ist es alles, was sie haben.«

Sie wollte sofort etwas entgegnen, aber sie überlegte es sich anders und sah mich eine Weile nur an. Schließlich sagte sie: »Du willst also behaupten, man bräuchte den Leuten nur weiszumachen, der Jüngste Tag wäre eingeläutet, und schon wäre unter den Menschen alles Friede, Freude, Eierkuchen?«

»Zumindest ein bißchen Zufriedenheit«, antwortete ich. »Und wenn nichts passiert, werden viele Leute enttäuscht sein. Auch wenn diese Sachen verlogen sind, haben sie doch eine Wirkung. Sie können einem einen Ruck geben, noch einmal einen ganz neuen Anfang zu wagen, falls man einen neuen Anfang braucht...« endete ich kläglich.

»Bis morgen um Mitternacht«, sagte sie.

»Es ist wie eine Schockbehandlung, wenn du so willst. Auch wenn es vorbei ist und jeder weiß, daß es eine Lüge war, kann es trotzdem jemandem geholfen haben. Verstehst du das nicht? Vielleicht bringt es jemanden auf den richtigen Weg.«

»Na klar, und Tausende von anderen werden zu Tode erschreckt.« Sie sah mich mißtrauisch an und sagte: »Erzähl mir bloß nicht, daß du aus dem Grunde dabei mitmachst, Willy Turpin.«

»Ich mache wegen des Geldes mit«, sagte ich achselzukkend.

»Aber du versuchst, die Mittel zu rechtfertigen«, lächelte sie. »Immer noch der alte, spießige Willy. Gleich willst du mir womöglich noch weismachen, daß du die Mädels in London nur aus medizinischen Gründen aufs Kreuz gelegt hast.« Sie lachte, ihr war ein Witz eingefallen. »Eine Art Gnadenakt.«

Ich wollte laut werden, aber sie hob die Hand und deutete warnend mit dem Kopf Richtung Kinderzimmer. »Schon gut«, sagte ich müde. »Ich bin nicht um die halbe Welt gereist, um über Religion, Frauen oder sonst etwas zu streiten. Ich bin hier, weil ich dich finden wollte.« Ich sah sie an. »Hast du mich überhaupt vermißt?«

»Nein, nicht besonders«, meinte sie achselzuckend. »Ich hatte zuviel zu tun. Hier konnte ich wenigstens für mich selber denken und brauchte nicht andauernd auf deinen nächsten Schachzug zu warten, falls denn überhaupt einer kam.

Ich war einsam, verdammt einsam, aber darüber haben mir die Kinder hinweggeholfen. Ist eigentlich ein komischer Gedanke, aber für uns drei war das Leben hier wesentlich weniger unsicher als in England. Kannst du das verstehen?«

Sie reckte sich. »Es war ein langer Weg bis hierher«, sagte sie. »Herrgott, dieses Land ist wirklich unendlich.«

»Den Spruch habe ich auch schon gehört«, antwortete ich.

Sie mußte mir etwas erzählen. »Hauptsächlich war ich mit dem Greyhoundbus unterwegs«, sagte sie. »Manchmal kam es mir vor, als wären wir auf einer Reise um die Welt. Ich war müde und unglücklich, die Kinder waren schwer zu bändigen. Damals ging es mir ziemlich mies. Eines Nachts, die Kinder saßen vor mir, stieg ein junger Typ ein, ein Student wohl, ein halbes Kind noch. Er setzte sich neben mich, schlief ein und lehnte sich an meine Schulter. Er saß ganz nah neben mir, und seine Hand berührte meine na-du-weißt-schon. Und ich ließ sie da liegen, weil es ein schönes Gefühl war. Ich weiß, daß er nach einer Weile aufgewacht ist, aber als er merkte, was er machte und daß es mich nicht störte, hat er sich einfach wieder an mich gekuschelt und mir die Hand noch tiefer zwischen die Beine geschoben. So sind wir die ganze Nacht sitzengeblieben, und am Morgen ist er in irgendeinem Baumwollkaff ausgestiegen, und das war auch schon alles. Wir haben nicht ein einziges Wort miteinander gewechselt. Jetzt kannst du dir vorstellen, wie einsam ich war.«

Es fing an zu regnen, schwer schlugen die dicken Tropfen auf das Blechdach. Wir sahen einander über den Tisch hinweg an. »Erinnerst du dich noch an den Goodnight and Loving Trail?« fragte ich. »Natürlich«, sagte sie trocken. »Der soll aber in Colorado enden, nicht in Nevada.« »Als wir von Amerika geträumt haben«, sagte ich, »hätten wir wohl nie gedacht, daß wir eines Tages zusammen in einem Wohnwagen sitzen und Chili aus der Dose essen würden, während es draußen gießt. Und schon gar nicht in Las Vegas«, fügte ich traurig hinzu.

Sie lächelte ebenfalls traurig, sagte aber nichts. Wir saßen uns an dem Resopaltisch gegenüber wie Fremde in einer

Snackbar oder wie manche Ehepaare, die sich nichts mehr zu sagen haben.

»Möchtest du noch Tee?« fragte sie.

»Nein, danke. Ich habe genug.«

»Als du heute abend mitgekommen bist, hast du da gedacht, daß wir am Ende im Bett landen?«

»Nein«, antwortete ich wahrheitsgemäß. »An so etwas habe ich nicht im Traum gedacht.«

Sie stand auf und brachte die Teller zur Spüle. »Wenn du mich willst, kannst du mich haben«, sagte sie leise.

Ich dachte, ich hätte mich wegen des Regens verhört. »Ich kann dich haben?« sagte ich fragend.

»Ja, Willy. Du hast mich schon richtig verstanden. Ich weiß selbst nicht warum, vielleicht weil ich noch immer deine Frau bin und mich als deine Frau fühle, ganz egal, was passiert ist. Ansonsten würde sich dadurch nicht das geringste ändern. Ich habe mich sowieso schon anders entschieden. Nur weil ich mit dir ins Bett gehe, würde ich meine Meinung trotzdem nicht ändern.«

»Herzlichen Dank«, sagte ich. »Du meinst also, ich kann dich für die Nacht ausborgen?«

»Ja. Und ich kann dich ausborgen.«

Unbeholfen rappelte ich mich hoch und nahm ihr das Geschirr aus den Händen. »Immer mit der Ruhe«, lächelte sie. »Zuerst wird gespült. Morgens habe ich nie Lust dazu.«

»Na schön«, antwortete ich lächelnd. »Und ich trockne ab. Dann fühlen wir uns wieder richtig schön häuslich.«

»Du hast doch in deinem ganzen Leben noch keinen Teller abgetrocknet«, lachte sie leise. »Jedenfalls nicht, solange ich noch bei dir war.«

»Fang nicht an zu streiten, Weib«, sagte ich. »Sonst bumse ich dich nicht.«

»Ach ja?« meinte sie. »Das glaubst du doch wohl selbst nicht.«

Es hörte bald auf zu regnen. Das Prasseln auf dem Dach ließ nach, und es dauerte nicht lange, da drang von draußen nur noch ein rhythmisches Tropf-Tropf wie von einem Pendel herein. Silvie nahm einen Schlüssel vom Brett neben der Tür und bedeutete mir, ihr in die langsam wieder trockener werdende Nacht hinaus zu folgen. »Hier drinnen können wir es nicht machen«, sagte sie. »Was, wenn die Kinder aufwachen?«

»Dann sagst du ihnen einfach, daß wir verheiratet sind«, antwortete ich. Wir standen auf dem nassen Platz. »Das verstehen sie schon.«

»Wir gehen in meine Zweitwohnung«, sagte sie. Sie faßte mich bei der Hand, und wir schlichen uns leise über den Kies und durch den Matsch. Die Wohnwagen standen wie Särge in langen Reihen unter dem gelangweilten Mond. Über den Dächern leuchteten in der fernen Dunkelheit die bunten Botschaften vom Strip.

Sie führte mich zu einem etwa fünfzig Meter entfernten Wohnwagen und schloß vorsichtig die Tür auf. »Ich passe für ein Pärchen, das nur am Wochenende kommt, auf die Schlüssel auf«, sagte sie. »Sie hoffen, eines Tages soviel Geld zu gewinnen, daß sie sich hier ein Haus leisten können.«

Ich stieg hinter ihr hinein, erregt durch ihre Nähe und traurig, weil sie gesagt hatte, daß es für uns keine Zukunft gab. Nach ihrem warmen, bewohnten Zuhause war es in diesem Wagen wie in einer Blechbüchse, so leer und kalt. »Ist leider nicht sehr behaglich«, sagte sie. »Aber etwas Besseres kann ich dir nicht anbieten.«

Ich kam mir fast so vor, als wäre ich mit einer Nutte aufs Zimmer gegangen. Es gab zwar Möbel, ein paar Lampen und Bilder, aber alles war funktionslos, wie in einem Möbellager.

Wie Nutte und Freier standen wir linkisch in der Kälte, die niedrigen Seiten des Bettes berührten unsere Waden. Silvie empfand wohl genauso wie ich.

»Es gibt keinen Wein, keine Musik«, meinte sie entschuldigend. »Schließlich habe ich dich nicht erwartet, Willy. Hast du immer noch Lust?«

»Natürlich«, antwortete ich. Ich drehte mich halb zu ihr, legte ihr sanft die Finger auf die Hüfte und lehnte den Kopf müde an ihren Hals. »Es ist eben nie so, wie man es erwartet.«

»Nein«, flüsterte sie. »Nie. Willst du abhauen?«

»Herrgott, Silvie, ich liebe dich. Ich will dich. Ich habe dich gesucht.«

»Komm, wir gehen angezogen ins Bett«, schlug sie plötzlich vor. »Dann ist es wärmer, und wir haben etwas zu tun, bevor es richtig zur Sache geht.«

Ich mußte lachen, als ich ihr ernstes Gesicht sah. »Gute Idee«, sagte ich. »Dann kommt es einem nicht so... so...«

»Kaltblütig vor«, ergänzte sie. »Das finde ich auch. Zieh aber lieber trotzdem die Schuhe aus. Ich kann mir für fast alles eine Erklärung ausdenken, nur nicht für Lehm im Bett.«

»Ich wollte sie sowieso nicht anbehalten«, sagte ich. »Aber mehr ziehen wir nicht aus, okay?«

»Okay. Schade, daß du nicht in deinem Gewand aufgekreuzt bist.«

»Ich hätte dich doch nicht in meiner Arbeitskleidung besucht! Los, du zuerst. Du weiß doch, ich liege lieber rechts.«

»Kommt mir irgendwie bekannt vor.« Sie musterte mich, und ich hatte fast das Gefühl, als überlegte sie, ob sie es nun wirklich machen sollte oder nicht. Aber dann schlug sie doch die Decke zurück und schlüpfte in das kalte Bett. Dabei rutschte ihr der Rock hoch. Sie rückte ein Stück zur Seite, sah mich an und zeigte mir ihre nackten, schlanken Beine. Nun schloß sie kurz die Augen, als ob sie sehr traurig wäre, aber gleich sah sie mich wieder an und lächelte. Ich legte mich zu ihr.

Wir blieben einen Moment lang nebeneinander liegen, dann drehten wir uns um und klammerten uns aneinander, als ob wir uns nach langer Irrfahrt wiedergefunden hätten. Ich hatte vergessen, was für ein kleines Gesicht sie hatte. Ich hielt es in den Händen und schmiegte mich mit meinem Gesicht dagegen. Ich spürte ihre Tränen auf meinen Wangen. »Nicht weinen«, sagte ich.

»Ich will ja gar nicht«, schniefte sie. »Es gibt schließlich nichts, worüber man weinen müßte, oder? Jedenfalls nicht viel. Warum ziehst du dir nicht die Hose aus?«

»Das überlasse ich dir«, sagte ich. »Wir wollen doch mal sehen, ob du es auch nicht verlernt hast.«

»Wie ich höre, hat der Reißverschluß die Knopfleiste abgelöst.«

»Der Fortschritt läßt sich nicht aufhalten«, sagte ich.

Sie tastete nach dem Reißverschluß. Dabei blieb sie ganz dicht an mich gepreßt und wühlte sich in mich hinein, als ob sie sich vor etwas fürchtete. Entschlossen zog sie den Reißverschluß herunter und fuhr mit beiden Händen in den Spalt, mit kühlen, süßen Fingern berührte sie mein drängendes Fleisch.

»Kleiner bist du nicht geworden«, murmelte sie, das Gesicht gegen meinen Hals gedrückt.

»Und du bist immer noch klein, klein und schön«, sagte ich. »Du bist noch genauso herrlich wie beim ersten Mal und all die anderen Male auch.«

Meine Hände liebkosten ihre Beine, streichelten sie von den Kniekehlen bis hinauf zum Po. Der Rock war ihr unter der Bettdecke bis über die Hüften hochgerutscht. Ich steckte die Daumen in den Gummibund der Strumpfhose und zog sie ihr vorsichtig herunter. Sie hatte mich ebenfalls bis zur Hälfte entblättert und ließ mein Glied köstlich durch ihre zarten Hände gleiten.

»Wird es dir jetzt wärmer, Willy?« fragte sie.

»Kann man wohl sagen«, antwortete ich atemlos. »Es war eine gute Idee, gleich ins Bett zu klettern.«

»Eine Bettdecke deckt viele Sünden zu«, sagte sie. »Dein Ding ist aber wirklich nobel.« Sie steckte forschend den Kopf unter die Decke. »Großer Gott«, rief sie. »Und wie. Er steht da wie Lord Nelson mit seinem einen Auge und sieht mich an.«

»Hat ja auch geradezu historische Bedeutung«, sagte ich. »Allerdings fand ich schon immer, daß er für einen Schwanz ziemlich aristokratisch aussieht.«

»Geht es dir gut?« fragte sie ernst, als ihr Kopf wieder zum Vorschein gekommen war. »So richtig gut?«

»Prächtig«, sagte ich. »Ich fühle mich wie zu Hause.«

»Laß das«, bat sie. »Wir wollen mit dieser einen Nacht zufrieden sein.«

Ich hatte ihr die Strumpfhose jetzt bis zum Schritt heruntergezogen. Sogar ihre Oberschenkel fühlten sich schlank an. Sie hatte keine Tänzerinnenmuskeln. Ich schob die Hand unter dem gedehnten Gummibund der Strumpfhose hindurch in den Tunnel, den ihr Körper bildete, legte Finger und Handflächen gegen das weiche Dach und fühlte ihr Inneres durch den süßen Spalt pulsieren. Es war ein vertrautes und gleichzeitig fremdes Gefühl. Früher war es mein ein und alles gewesen, doch seither war es weit in der Welt herumgekommen.

»Zieh mir das Kleid aus, Schatz«, sagte sie. »Es hängt mir wie ein Rüschenkragen um den Hals.«

Ich zog es ihr aus und warf es zur Seite. Ihre Schultern waren weiß, fast blendend weiß in dem düsteren Wohnwagen. Ich ließ meinen Mund darüber gleiten. »Gehst du nie sonnenbaden?« fragte ich. »Bei dem Wetter hier?«

»Ich darf nicht«, sagte sie und knöpfte mir das Hemd auf. »In meinem Vertrag steht, daß ich nahtlos weiß sein muß. Die alten Lustgreise lieben das, wahrscheinlich weil es so jungfräulich aussieht. Sie haben es nicht gern, wenn die nackten Showmädchen braune Körper haben, auf denen man die Streifen von den Bikinihöschen sehen kann. Man darf sich nicht anmerken lassen, daß man noch ein anderes Leben hat und nicht nur ständig seine Möse zur Schau stellt, wenn du mir diesen Ausdruck gestattest. Wenn man weiße Flecken hat, zeigt das, daß man sich in der Freizeit gesonnt hat, verstehst du?«

Ich verstand. Beinahe hätte ich ihr in diesem Augenblick etwas von dem Mädchen mit den Peitschenstriemen erzählt, aber ich ließ es bleiben und hakte statt dessen ihren BH auf.

Silvie hatte viele schöne Stellen, aber ihre Brüste waren gewissermaßen ihr Aushängeschild. Als sie nun ins Freie kamen, schienen sie zu blinzeln, wie kleine Tiere, die man aus dem Schlaf gerissen hatte. Bei mir brachten sie immer den hungrigen Mann zum Vorschein, und auch jetzt freute ich mich über ihren Anblick wie über eine lange verbotene Delikatesse. Aber ich küßte sie auf den Mund, nur um zu beweisen, daß ich nicht gierig war. Mein Gott, dachte ich, wie köstlich es sein wird.

»Aufwachen«, sagte ich und drückte einen Kuß auf die eine Brustwarze. »Los, aufstehen.« Und ich küßte die andere.

»Sie sind ein bißchen faul«, murmelte sie, »wenn sie ihren freien Tag haben. Manchmal muß ich sie ein bißchen zwirbeln, bevor ich auf die Bühne gehe. Einige der Mädchen helfen sich gegenseitig dabei, aber soweit ist es mit mir noch nicht gekommen.«

»Das will ich auch gehofft haben«, sagte ich.

»Ach, nicht was du denkst! Sie albern natürlich herum, und manche von ihnen sind auch lesbisch, aber man muß vor dem Auftritt einfach irgendwie in Form kommen, und für Flickflacks reicht in der Garderobe der Platz nicht.«

»Ich weiß noch, wie du einmal in einem Kleiderschrank einen Flickflack gemacht hast«, sagte ich.

»Stimmt, ja. Du erinnerst dich aber an komische Sachen, Willy. Sehe ich noch gut aus?«

»Großartig«, sagte ich. »Klein und großartig, wenn du die beiden Komplimente irgendwie zusammenkriegst.«

»Du fühlst dich auch gut an. Du hast überhaupt nicht zugenommen, oder?«

»Genug geplaudert«, sagte ich. »Reden können wir später. Ich rubbel' dich jetzt von oben bis unten ab.«

»Ich kann es kaum erwarten«, sagte sie. »Und hinterher mache ich es bei dir.«

Mit offenen Augen streckte sie sich aus, aber als ich anfing, senkte sie die Lider. Wir hatten das oft zu Hause gemacht, an einem langweiligen Winterabend in unserem Häuschen, bevor wir uns fremd geworden waren. Jetzt widmete ich mich mit Händen, Mund und Zähnen ihren Brüsten, ich massierte, sog, und schließlich ließ ich meine Zunge gemächlich wie eine Schnecke auf ihren flachen Bauch hinunterkriechen und weiter, bis in das süße, nach Zitronen schmeckende Haardikkicht. Dann drückte ich ihre Beine fest auseinander und vergrub Zunge und Mund in ihrem geheimen Tal.

»Einer von uns erstickt gleich«, hörte ich sie sagen.

Ich versuchte aus der süßen Senke heraus zu antworten, aber als ich murmelnd die Lippen bewegte, schrie sie vor Vergnügen auf. Mit heißem Gesicht tauchte ich wieder auf. »Du sollst nicht lachen«, sagte ich.

»Und du sollst nicht sprechen«, kicherte sie. »Nicht mit vollem Mund.«

»Manchmal bist du wirklich ein unverschämtes Früchtchen«, sagte ich. »Dreh dich um.«

Sie wälzte sich auf den Bauch. Wie ein Hund legte ich den Kopf auf sie, seitlich über ihre Schulterblätter, und genoß einfach nur das herrliche Gefühl ihrer Haut auf meinem Gesicht. Wie leichtsinnig ich gewesen war, sie gehen zu lassen. Ihr Rückgrat war weiß und herrlich gebogen, wie der Saum einer langen Stange Sellerie. Ich legte meine Backe auf ihre Backen. »Ich glaube, dein Hintern ist größer geworden«, sagte ich.

»O nein!« Sie zuckte so heftig, daß ich mit dem Kopf abrutschte. »Ach, sag doch so was nicht, Willy.« Sie sah mein Gesicht in dem trüben Licht und merkte, daß ich grinste. »Oh, du gemeiner Hund«, sagte sie erleichtert. »Du weißt doch, daß ich mir wahnsinnige Gedanken darüber mache.«

»Dein Hintern sieht genauso aus wie immer«, sagte ich, sie auf Mund und Augen küssend. »Wie eine kleine Tulpe.«

»Was für eine Farbe?«

»Weiß. So weiß wie Vanilleeis.«

»Gut. Willy, ich will dich so sehr. Ich will dich in mir spüren. Könnten wir wohl alles andere auf später verschieben und endlich anfangen? Ich rubbel' dich hinterher ab. Macht dir das was aus?«

Ich drehte sie mit einer Hand um. Rechts und links von mir kamen ihre Knie hoch. Ich kauerte vor ihr, unsere Augen hingen aneinander wie die erregter Tiere. Ihre süßen, kleinen Hände glitten unter mich, ergriffen meinen Stengel und zogen mich näher. Wir waren beide glitschig vor Vorfreude. Ich schob mich zentimeterweise in sie, bis sich ihre zarten Beine wie eine Falle hinter mir schlossen. Sie öffnete den Mund, ihr Gesicht wurde faltig und sah seltsam alt aus in dem Dämmerlicht. Ich musterte sie genau, dann drang ich ganz in sie und sah, wie sich ihr Gesicht glättete. Wir waren wieder Mann und Frau. Wenn auch nur für kurze Zeit.

17

Am folgenden Tag, einem Sonntag, gingen wir mit Kathy und James in den Park und spielten Eltern. Silvie sagte: »Ich tue lieber erst gar nicht so, als ob ich oft mit ihnen herkomme. Meistens spielen sie unter den Wohnwagen oder auf der Müllkippe hinter dem Platz. Für mich ist hier auch alles neu.«

Die beiden Kinder hatten mich am Morgen mit so ernstem Blick gemustert, als ob sich ihre schlimmsten Befürchtungen bewahrheitet hätten. Während wir zusammen frühstückten, konnte ich beobachten, wie nah Silvie und die Kinder einander standen. Kathy war inzwischen fünf, ein goldiges kleines Mädchen, und James acht. Er machte einen ziemlich frühreifen Eindruck, was vermutlich daran lag, daß er ohne Vater aufgewachsen war. Zuerst waren sie reserviert und benahmen sich höchst manierlich, als ihre Mutter ihnen erklärt hatte, wer ich war, aber als James einen kleinen Furz losließ, kringelten sie sich vor Lachen. Sie wurden lockerer und fragten mich mit ihren spitzen amerikanischen Stimmchen aus.

Sie tanzten vor Freude, als sie den Park mit den Schaukeln, dem Bootsteich und dem Karussel sahen, aber während ich mit ihnen und Silvie spielte – und Silvie mit mir –, konnte ich nicht einen Augenblick vergessen, daß die Zeit drängte. Um zwölf Uhr mittags mußte ich wieder bei Properjohn antreten.

Silvie hatte die ganze Nacht nackt in meinen Armen geschlafen, aber als wir zu ihrem Wohnwagen zurückgegangen waren und uns die Kinder angesehen hatten, merkte ich, daß sie sich schon wieder von mir entfernte. Wir hatten einander, wie wir es am Abend gesagt hatten, nur geborgt. Und nun borgte ich mir für kurze Zeit die Kinder.

»Was hast du nun vor?« rief ich ihr über den Bootsteich zu. Sie hockte mit Kathy am gegenüberliegenden Ufer, ungefähr zwanzig Meter entfernt.

»Wie meinst du das?« fragte sie. »Was ich vorhabe?«

Da James gerade ganz damit beschäftigt war, ein Motorboot aufzuziehen, ging ich zu ihr hinüber. Auf halbem Wege kam mir Kathy entgegen, die sehen wollte, was James trieb. Ich hockte mich zu Silvie, die Kinder hockten auf der anderen Seite.

»Was du nun anfangen willst«, sagte ich. »Mit deinem Leben und dem der Kinder.«

»Mit ihnen zusammenbleiben, nehme ich an«, sagte sie.

»Hier?«

»Hier«, sagte sie fest. »Das weißt du doch, Willy.«

»Mit Angelo?«

»Vielleicht, vielleicht aber auch nicht.«

»Das hört man gern.«

»Ich reiche die Scheidung ein«, sagte sie zu meinem Spiegelbild im Wasser. »Ich habe dir die Papiere schon zugeschickt. Wahrscheinlich sind sie in England erst nach deiner Abreise angekommen.«

»Du willst dich scheiden lassen?« Ich konnte es nicht glauben. »Scheiden lassen?« wiederholte ich. »Von mir?«

»Du bist der einzige, mit dem ich verheiratet bin«, sagte sie einfach.

»Warum? Wozu eine Scheidung? Das kannst du doch nicht machen, nach gestern nacht.«

»Das zählt nicht. Ich habe es schon vergessen«, meinte sie. »Und was das Warum angeht, finde ich es ziemlich unverschämt, daß du mich überhaupt danach fragst. Sagen wir einfach, weil die Ehe gescheitert ist. Das reicht doch heutzutage als Scheidungsgrund aus.«

»Aber... aber ich dachte, es könnte wieder werden mit uns. Vor allem nach gestern nacht«, sagte ich langsam. »Wenn man sich das vorstellt, die Scheidungspapiere liegen in England. Da werden die Patons aber ihre helle Freude gehabt haben.«

»Das ist mal wieder typisch, daß du dir über die Patons

Gedanken machst«, sagte sie wütend. »Ich scheiß auf die Patons. Und auf dich auch, Willy. Ich habe dir gesagt, daß die Ehe zu Ende ist, und ein Dutzend Nächte wie gestern nacht können sie nicht wiederbeleben. Es wäre genau wie vorher. Und ich hätte nicht den Mumm, noch einmal wegzulaufen...«

Ihre Stimme erstarb, und ich sah eine dicke Träne in den Teich plumpsen. »Verstehst du denn nicht?« rief sie, aber so leise, daß die Kinder sie nicht hören konnten. »Begreifst du das nicht, du Holzkopf? Ich habe jetzt endlich meinen Frieden. Ansonsten habe ich nicht viel, aber ich habe meinen Frieden, und so wie du mich in England behandelt hast, ist das schon sehr viel wert.«

»Also läßt du dich von mir scheiden und heiratest den guten Angelo, obwohl du ihn nicht liebst.«

»Kann sein, kann aber auch nicht sein«, antwortete sie. »Und außerdem habe ich nichts davon gesagt, daß ich ihn nicht liebe. Zwischen dem Herzen eines Menschen und seinen Geschlechtsorganen liegen Welten. Manchmal weiß das eine nicht, was das andere macht. Kapiert?«

»Kapiert«, sagte ich. In mir stieg die Wut hoch, und ich mußte die Zähne zusammenbeißen, um nicht zu explodieren. Ich stand auf und ging ein paar Schritte. Dann drehte ich mich um und kam wieder zurück. Sie sah noch immer hinunter auf ihr weinendes Gesicht im Teich. »Aber ein paar Wahrheiten will ich dir doch noch unter die Nase reiben«, begann ich. Wir hoben beide den Kopf und merkten, daß die Kinder mich gehört hatten und vom anderen Ufer herüberstarrten.

»Kathy, James«, rief Silvie. »Holt euch eine Zuckerwatte.« Sie wandte sich zu mir. »Hättest du vielleicht einen Vierteldollar?« fragte sie.

»Nein«, sagte ich. Ich hatte zwar noch ein paar Fünfdollarnoten von Mr. Sunley, aber kein Kleingeld.

»Das hatte ich ganz vergessen«, sagte sie. »Du wirst ja erst bezahlt, wenn du dein Kreuz wieder ablieferst, nicht wahr?« Sie kramte in ihrer Handtasche herum und warf den Kindern, die zögernd um den Teich kamen, eine Silbermünze zu. »Der Zuckerwattemann ist da drüben beim Eingang«, rief sie. »Bleibt nicht zu lange weg.«

Sie trollten sich, aber im Gehen sahen sie immer wieder zweifelnd zu uns zurück. »Du brauchst überhaupt nicht so gehässig über das Kreuz zu reden«, sagte ich. »Wer hat denn hier einen Exhibitionistenjob, wenn nicht du? Was soll aus dir werden, wenn sie dich nicht mehr haben wollen in dem Club?«

»Wenn ihnen mein Gesicht nicht mehr paßt?« fragte sie.

»Dein Gesicht habe ich nicht gemeint«, antwortete ich böse. Sie drehte sich um und ließ mich stehen. »Komm schon, verrate es mir«, hakte ich nach. »Ich will es wissen. Wie willst du die Kinder dann durchbringen? Indem du im nächsten Club anheuerst und danach wieder in einem anderen?«

»Ich finde schon Arbeit«, sagte sie. Sie drehte sich wieder um, ihr Gesicht war tränennaß. »Hier gibt es genug Arbeit.« Sie sah mir in die Augen. »Ich könnte ja auch auf den Strich gehen. Dabei springt ganz schön was raus. Im Distrikt Las Vegas ist es sogar erlaubt.«

Damit war das Maß voll. »Wie man mir erzählt hat, kannst du zweitausend Dollar verdienen, wenn du dich von einem perversen Schwein auspeitschen läßt.«

Verdattert merkte ich, daß sie von meinen Vorwurf völlig unbeeindruckt blieb. Ich sah ihr an, daß ihr die Andeutung nichts sagte. »Hört sich an wie ein gutes Geschäft, wenn man auf so etwas steht«, meinte sie vorsichtig. »Aber wie kommst du ausgerechnet darauf? Worauf willst du hinaus?«

An einer Rutschbahn blieben wir stehen, und sie setzte sich auf die unterste Stufe. »Ich habe gehört, daß man dir soviel geboten hat«, sagte ich lahm. »Dafür…, daß du… dabei mitmachst.«

Sie grinste. »Mann«, staunte sie. »Setz dich, Willy Turpin. Das mußt du mir erzählen.«

Sie rutschte ein Stück. Die unterste Stufe war breit genug für zwei. Verlegen sagte ich: »Das Mädchen in Memphis. Eine Rothaarige. Ihren Namen weiß ich nicht. Sie hat es mir erzählt.«

Ein zerbrechlicher, graugesichtiger Junge mit einer riesengroßen Kappe auf dem Kopf blieb neben uns stehen. Wir starrten ihn an, bis wir endlich merkten, daß er auf die Rutsche wollte. Wir machten ihm Platz, und er kletterte mit ernstem Gesicht zwischen uns hindurch.

Silvie beugte sich zu mir herüber. So nah waren wir uns seit dem Aufstehen den ganzen Tag noch nicht gewesen. »In Memphis?« fragte sie.

»Ja«, murmelte ich. »Sie war von einem Mann namens Homer Bean ausgepeitscht worden, der ihr dafür tausend Dollar gezahlt hat. Sie hat mir erzählt, daß er dir zweitausend dafür geboten hat und daß du dir das Angebot gründlich überlegt hast.«

Ich wußte, daß ich mir selbst den Boden unter den Füßen weggezogen hatte. Sie lachte plötzlich unbeherrscht in ihre Hände, dann hob sie den Kopf, sah mich an und krümmte sich erneut vor Lachen.

»Ich weiß, ich weiß«, sagte der kleine graue Junge, der wieder zurückgekommen war. »Ich weiß ja, daß es komisch aussieht«, sagte er geduldig. »Aber meine Mama sagt, ich muß die Mütze aufhaben, weil ich eine Allergie im Kopf habe. Okay?«

»Okay«, prustete Silvie. Sie rückte zur Seite, und der Junge stieg langsam und müde wieder die Treppe hinauf, als wäre die Mütze genauso schwer, wie sie groß war. Silvie kamen fast die Tränen vor Lachen.

»Lachst du über ihn oder über mich?« wollte ich wissen.

»Ach, über euch beide«, gurgelte sie. »Himmel, ich habe Seitenstiche. Ach, Willy, wenn du wüßtest!«

»Dann laß es mich doch endlich wissen«, knurrte ich. »Sag es mir, um Himmels willen.«

Der Junge war gerutscht und lief nun mürrisch durch den Park davon. Mit der Mütze spielte er Fußball. »Setz sie wieder auf«, rief Silvie ihm nach. »Sonst kriegst du noch eine Erkältung im Kopf.« Er bückte sich danach und setzte sie sich auf, wie ein Erzbischof, der sich eine Mitra auf den Kopf stülpte. Dann rannte er davon.

»Jetzt erzähl es mir endlich«, sagte ich. »Falls du fünf Minuten aufhören kannst, dir vor Lachen in die Hose zu machen.«

»Das war Sadie«, sagte sie und berührte mich entschuldigend mit den Fingerspitzen. »Sadie, die Sadistin.«

»Komische Sadistin«, meinte ich. »Eine, die sich auspeitschen läßt.«

»Das ist es ja eben«, sagte Silvie. »Es gibt überhaupt keine Peitsche, du Dummkopf. Die Peitschenstriemen – das ist alles nur Schminke. Daran geilt sie sich auf, verstehst du? Sie gabelt im Club irgendeinen Typen auf, den sie zu sich nach Hause abschleppt. Sie macht ihm weis, sie müßte ihm unbedingt etwas zeigen, was ihr ein anderer Kerl angetan hat. Und was passiert dann, Willy? Du gehst mit und sitzt sabbernd da, während sie sich auszieht und dir ihre Striemen zeigt.«

»Äh, nicht direkt...«

»Doch, doch. Ach, komm schon, Baby. So läuft die Chose nämlich immer ab. Der Typ sitzt da, weiß sich kaum noch zu halten, und sie tänzelt herum, zeigt ihm diesen Striemen und jene Platzwunde und erzählt ihm ihre traurige Geschichte. Und sie läßt den Kerl nicht an sich ran. Stimmt's?«

»Mehr oder weniger«, sagte ich kläglich.

Sie lachte wieder, aber jetzt sanfter. »Ach, Willy, wenn ich mir vorstelle, wie du vor ihr hockst, mit dicken Tränen in den Augen und einem Riesenständer in der Hose. Jede Wette, sie hat sehr viel Spaß an dir gehabt.«

»Ach, du lieber Himmel«, murmelte ich. »Und es war alles nur Schminke?«

»Natürlich. Darum nimmt sie die Typen ja auch ins Schlafzimmer mit, wo die Beleuchtung stimmt. Und auf ihre Seite vom Bett läßt sie dich nicht rüber, richtig?«

»Richtig. Du hast völlig recht.«

»Das Spielchen spielt sie andauernd«, nickte Silvie. »Manchmal haben ihre Kolleginnen gegenüber von ihrem Haus im Schnellrestaurant gesessen und sich einen Spaß daraus gemacht, auf die Männer zu warten. Manche konnten kaum noch gehen!«

»Sie hat wirklich Sinn für Humor«, sagte ich kläglich. »Es

wird Zeit.« Ich reckte mich. »Die Arbeit ruft. Schließlich geht heute nacht die Welt unter.«

»Du willst weg«, sagte sie, plötzlich traurig.

»Ich muß. Die Kinder treffe ich noch auf dem Weg durch den Park. Soll ich dich anrufen oder mich sonstwie melden?«

»Wir haben kein Telefon«, sagte sie. »Nicht im Wohnwagen. Es gibt nur eins beim Platzwart, aber ich bin ja so selten zu Hause.«

»Und im Club?«

»Die Angestellten dürfen keine Anrufe bekommen.«

Der Schmerz und die Trauer über unser altes und neues Versagen lasteten so schwer auf mir wie die Riesenmütze auf dem kleinen Jungen. »Könnte ich dann vielleicht vorbeikommen? Ich bin wahrscheinlich noch ein paar Tage in der Gegend. Ich würde gern die Kinder noch mal sehen«, sagte ich.

Sie antwortete nicht. Statt dessen sagte sie: »Lebwohl, Willy. Es würde nie klappen mit uns. Jedenfalls nicht für uns beide.« Sie drückte mir einen Kuß auf den Bart. Ich stand auf und ging. Die Kinder kamen mir entgegen. Ich blieb stehen und küßte sie durch die rosa Zuckerwattewolken. Dann verzog ich mich.

18

Auf einem Hochplateau oberhalb von Las Vegas versammelten sich an diesem Abend zehntausend Menschen, die auf Mitternacht und auf das Erdbeben warteten, das den Weltuntergang ankündigen sollte.

Ein herrlicher, feuerroter Sonnenuntergang hatte sich über der Wüste Nevadas ausgebreitet, der Himmel hatte eine Stunde lang in überwältigenden Farben geglüht, und die nie verlöschenden Lichter der Glücksspielstadt waren wenigstens dieses eine Mal nicht mehr als ein müdes Geflacker gewesen.

»Ein Zeichen! Ein Zeichen!« hatte Properjohn unterwegs auf einer Zwischenkundgebung geschrien. Er stand auf dem Dach von »Jesus lebt« wie ein Pferdewagenlenker aus *Ben Hur* und zeigte gen Himmel. Staunend folgten die Menschen seinen emporgereckten Armen, und neben mir jammerte die arme Clare: »Ich hoffe bloß, er hat recht. Ich hoffe bloß, er hat sich nicht mit dem Datum vertan.«

Zum letztenmal trug ich das Kreuz. Tausende waren gekommen, um uns zu sehen, manche ängstlich und wütend, dabei aber vorwiegend ruhig, andere hingegen fast ausgelassen. Sie riefen mir »Viel Glück, Jesus! Bis dann, wir sehen uns oben!« und ähnliche Sprüche zu.

Herbie, der neben mir ging, war merkwürdig gedrückter Stimmung. »Vielleicht hat er doch recht«, murmelte er. »Vielleicht passiert es wirklich.«

»Scheiße«, sagte ich. »Wenn dir so zumute ist, warum haust du dann nicht einfach ab?«

»Was, ich soll verduften und meine Prämie in den Schornstein schreiben?«

»Entweder du rettest deinen Kopf und verlierst die Kröten«, meinte ich. »Oder du rettest die Kröten und verlierst deinen Kopf. Du hast die Wahl.«

»Irgendwie gefällt mir die ganze Sache nicht«, sagte er. »Die Hälfte aller Verrückten aus Vegas wartet doch nur darauf, daß es passiert. Irgendwie traue ich nicht einmal dem Boden unter meinen Füßen.«

Winston kämpfte sich zu uns durch. Hunderte folgten mittlerweile unserer Prozession unter dem flammenden Himmel. »Na, seid ihr bereit für das Ende, Jungs?« fragte er.

»Nun fang du nicht auch noch an«, fauchte ich. »Mir reicht ein Trauerkloß. Herbie glaubt doch tatsächlich an den Käse.«

»Nein«, widersprach Herbie. »Das habe ich nicht gesagt. Ich habe bloß gesagt, daß mir ein bißchen mulmig ist.«

»Ein sicheres Zeichen, daß die Kampagne ein Erfolg war«, sagte Winston. »Genau wie im Wahlkampf. Wenn sogar die Politiker den Schwachsinn glauben, den sie den anderen auftischen, hat man sein Programm gut verkauft.«

»Dann hast du also keine Angst?« fragte ich Winston.

»Zwei Sachen machen mir Angst«, sagte er ernst. »Erstens – was macht der Pöbel, wenn die Erde nicht bebt? Sie gehen bestimmt nicht friedlich nach Hause und legen sich ins Bett wie brave Bürger. Sie sind gekommen, weil sie den Weltuntergang erleben wollen, und darauf werden sie nicht so einfach verzichten.«

»Daran habe ich auch schon gedacht«, sagte ich. Ich war erleichtert, weil Winston offensichtlich nicht daran glaubte.

»Unser Häuptling wird sich eine sehr überzeugende Erklärung einfallen lassen müssen«, nickte Winston.

Es wurde Zeit, das Kreuz für die letzte Fahrt aus der Stadt auf »Jesus lebt« festzuschnallen. Als wir es zu Hattie hinaufreichten, der mit seinem in allen Sonnenuntergangsfarben sonderbar glühenden Gesicht auf dem Gepäckträger hockte, sah ich zum erstenmal, was für eine lange Kolonne sich hinter uns gebildet hatte. Zu Tausenden hatten sie sich uns angeschlossen; sie sangen Lieder, weinten, riefen tapfer religiöse Slogans und trugen Transparente mit weithin lesbaren Aufschriften, damit Gott sie im Notfall nicht übersah. Und alle trotteten sie geduldig die steinige Straße entlang auf das Gebirge zu.

»Großer Gott«, flüsterte ich Winston zu. »Wie wollen wir denn diese Massen unter Kontrolle halten? Wenn die ausrasten, lynchen sie ihn – und uns gleich mit.«

»Wir müssen eben erdbebenartige Geräusche von uns geben«, sagte er. »Und uns vor allem den Rücken freihalten.«

Ich nickte und schob das Kreuz mit einem Ruck ganz zu Hattie hinauf. Er lachte mich feuerrot an.

»Was war die andere Sache?« fragte Herbie Winston. »Du hast doch gesagt, dir machen zwei Sachen Angst.«

»Stimmt«, murmelte Winston. »Von Oliver J. Jaye ist nichts zu sehen. Ich habe es nicht gern, wenn er bei uns rumhängt, aber wenn er nicht da ist, mache ich mir Sorgen. Ich habe heute morgen meine Agentur angerufen, und dort hat man mir gesagt, alles wäre soweit okay. Aber Tatsache ist, daß er nicht hier ist, obwohl er hier sein müßte.«

»Vielleicht hat er für Katastrophen nichts übrig«, lautete Herbies mehrdeutige Antwort.

Auf der Straße in die Berge sah es aus wie bei einem Massenexodus. Mittlerweile fuhren die Leute in Autos und Bussen hinter uns her, aber noch immer waren auch viele zu Fuß unterwegs. Entweder kamen sie aus kleineren Ortschaften am Wegrand, oder aber sie hofften, das Hochplateau auch ohne fahrbaren Untersatz bis Mitternacht erreichen zu können.

»So viele Menschen«, sagte ich zu Winston. Wir dachten immer, daß Winston auf alles die richtige Antwort wußte. »Mit Kind und Kegel.« Ich sah zurück auf die staubige Straße, auf die Autos und Busse, die langsam zwischen den Felsen bergauf zockelten. Wir saßen mit Herbie neben dem Kreuz auf »Jesus lebt«. »Was meinst du, was sie da oben erwartet?«

»Eine Show«, sagte Winston einfach. »Denn eine Show wollen sie sehen. Um die schöne Aussicht zu genießen, sind sie jedenfalls nicht hier, das kannst du mir glauben. Irgendwie ist das Leben in Las Vegas wohl doch etwas eintönig, und wir bieten ihnen eine kleine Abwechslung.«

Properjohn stand zusammen mit der armen Clare, Ambrosia und Hattie hinter uns auf »Jesus liebt«. Er dirigierte drei Chöre in langen Gewändern, die wie weiße Rindviecher in drei Lastwagen hinter ihm hergekarrt wurden. Sie sangen religiöse Evergreens, und vor allem solche, in denen der Jüngste Tag vorkam. Natürlich schmetterten sie auch unser Las-Vegas-Lied »Jesus wird bald kommen, nicht nur zu den Frommen!« Als die Dunkelheit hereinbrach, wurden Fackeln entzündet. Die roten Flammen hoben sich sogar vor der hellen Kulisse der allmählich hinter uns in der Wüste verschwindenden Stadt ab. Es war ein bewegender Anblick.

»Wann kriegen wir unsere Knete?« fragte Herbie.

»Euer Vertrag läuft morgen aus«, antwortete Winston. »Genau wie meiner.«

»Das ist dann wirklich das Ende«, sagte ich. Plötzlich wurde mir klar, daß wir dann alle wieder getrennte Wege gehen würden. Kein Properjohn mehr, der wie ein walisischer

Wind heulte, keine arme Clare mehr, der die Kinnlade fehlte, keine hilflosen Bemühungen von Hattie mehr, keine nachmittägliche Brustwarze mehr von der süßen Ambrosia. Winston würde gehen und schließlich auch Herbie. Mir würden sie alle fehlen. Und auch keine Silvie mehr. Mit leeren Händen mußte ich nach England in mein kaltes Haus zurückkehren. Allein.

»Wenn man unserer Botschaft glaubt, ist es heute nacht sowieso zu Ende«, sagte Herbie. »Aber ich will trotzdem wissen, wann ich die Mäuse kriege. Was für ein Job ist denn das überhaupt, bei dem man nur bezahlt wird, wenn die ganze Sache schiefgeht?«

Wir näherten uns jetzt der Stelle, wo wir am ersten Abend angehalten und Las Vegas wie glühende Kohlen unter uns liegen sehen hatten.

»Jippi!« rief Herbie, als das Wohnmobil die letzte steile Kurve nahm. »Noch mehr Opfer!«

Ich traute meinen Augen nicht. Tausende erwarteten uns bereits, ein gewaltiger Schmelztiegel von Menschen, die mit ihren flammenden Fackeln so aussahen, als müßten sie überschüssige Emotionsgase abfackeln. Sie sangen ihre eigenen Lieder, die mit den näherkommenden Hymnen unserer Prozession in der Bergluft zusammenprallten. Musikalisches Chaos und physisches Chaos gingen ineinander über. Zwischen all den verworrenen Lobgesängen, die vermutlich Gott selbst nur mit Mühe hätte auseinanderklamüsern können, blies die arme Clare, die arme unmusikalische Clare auf der Mundharmonika inbrünstig ihre eigene Melodie. Und wie immer war es unter den Tausenden sie allein, die sich Properjohns Zorn zuzog. In dem religiösen Getöse, das gegen uns anbrandete, brüllte Properjohn sie an: »Clare, hör auf mit diesem unchristlichen Krach.«

Ambrosia saß mit ängstlichem Gesicht hoch oben über der aufgeregten Menge, die von Minute zu Minute weiter anschwoll. Aber den Blick hielt sie unverwandt auf ihren Vater geheftet, der auf dem Dach seines Wagens stand wie ein wahnsinniger Mahaut auf einem Elefantenrücken. Es herrschte ein unbeschreibliches Gedränge, die Menschen schubsten und stießen sich und sangen ohne Unterlaß. Irgendwie wurden die Chöre, die wenigstens an ihren Gewändern auseinandergehalten werden konnten, zusammen mit unseren beiden Wohnmobilen vor die Versammlung geschoben. Wenn man von vorn auf die Tausende von Menschen blickte, auf die Fackeln, die Kinder, die Haustiere, sah man das menschliche Chaos in seiner beängstigendsten Form. Und über uns zogen gleichmütig die Sterne hinweg, unter uns funkelten ebenso gelassen die Lichter der Stadt.

»Großer Gott«, ächzte Herbie. Verstört fuhr er zu mir herum. »Und damit meine ich nicht deinen Vater«, fügte er hastig hinzu. Zitternd richteten wir das Kreuz über der Menge auf, die sich sogleich in Lobpreisungen erging.

Winston sagte bestimmt: »Fünfundsechzig Prozent von denen, die eigentlich nur gekommen sind, um sich zu amüsieren, glauben jetzt daran. Nichts entwürdigt den Menschen so sehr wie die Religion, und man wird nie leichter schwach als in der Menge.«

»Was ist, wenn es kein Erdbeben gibt, wenn die Welt nicht untergeht?« fragte ich.

»Dann fühlen sie sich wirklich aufs Kreuz gelegt«, antwortete er. »Und sie werden ganz schön wütend werden. Alle, wie sie da sind.«

Im weißen Schein eines zwischenzeitlich aufgebauten Flutlichtes stand Properjohn singend und predigend auf dem Dach von »Jesus lebt«. Seine Stimme hallte, durch Lautsprecher verstärkt, über die Menschen hinweg und wurde als unheimliches Echo von den Felsen zurückgeworfen. Um halb elf war es ihm endlich gelungen, die Sänger auf eine Melodie festzulegen. Die Dunkelheit rings um uns war bis zum Bersten angefüllt mit den anrührenden Klängen, während unter uns in der Wüste Las Vegas sorglos vor sich hinblinkte und in der Ferne die roten Lichter der Flugzeuge über den Himmel zogen. Die Menge stand jetzt wie ein Mann hinter Properjohn, mit Leib, Seele und Gesang. Über den Menschen hing eine Art schicksalsergebene Freude, tief bewegt sangen sie jede Note, jedes Wort, und halb erstickt vor Inbrunst sprachen sie die Gebete. Ihre Tränen waren echt. Sie klammerten sich an ihre Kinder und Hunde, Männer und Frauen umarmten sich. Wildfremde Menschen fielen einander in die Arme und sangen so herzergreifend, als hätte sich ihr Leben im Angesicht des Weltuntergangs doch noch erfüllt. Für ein Volk, das dem Untergang geweiht war, legten sie eine erstaunliche Energie an den Tag.

Wir hatten rings um Properjohn auf den Dächern der Wohnmobile Stellung bezogen, und ich hielt das Kreuz, das einen riesigen Schatten auf die hinter mir aufragende Felswand warf. Das weiße Licht blendete, und uns taten die Augen weh. Ambrosias Klaviaturzither klang mir melodisch süß ins Ohr, die arme Clare prustete wie ein atemloser Drache in die Mundharmonika, Herbie hatte beim Singen den Mund so weit aufgerissen, daß ihm der Scheinwerfer tief in den Rachen leuchtete, und Hattie in seinem dunkelvioletten Anzug und mit dem Priesterkragen, der ihm wie ein Wundverband am Adamsapfel klebte, dirigierte die Sänger kaum weniger überschwenglich als Properjohn. Winston blickte wie gebannt in die Menge, er genoß den überwältigenden Triumph von Menschlichkeit und Nächstenliebe durch die erstklassige PR.

Ich spürte, wie mir unter der abgewetzten Robe die Beine zitterten. Meine Halbschuhe standen voll Schweiß. Mir brannten die Augen, als ob mir der Rauch der vielen Fackeln unter die Lider stäche. Ich will nicht leugnen, daß mich der Anblick dieser unzähligen singenden und betenden Menschen bewegte, die darauf warteten, daß sich die Erde unter ihnen auftat. Es war ein unbeschreibliches Gefühl. Meine Fingernägel gruben sich in das weiche Holz des Kreuzes, und als ich den Kopf hob, sah ich den imposanten Querbalken wie zwei ausgestreckte Arme über mir. Ich war ein Teil des Ganzen, endlich gehörte ich auch einmal dazu und war nicht nur ein unbedeutendes Rädchen in der Maschinerie. Ich stand über der aufgewühlten, aber schicksalsergebenen Menge und hielt das größte Symbol für die Liebe Gottes zu den Menschen hoch, damit alle es noch einmal sehen konnten, bevor wir dahingerafft wurden. Und bei Gott, wir genossen es aus vollen Zügen.

Wir sangen alle Lieder, die wir kannten, und ein paar, die wir nicht kannten. Die arme Clare, die ihrem Ehemann ins Ohr spielte, war so weit vom rechten Pfad der Harmonie abgekommen, daß der rohe Kerl ihr einen heftigen Stoß versetzte, mit dem er sie vom Wagendach gekegelt hätte, wenn Hattie sie nicht festgehalten hätte.

Vor der Menge hatten sich einige Jugendliche aufgebaut, die ihre Lieder vom Leben im Jenseits mit solcher Begeisterung schmetterten, als ob sie es kaum erwarten konnten, endlich dorthin zu kommen. Bei manchen Männern und Frauen hatte man den Eindruck, als wären sie geradewegs vom Spieltisch zum Hochplateau geeilt, andere wiederum sahen aus, als wären sie mitten im Blumengießen oder Kuchenbacken aufgebrochen. Ihre erhobenen Gesichter strahlten vor Verzauberung, und die Falten des Alters und der Erschöpfung glätteten sich mit jedem bewegenden Augenblick mehr. Die Menschen waren von dem tief zu Herzen gehenden Erlebnis überwältigt. Wie Winston so richtig gesagt hatte, es war mal eine kleine Abwechslung für sie.

Zehn Minuten vor Mitternacht brachte Properjohn, dessen Gesicht vor Schweiß triefte und dem die pomadigen Haare wie einem zu Tode erschreckten Menschen zu Berge standen, die Menge mit einer weitausholenden Brustschwimmbewegung zum Verstummen. »Liebe Freunde!« röhrte er über ihre Köpfe hinweg. »Liebe, dem Untergang geweihte Freunde. Die Stunde ist fast gekommen, die Stunde, da Gott die Welt wie eine wertlose Kerze auslöschen wird – und mehr ist sie ja schließlich auch nicht. Die Felsen werden sich bewegen, die Flüsse werden dampfen, Feuer und Schwefel werden auf uns herabregnen. Lasset uns um unserer selbst willen weinen, liebe Freunde, denn die Stunde ist nicht mehr fern, da wir nackt vor Gott, unseren Herrn, treten, um über unsere Sünden und Missetaten Rechenschaft abzulegen. Möget ihr in euren Herzen erbeben, in diesen letzten Minuten. Wir wurden als Sünder geboren, und mit jedem Tag haben wir weitere Sünden angehäuft. Jetzt müssen wir sterben und uns rechtfertigen...«

Seine Rede dauerte fünf Minuten. Er gab starken Weltuntergangstobak von sich, und seine walisischen Töne donnerten durch die Stille. Reue, Lasterhaftigkeit, die Vergebung der Sünden, Feuer und Schwefel, die herrlichen Gefilde des ewigen Lebens, alles kam darin vor. Vom ersten Satz an hörten ihm die Menschen gebannt zu. Und nicht nur sie, wir genauso. Seine unbeschreibliche Wirkung auf Menschen fesselte uns alle, es war, als ob niemand atmete. Die kühle Nacht hatte sich rings um uns aufgeheizt. Ein Mann in der ersten Reihe, ein schwitzender Mann im Maßanzug, holte Papiere aus seinen Taschen und riß sie langsam und entschlossen in Fetzen. Der Magier unter uns war am Werk. Wir waren seine Gefangenen.

»Lasset uns beten!« brüllte Properjohn, und die Zehntausend fielen auf die Knie, als ob ein unsichtbares, mächtiges Schwert nur einen Zentimeter über ihren Köpfen hinweggezischt wäre. »Allmächtiger Vater«, heulte er in das Mikrofon, als wäre Gott plötzlich taub geworden. »Wir bitten Dich, in diesen unseren letzten fünf Minuten...«

Herbie sah auf die Uhr und fuhr sich mit der Zunge über die Lippen. Ambrosia hielt die Klaviaturzither gepackt, als ob sie ihr in nächster Zukunft noch nützlich werden könnte. Ich merkte, daß ich mich aus ähnlichen Gründen mit aller Macht an das Kreuz klammerte. Ich warf einen Blick auf Hattie, der am ganzen Leibe zitterte, als ob er an einem Heuschnupfenanfall litt, und ich sah, daß der armen Clare leise das Blut von der Lippe rann, so fest hatte sie in ihre arg strapazierte Mundharmonika gebissen. Winston, der wie wir anderen auch auf den Knien lag, rutschte langsam zur Hinterseite des Wohnwagens, bereit für den schnellen Abgang, für die Flucht vor dem, wie auch immer gearteten, gewalttätigen Ausbruch.

Properjohn hörte auf zu beten. Seine Fürbitten waren zwar verworren, aber wirkungsvoll gewesen, doch nun schienen ihm keine Bitten und Beichten mehr einzufallen. Das Glaubensbekenntnis hatten wir schon dreimal aufgesagt. Eine gespannte, alles umfassende Stille machte sich breit, man hätte aus der Haut fahren mögen vor Spannung, heiß war es, furchtbar heiß, zehntausend Köpfe neigten sich wie in Erwartung eines tödlichen Schwerthiebes. Die Sterne am Himmel blickten etwas verwundert zu uns herab, und eine spöttische Brise tanzte unbekümmert durch die Berge. Die Stadt blinzelte kurzsichtig vor sich hin. »Noch zwei Minuten!« rief Properjohn. Ein Schauer ließ die Hochebene erbeben. Ein Ehepaar mit Kind schlich sich davon, doch ansonsten rührte sich kein Mensch vom Fleck.

»Eltern, umarmt eure Kinder!« schrie er. »Kinder – umarmt eure Eltern!« Mir war schlecht. Herbie machte ein Gesicht wie eine verängstigte Kuh. Rings um uns wurden Männer, Frauen, Kinder und Hunde abgeküßt und umarmt. »Männer und Frauen«, fuhr Properjohn fort. »Wenn ihr Geheimnisse voreinander habt, gebt sie nun preis.«

In dem Augenblick müssen sehr viele ihr Gewissen erleichtert haben, denn plötzlich plapperte alles durcheinander, aber Totenstille kehrte wieder ein, als Properjohn brüllte: »Noch eine Minute bis Mitternacht. Lasset uns beten.«

Noch ein paar Leute verdrückten sich heimlich, aber noch immer waren es nur wenige. Dann merkte ich, daß Ambrosia neben mir war. Ihre kleine, mollige Hand legte sich in meine. »Hoffentlich hat er recht, Willy«, sagte sie. »Sonst ist er erledigt.«

»Und wenn er recht hat«, sagte ich, »sind wir alle erledigt.«

Nüchtern und mit einigem Abstand betrachtet, kann ich heute nicht mehr glauben, daß ich es damals tatsächlich für möglich hielt. Mein Weltbild würde das nicht zulassen. Aber in jenen letzten Augenblicken vor Mitternacht erlebte ich zusammen mit anderen die Macht des Aberglaubens. Tausende, die nur zum Vergnügen heraufgekommen waren, kauerten auf der Erde und beteten, Knie an Knie mit den wenigen wahren verrückten Gläubigen und solchen, denen ihre Religion ohnehin vorschrieb, jederzeit auf das Ende gefaßt zu sein, da niemand die genaue Stunde oder den Tag kennen durfte. Sie waren gekommen, um zu lachen und sich zu amüsieren, um sich einen Verrückten auf einem hohen Berg anzusehen. Und nun das: ein so mitreißendes Erlebnis, daß sie nicht mehr anders konnten, als daran zu glauben. Ihnen mußte es so vorgekommen sein, als wären sie in eine Falle getappt.

Ich starrte unverwandt auf den erstaunlichen Properjohn, unseren Helden, den Mann mit der magischen Ausstrahlung. Schweißgebadet in seiner Trauerkleidung stand er da, die Arme ausgebreitet, wie eine schwarze Möwe. In diesem Augenblick glaubte er fester daran als alle anderen. Er wußte, daß das Ende kam. Er war gebannt von seinem eigenen Zauber, er war wie ein mächtiger Schatten, der darauf wartete, daß die Erde sich unter seinen Füßen auftat. Clare war an seiner Seite, sie beobachtete ihn wie ein ehrgeiziger Trainer seinen Schützling. Ein Wimmern entrang sich Ambrosia, die neben mir stand. Leichenblaß leuchtete ihr Gesicht, und ihre Brüste wogten vor Anspannung.

»Scheiße«, flüsterte Herbie mir ins Ohr. Rasch verbesserte er sich: »Ich meine, zum Teufel auch... Äh, ich meine, Gott steh uns bei.«

»Noch zwanzig Sekunden!« schrie Properjohn. »Macht euren Frieden mit Gott, dem Allmächtigen.« Dann fing der gemeine Kerl auch noch an zu zählen. »Eins, zwei, drei, vier...« Ich werde diesen Augenblick nie vergessen. Die wachsende Spannung der Menschen, den Knoten in meinem Magen, den kalten Schweiß, die ferne Gleichgültigkeit der Sterne, die friedlichen Lichter von Las Vegas, die zu Tausenden auf der Hochebene Kauernden, die Opfer, die auf die Massenhinrichtung warteten. »Sechzehn, siebzehn, achtzehn, neunzehn, ZWANZIG.«

Nichts geschah.

Der Knoten in mir löste sich. Ich sah hinunter auf die Leute. Fragend hoben die ersten die Köpfe. Drei Frauen in der ersten Reihe fielen in Ohnmacht. Properjohn stand reglos da, seine Arme hingen schlaff herunter, wie zum Trocknen aufgehängt. Vorsichtig tastete ich mich langsam ans Ende des Wohnmobils vor. Herbie schlich sich ebenfalls heimlich in dieselbe Richtung. Er warf mir einen nervösen Blick zu und murmelte: »Gottes Uhr geht nach.« Winston hing schon halb vom Dach. Ambrosia wartete noch immer mit geschlossenen Augen, aber sie hatte einen seltsamen Ausdruck in dem entgeisterten Gesicht.

Unter uns rappelten sich die ersten Menschen hoch, halfen Frauen und Kindern auf die Beine. Die Ohnmächtigen wurden wiederbelebt. Properjohn bewegte sich, anscheinend hatte auch er gerade die Augen geöffnet. Hattie schüttelte seine Uhr.

»Betrüger!« rief ein Mann aus der Menge. »Elender Betrüger!« Dutzende fielen ein: »Schwindler!« »Du hast meine Kinder erschreckt!« »Runter mit dir, du Schweinehund!« Nun sprangen alle auf, wütend, enttäuscht und furchtbar erleichtert. Die ersten Reihen bewegten sich auf Properjohn zu, und ich sah, wie er zurückwich. Die verworrenen Klagen der Menschen vereinigten sich zu einem mächtigen Wutgebrüll. Sie umringten unsere Wagen, mit verzerrten Gesichtern, mit aufgerissenen Mündern sahen sie zu uns hoch und schüttelten drohend die Fäuste.

»Aufhören! Aufhören!« hörte ich Properjohn heulen. Im selben Moment drang aus der Wüste das Grollen einer gewaltigen Explosion herauf. Donnernd rollte es über uns hinweg, und während die Menge in wiedererwachter Angst stehenblieb, färbte sich in der Ferne der Himmel rot. Nun glaubte ich es wirklich. Das muß ich gestehen. Mir graute es genauso wie den anderen, die verstummt waren, die stolpernd zurückwichen, die angestrengt um sich blickten und die dunkelroten Wolken entdeckten, die unter uns aus den Felsen quollen. Die Lichter von Las Vegas waren verschwunden. Weitere Explosionen ließen die Nacht erbeben. Ich hörte Properjohn schreien, und Ambrosia ließ sich so schwer auf die Knie fallen, daß sie vor Schmerz aufschrie, als ihre Kniescheiben auf das harte Metalldach von »Jesus lebt« knallten.

Als nächstes spürte ich, wie mich jemand fest am Ellenbogen packte. Es war Winston. »Schnappen wir uns unseren Helden«, flüsterte er. »Und machen wir die Biege.«

Nun wußte ich, daß der Weltuntergang doch nicht gekommen war. Ich zog Ambrosia hoch, erstickte ihren Protest und schubste sie auf Herbie zu, der sich schon vom Dach hinunterließ. Winston und ich sprangen mit einem Satz von »Jesus lebt« auf »Jesus liebt« und halfen dem verdatterten Hattie und der hysterischen Clare nach unten. Nun war allein Properjohn übrig, der noch immer in frommer Ekstase, mit geschlossenen Augen und offenem Mund, dastand und die Arme von sich streckte. Die verschreckten Menschen bargen die Köpfe in den Armen und bedeckten die Gesichter der Kinder mit ihren Mänteln. Aber schon verzog sich der rote Qualm, und ich sah, daß Las Vegas auf Erden und die Sterne am Himmel noch immer intakt waren.

»Kommen Sie, wir hauen ab«, brüllte ich Properjohn ins Ohr und packte ihn beim Arm. Er war wie versteinert, wie in Trance. Winston versuchte, ihn nach hinten zu ziehen, aber mit einem lauten, verzweifelten Schrei ließ er auf einmal die Fäuste fliegen, und mit einem mächtigen Rundumschlag traf er sowohl Winston als auch mich mit solcher Kraft, daß wir ins Taumeln gerieten und auf dem Dach den Halt verloren. Ich kam mit den Füßen zuerst auf, aber Winston lag betäubt auf der Erde, weil er mit dem Kopf zuerst vom Wagen geflogen war. Er lag auf der Seite und sah aus wie ein friedlich schlummerndes Negerbaby. Ich packte ihn unter den Armen und lud ihn mir auf die Schultern. Er kam wieder zu sich, als wir das andere Ende des Plateaus erreichten, weit weg von den Wohnmobilen und der Menge, die nun wieder losbrüllte. Er bestand darauf, daß ich ihn absetzte.

»Ich habe einen Wagen samt Fahrer auf dem Highway postiert«, sagte er. »Wir steigen aus dem Vertrag aus.«

»Was wird aus Properjohn?« fragte ich.

»Willst du noch einmal zurück?« lautete seine Gegenfrage. Er hatte offensichtlich nicht die geringste Lust dazu. Wir drehten uns um. Properjohn stand nicht mehr auf dem Dach des Wohnmobils. Die Menge war außer sich vor Wut. Man hatte sie ein zweites Mal betrogen.

»Die reißen ihn in Fetzen«, sagte ich und sah Winston an.

Dann hörten wir es: »Hosianna! Hosianna! Halleluja! Halleluja!«, und wir sahen Properjohn keine fünfzig Meter von uns entfernt laufen, die Rockschöße flogen im Wind, die Arme wedelten durch die Luft, die Stiefel berührten kaum den Boden. Entweder sah er uns nicht, oder er überließ uns einfach unserem Schicksal. Er rannte vorbei, umkurvte die Felsen und war im Nu verschwunden.

»Typisch«, nickte Winston. »Typisch Properjohn.«

»Los, komm endlich«, sagte ich und lief auch schon hinter Properjohn her. »Sonst kriegen sie uns noch.«

Hinter uns drängte die Meute zwischen den beiden Wohnmobilen hindurch. Zum Glück zog in dem Moment jemand den Stecker heraus, und die Scheinwerfer gingen aus. Es wurde pechschwarz auf der Hochebene, und die Leute stolperten durcheinander. Wir rannten um unser Leben.

An der Straße stießen wir auf Herbie, Ambrosia und die arme Clare. Sie schlossen sich uns an, und Winston brachte uns zu einem schwarzen Chevrolet, der hinter den parkenden Autos die Straße versperrte. Der Motor lief bereits. Wir quetschten uns eilig hinein, der Fahrer gab Gas, und wir purzelten durcheinander, als es mit Karacho bergab ging.

»Hat er es geschafft?« fragte Winston, als wir unsere Glieder auseinandersortiert hatten. Er saß mit Clare vorn, ich mit Herbie und Ambrosia hinten. Hattie hatten wir verloren.

»Und ob er es geschafft hat«, meinte Herbie lakonisch. »Er hat sich auf einem Motorrad aus dem Staub gemacht, das rein zufällig als Fluchtfahrzeug bereitstand.«

»Er hatte früher auch ein Motorrad«, sagte die arme Clare verträumt. »In der guten alten Zeit.«

»Tja, jetzt hat er sich anscheinend wieder eins zugelegt«, sagte Herbie. »Der hätte uns glatt im Stich gelassen.«

Wir rasten auf Las Vegas zu. Noch immer kamen wir an geparkten Autos vorbei, sahen aber keine Menschen. »Danke für den fahrbaren Untersatz, Winston«, sagte ich. »Gut, daß du daran gedacht hast.«

»Schon gut, schon gut«, nickte Winston. »Daß ich so was nicht vergesse, ist schließlich mein Job.«

»Genau wie die Explosionen und die roten Wolken«, nickte Herbie.

»Jolly Joe's Feuerwerksartikel«, sagte Winston. »Filiale Las Vegas. Vorsichtshalber habe ich unten am Fuß des Berges ein paar Mann postiert, nur für den Fall, daß der ganze Weltuntergang in die Hose geht.«

Ambrosia drückte sich an mich. Ich sah, daß sie weinte. »Es war furchtbar«, schluchzte sie. »War das nicht furchtbar? All diese Leute, all diese armen, verängstigten Leute. Und die Kinder. Und er rennt einfach weg und macht sich auf einem Motorrad aus dem Staub.«

»Mit einem Motorrad kann man nicht wegrennen«, sagte Winston freundlich, um sie abzulenken.

»Und ob«, knurrte Herbie. »Ihr hättet mal sehen sollen, wie er mit den Beinen gestrampelt hat, als er auf dem Ding saß.«

»Hast du deine Zither, Ambrosia?« fragte die arme Clare ernst.

»Nein, ich habe die Scheißzither nicht!« schrie Ambrosia zurück.

»Ambrosia!« sagte die arme Clare tadelnd. »Deine Ausdrucksweise. Man sollte nicht meinen, daß dein Vater Geistlicher ist.«

Auf diese Bemerkung folgte betretenes Schweigen. Schließlich sagte die arme Clare: »Aber es war wirklich sehr traurig, nicht wahr? Ich fürchte, es hat ihn sehr schwer mitgenommen.« Sie hielt inne und fuhr dann eine Spur heiterer fort: »Aber wenigstens haben sie ihn nicht ausgelacht.«

Nachdem wir eine halbe Stunde nach Properjohn gesucht hatten, wurden wir am belebtesten Ende des Strip von einem Polizeiwagen angehalten. Ein Polizist kam auf uns zu, sah uns forschend an und rief dann seinem Kollegen zu: »Okay, Barney, wir haben sie.«

»Wie lautet die Anklage?« fragte Winston.

»Wir haben die Liste noch nicht ganz fertig«, sagte der Beamte. »Aber im Moment werden Sie wirklich dringend im

Circus-Circus gebraucht, weil Ihr irrer Anführer da oben am Trapez hängt und singt.«

Properjohn, der laut Polizeiangaben vier Bier und eine halbe Flasche Wodka getrunken, mit den rüschenbesetzten Tanzmädchen in einem der kleineren Clubs eine kesse Sohle aufs Parkett gelegt und einen Türsteher geohrfeigt hatte, stand tatsächlich im Circus-Circus auf der Trapezplattform, und wieder einmal sahen tausend Gesichter zu ihm hinauf. Er säuselte »Moon River« ins Handmikrofon und wurde von der Kapelle auf der Galerie begleitet.

Als wir den riesigen Zirkusbau betraten, packte mich jemand am Arm.

»Holen Sie diesen Irren da oben runter«, befahl er. Wir hoben den Kopf und sahen Properjohn in dem kleinen Krähennest unter der Zirkuskuppel stehen.

»Ist er in Gefahr?« fragte Winston nüchtern.

»Spätestens, wenn er wieder unten ist«, schimpfte der Mann. »Und zwar durch mich.«

»Es war wirklich nett von Ihnen, ihn von der Kapelle begleiten zu lassen«, sagte Winston ruhig.

»Nur um ihn bei Laune zu halten«, knurrte der Mann. »Der ist betrunken, der Typ, und er sagt, er springt, wenn wir ihn nicht singen lassen.«

»Sie haben doch ein großes Fangnetz«, meinte Herbie.

Der Mann lachte höhnisch. »Er ist so durcheinander, er könnte glatt danebenspringen«, sagte er. »Ich will ja schließlich nicht, daß er auf den einarmigen Banditen oder auf den Gästen landet, oder? Holt ihn mir da runter.«

Properjohn sang die letzten Noten seines Liedes. Er reckte sich hoch und trällerte schmalzig die letzten sentimentalen Worte vor sich hin. Ich drehte mich zur armen Clare um und sah, daß ihr die Tränen über das häßliche Gesicht rannen.

Dann sprang Properjohn. Es war ein wahrhaft spektakulärer Sprung aus einer Höhe von fünfzig Metern. Mit ausgebreiteten Armen und Beinen segelte er durch die Luft und landete sicher in der Umarmung des breiten Fangnetzes.

»Der Mann«, sagte Winston gedehnt, »ist ein Exhibitionist.«

»Was wollt ihr zuerst hören?« fragte Winston. »Die schlechte Nachricht oder die ganze schlechte Nachricht?«

Wir saßen am Swimmingpool des Holiday Inn um einen Tisch herum. Den Rest der Nacht hatten wir in dem Hotel verbracht. Properjohn war diesmal nicht auf Kaution freigekommen, und Ambrosia und die arme Clare besuchten ihn gerade.

»Jetzt kommt's dicke«, murmelte Herbie und warf mir einen Blick zu. »Es gibt keine Kohle.«

»Nein, nein«, sagte Winston und hob die Hand. »Es gibt genug Kohle. Nur weiß im Moment leider kein Mensch, wo die Kohle genau ist.«

»Ist das nun die ganz schlechte Nachricht oder nur die schlechte Nachricht?« fragte Reverend Hatt. Er war die ganze Nacht ohne seinen Priesterkragen durch die Stadt gestreift und hatte uns erst gefunden, nachdem er sich bei der Polizei nach uns erkundigt hatte. Er wollte nicht darüber reden, was mit ihm geschehen war.

»Mrs. Helen J. Jaye ist tot«, sagte Winston einfach. »Ich habe heute in meiner Agentur angerufen, und dort hat man mit viel Mühe die ganze Geschichte herausgefunden. Sie ist kurz nach unserem Aufbruch gestorben, gleich nach der Versammlung im New Yorker Hilton. Ich fand ja damals schon, daß sie nicht gerade wie das blühende Leben aussah.«

»Und die Kohle?« fragte Herbie ungeduldig. »Sag was über die Kohle.«

»Oliver J. Jaye und zwei junge Damen, die in der Zentrale der Helen-J.-Jaye-Stiftung für christliche Nächstenliebe arbeiteten, sind verschwunden. Sie haben den ganzen Laden ausgeräumt und alles mitgenommen, sogar die Glühbirnen. Darum hat er es nicht bis nach Las Vegas geschafft.«

»Warum hat er denn zwei Frauen mitgenommen?« fragte Hattie begriffsstutzig.

»Weil die Geldtaschen zu schwer waren«, erklärte Winston

geduldig. »Der Kongreßausschuß, der dubiose Sekten und deren Finanzgebaren untersucht, war unserem Freund Oliver schon eine ganze Weile auf den Fersen, und als die alte Dame dann das Zeitliche gesegnet hatte, dachte er sich, es wäre eine günstige Gelegenheit, sich soviel wie möglich unter den Nagel zu reißen, einschließlich der Stiftungsgelder. Vielleicht schnappen sie ihn ja noch rechtzeitig.«

»Nie im Leben«, stöhnte Herbie. Er vergrub den haarigen Kopf in den Händen. »Es war alles umsonst. Alles umsonst!«

»Wir haben doch noch die beiden Wohnmobile«, sagte ich munter. »Die müßten doch ein paar Tausender wert sein.«

»Keinen Cent sind sie wert«, sagte Winston. »Die Leute auf dem Berg gestern abend haben sie zu Andenken zerlegt. Nur dein Kreuz haben sie verschont, Willy. Das haben sie nicht angerührt.«

»Das würden sie nicht wagen«, sagte ich. »Davor hätten sie zuviel Schiß.«

»Die Polizei hat es heute morgen ins Hotel gebracht«, sagte Winston. »Der Manager wollte es nicht in der Halle haben, also steht es jetzt im Hof.«

»Keine Kohle«, murmelte Herbie vor sich hin. »Da habe ich ja sogar beim Film noch mehr verdient.«

»So was nennt man walisische Sonnenbräune«, sagte Ambrosia und zeigte auf ihren bleichen Bauch, der sanft aus dem Bikini quoll.

»Reizend«, sagte ich.

»Geht's dir miserabel?« flüsterte sie wie ein besorgtes Schulmädchen.

Ich lag neben ihr am Pool. Winston hatte sich aus dem Opferstock von Reverend Sunley, dem freundlichen Chinesen, soviel Geld ausgeborgt, daß wir die Rechnung bezahlen konnten. Noch am selben Nachmittag wollten wir alle mit dem Greyhoundbus wieder in den Osten zurückfahren.

»Nun ja, ich kann nicht behaupten, daß ich nicht enttäuscht wäre«, sagte ich. »Schließlich habe ich nur wegen des Geldes mitgemacht.«

»Aber einiges hat dir doch auch Spaß gemacht, oder nicht, Willy?«

Ich berührte ihr Handgelenk. »Das weißt du doch«, antwortete ich zärtlich. »Ganz schön viel sogar.«

»Du hast sie gefunden, nicht wahr?«

»Meine Frau? Ja, ich habe sie besucht.«

»Und wie war es?«

»Nicht besonders.«

»Das tut mir leid, Willy. Das heißt, es tut mir leid für dich. Wir lieben uns immer noch nicht, oder?« Sie schüttelte schon den Kopf, während sie die Frage aussprach.

In diesem Moment hätte ich vielleicht etwas Unverantwortliches geantwortet, wenn nicht eine Nachricht aus dem Hotellautsprecher über den Pool gehallt wäre: »Mr. Turpin, Telefon für Mr. Turpin.«

Ambrosia sah mich plötzlich bang an. Es war, als ob wir beide wüßten, daß der Anruf von Silvie kam. Und so war es auch. Ich nahm ihn auf der anderen Seite des Beckens entgegen. Ich sah zu ihr hinüber, zu Ambrosia, der lieben, pummeligen, süßen Ambrosia, die mit geschlossenen Augen ausgestreckt am Pool lag, die Brüste prall und jung in der milden Sonne.

»Woher wußtest du, wo ich bin?« fragte ich Silvie.

»Von Angelo«, sagte sie. »Er ist Polizist. Seit gestern abend wissen alle Bullen, wo ihr seid. Ihr habt ja eine ganz schöne Show abgezogen.«

»Das kann man wohl sagen«, pflichtete ich ihr bei. »Warum rufst du an?«

Sie zögerte. Dann sagte sie: »Ich dachte, du hättest vielleicht Lust, die Kinder noch einmal zu sehen. Sie fanden dich ziemlich nett.«

Ich konnte kaum sprechen. »Ich fand sie auch ziemlich nett«, sagte ich.

»Kommst du, Willy?«

»Ja, natürlich. Willst du mich denn auch wiedersehen?«

»Wenn du mich noch sehen willst. Nach allem, was vorgefallen ist.«

»Ja, gut. Eigentlich wollten wir heute nachmittag mit dem Greyhound abreisen.«

»Fahr nicht mit«, sagte sie rasch. »Du könntest doch noch ein bißchen bleiben, oder nicht?«

»Schon möglich. Aber ich bin pleite. Aus der Prämie ist nichts geworden. Du müßtest für mich sorgen.«

»So wie früher«, sagte sie.

»Wann soll ich da sein?«

»So um vier. Ich habe sonntags frei.«

»Ich komme«, sagte ich.

»Okay«, sagte sie. »Bis dann.«

Ich ging langsam zurück und legte mich wieder neben Ambrosia. Weil sie die Augen nicht aufmachte, dachte ich, sie wäre eingeschlafen. Aber dann sagte sie leise: »Komm nach Hause, Willy Turpin. Alles ist vergeben und vergessen.«

»So in etwa«, sagte ich. Ihr Gesicht sah weich und weiß aus.

»Es kann nicht klappen«, sagte sie. »Es klappt nie.«

»Vielleicht nicht«, sagte ich.

Sie sagte nichts mehr, und ich schloß ebenfalls die Augen. Aber einen Augenblick später legte sich ein Schatten vor die Sonne, und als ich die Augen aufriß, sah ich Properjohn mit der wimmernden armen Clare vor uns stehen.

»Willy«, sagte er mit seiner tiefsten Stimme. »Willy, ich habe eine großartige Neuigkeit.«

»Was denn?«

»Es hat sich ein Fehler eingeschlichen, eine Fehlkalkulation. Ich habe die Polizei schon davon in Kenntnis gesetzt. Es ist nämlich erst nächsten Samstag – der Weltuntergang findet erst nächsten Samstag statt. Jetzt können doch alle noch...«

Er kam nicht mehr dazu, den Satz zu beenden, denn Ambrosia prustete laut los, und dann hörten wir ein Gegröle und Geplansche vom Pool. Wir drehten uns um. Ein Junge war schon im Wasser, und zwei andere wollten ihm gerade unser Balsaholzkreuz hinterherwerfen.

»Aufhören!« brüllte Properjohn. »Aufhören. Das ist das Kreuz Jesu!«

»Wir sind Juden«, rief einer der Jungen. Sie warfen es in den Pool und sprangen hinterher.

Ich setzte mich auf und sah ihnen zu. »Es wurde aber auch höchste Zeit, daß sich mal jemand etwas Sinnvolles für das blöde Gerät einfallen läßt«, sagte ich.

SERIE PIPER

Die schönsten Seiten des Lesens

1581

1504

1374

1027

1270

1128